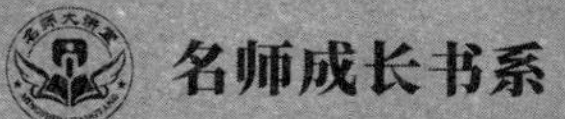

名师成长书系

中小学课程思政的设计与实践

ZHONG-XIAOXUE KECHENG SIZHENG DE SHEJI YU SHIJIAN

骆新华◎著

吉林大学出版社

长春

图书在版编目（CIP）数据

中小学课程思政的设计与实践 / 骆新华著 . —长春：吉林大学出版社，2021.10

ISBN 978-7-5692-9685-3

Ⅰ．①中… Ⅱ．①骆… Ⅲ．①政治课—教学研究—中小学 Ⅳ．① G633.202

中国版本图书馆 CIP 数据核字（2021）第 245526 号

书　　名	中小学课程思政的设计与实践 ZHONG-XIAOXUE KECHENG SIZHENG DE SHEJI YU SHIJIAN
作　　者	骆新华 著
策划编辑	樊俊恒
责任编辑	段凤娇
责任校对	王蕾
装帧设计	笔墨书香
出版发行	吉林大学出版社
社　　址	长春市人民大街 4059 号
邮政编码	130021
发行电话	0431-89580028/29/21
网　　址	http://www.jlup.com.cn
电子邮箱	jdcbs@jlu.edu.cn
印　　刷	武汉颜沫印刷有限公司
开　　本	787mm × 1092mm　1/16
印　　张	16.75
字　　数	260 千字
版　　次	2021 年 10 月第 1 版
印　　次	2021 年 10 月第 1 次
书　　号	ISBN 978-7-5692-9685-3
定　　价	46.80 元

前　言 / PREFACE

党的十八大提出“把立德树人作为教育的根本任务，培养德智体美全面发展的社会主义建设者和接班人”。

立德树人是我们全体教育工作者的头等大事，事关“培养什么人、怎样培养人、为谁培养人”的“国之大计、党之大计”。这是一个具有方向性、前瞻性、战略性的重大问题，也是我们必须深入思考认真研究的重大课题。青少年阶段是人生的“拔节孕穗期”，最需要我们全体教育工作者精心的引导和栽培。

我们多次开展专题研讨和讲座，帮助教师们树立起“大思政”理念，明白“课程思政是什么”“课程思政怎么做 ”等内容，明确“课程思政”不是简单的思想政治教育理论课程，不是简单的增设课程和活动，而是复杂教育的活动，需要全员教师的参与，涵盖全部课程，对学生产生全面、终身的影响。

我们还通过市级学科研学共同体这个平台，开展学科课程思政主题研修活动，梳理学科课程思政点，提供课程思政教学设计范式，通过课堂教学渗透思政元素，构织成一张思政教育网，扎实推进区域的学科课程思政建设。

本书分上篇和下篇。上篇是课程思政理论思考，分三章来论述课程思政的背景及意义、课程思政的理论基础和内涵属性、走向课程思政的教学设计原则。下篇是课程思政的实践探索，分小学、初中、高中三个学段进行课程思政的实践及相关案例的撰写，涵盖从小学到高中的大部分学科，课程思政案例本身涉及爱国情怀、使命初心、文化自信、科学精神、伟大复兴等主题鲜明的思政元素，力求给读者展现全方位的逻辑体系和育人体系。

余论是关于课程思政一体化的思考。从教材一体化、教师一体化、课堂一体化等三个方面对课程思政一体化的新的认识、新的观点、我们的实践与探索。

本书最大的亮点在于课程思政案例的呈现方式，让读者看到一个清晰、完整的案例过程。我们将每个案例设为四大版块：第一部分为教学设计。用一张图表清晰展现案例设计的全过程，凸显案例的“切入课程思政的课程知识点”“思政教育的课程目标”“知识点与思政教育结合的教学设计”“特色及创新”等四个精华点。第二部分为课堂实录（节选）。呈现课本学科知识点与思政点结合的教学过程，时长5~10分钟，而不是整节课，以避免把学科教学变成思想政治课了。第三部分案例分析。从以下三方面谈教学体会，一是理论依据：即重点阐述为什么要这样做及理由；二是特色创新：结合相关理论或自己的认识与经验角度，谈为什么好；三是反思与建议：主要谈本次课程思政设计及教学存在的问题，且对于所提出的存在问题，有没有其他更好的解决方法或启示。第四部分专家点评。即从他人的角度审视该案例。一是课程思政的知识点找的好不好；二是本案例鲜明的特点，如：课程思政中的学科与思政融合怎样？思政目标的设计是否合理（是否全部落实）？教学设计是否合理？学生的体验是否到位等角度来阐述；三是可改进处或建议。

由于笔者水平有限，书中难免有不当和疏漏之处，欢迎大家批评指正。

目　录 / CONTENTS

◎ 上篇　课程思政理论篇 ◎

◎ 下篇　课程思政实践篇 ◎

上篇　课程思政理论篇

引　言

课程思政不是一种新的理念，而是“大思政”理念，是“隐性思想政治教育”理念在课程教学中的具体体现和呈现。课程思政通过运作整个课程，在全员参与下，对学生予以全方位、全过程的思想政治教育的活动与过程。

为此，我们有必要探讨课程思政的来龙去脉，审视课程思政形成的背景及实施意义、探索课程思政的理论基础和内涵属性、思考课程思政教学设计的原则等深层次问题。如何在中小学开展课程思政的教学设计，我们从教学目标设计的一般原理到教学目标设计、教学内容设计的一般原理到教学内容设计、教学过程设计的一般原理到教学过程设计等三个方面进行从宏观到微观的详尽分析，力求展现给读者一个清晰的述理过程。

第一章 实施课程思政的背景及意义

第一节 实施课程思政的背景

一、重视思想政治教育是我党的优良传统

“思想政治工作是党的优良传统、鲜明特色和突出政治优势，是一切工作的生命线。加强和改进思想政治工作，事关党的前途命运，事关国家长治久安，事关民族凝聚力和向心力。”[①] 做好思想政治工作，离不开思想政治教育。我党坚持与时俱进，依据我国不同时期的具体国情，系统有序推进思想政治教育，坚持一以贯之并不断丰富与完善教学内容、教学方法、教学手段，切实提高思想政治教育的实效。

（一）坚持与时俱进 丰富教育内容

1. 宣传革命文化，继承革命传统

革命文化是中国革命的精神标识，体现了党和人民对国家独立、民族解放、人民幸福的不懈追求。毛泽东同志在《新民主主义论》中指出，“革命文化即为新民主主义的文化、无产阶级领导的人民大众的反帝反封建的文化”。[②] 革命文化作为中华优秀文化的重要组成部分，为开展思想政治教育提供丰厚资源。党和国家一直重视将革命文化、红色文化融入思想政治课教学，提升了革命文化自信，塑造了学生健全人格，增强了对中国特色社会主义、中国共产党的政治认同，坚定了全社会的理想信念。

---

① 中共中央、国务院印发《关于新时代加强和改进思想政治工作的意见》[J]. 旗帜，2021（08）：5–6.

② 杨沐林，代晓梦，邓桦 . 中小学开展革命传统教育的价值及路径 [J]. 中国教师，2021（06）：24–27.

革命传统是指，“中国共产党在百年历史进程中为民族独立、人民解放和国家富强、人民幸福而不懈奋斗中形成的政治觉悟、革命斗争精神、高尚品质和优良作风，包括新民主主义革命、社会主义革命和建设、改革开放和社会主义现代化建设三个时期。”[①] 党和国家在推进革命传统教育中，充分利用革命文化遗产和其他“红色资源”，将这些资源转化为教学载体与内容，以社会实践为主要教学形式，“夯实学生听党话、跟党走的思想根基，注重引导学生对史实的学习和思考及革命精神、优良传统的发扬，进而引导、帮助学生树立符合社会主义发展方向的价值观和塑造良好的人格品质”[②]。为进一步弘扬革命传统，教育部于 2021 年年初印发了《革命传统进中小学课程教材指南》，这是第一个对中小学革命传统教育进行专门系统规划的文件。

2. 传承中华优秀传统文化，弘扬中华民族精神

中华各族人民共同创造的中华文化源远流长、博大精深，积淀着中华民族最深层的精神追求，代表着中华民族的精神标识，为中华民族生生不息、发展壮大提供了丰厚滋养。因此，党和国家将传承中华优秀传统、弘扬中华民族精神作为思想政治教育的重要内容之一。

2004 年 3 月 30 日，为落实党的十六大提出的“必须把弘扬和培育民族精神作为文化建设极为重要的任务，纳入国民教育全过程”的要求，根据《中共中央国务院关于进一步加强和改进未成年人思想道德建设的若干意见》精神，中宣部、教育部制定了《中小学开展弘扬和培育民族精神教育实施纲要》。为贯彻习近平新时代中国特色社会主义思想和党的十九大精神，落实全国教育大会精神，进一步把中华民族优秀文化基因和红色基因植入青少年儿童心田，2021 年 1 月 8 日，教育部印发了《中华优秀传统文化进中小学课程教材指南》，对中华优秀传统文化进中小学课程教材的基本原则、总体目标、主要内容、载体形式、学段和学科要求等，做了统筹设计和科学安排，

① 柳夕浪 . 为学生健康成长铸魂——《革命传统进中小学课程教材指南》解读 [J]. 中国德育，2021（08）：20–23.

② 杨沐林，代晓梦，邓桦 . 中小学开展革命传统教育的价值及路径 [J]. 中国教师，2021（06）：24–27.

强调素养导向、系统规划和全科覆盖。

3. 凝魂聚气，培育践行社会主义核心价值观

社会主义核心价值观的提出和弘扬，“一定与其所处时代的经济、政治、文化、社会、国际等方面的面临的复杂形势和挑战有关，与社会道德水平的滑坡和人们精神信仰上出现的焦虑、迷茫甚至缺失密不可分。社会主义核心价值观的凝练和提出，既是我国社会主义建设、改革历史与现实发展的必然要求，又是应对我国正处于全面深化改革关键时期所面临的复杂形势与时代要求的需要”①。

新中国成立，确立了以社会主义基本政治制度、基本经济制度和以马克思主义为指导思想的社会主义意识形态，为社会主义核心价值体系建设奠定了政治前提、物质基础和文化条件。改革开放以来，我国社会主义意识形态建设不断进行新的探索，提出了从建设社会主义核心价值体系到以“三个倡导”为内容，积极培育和践行社会主义核心价值观的重要论断和战略任务。

1978 年 12 月，党的十一届三中全会重新恢复和确立了实事求是的思想路线，坚持把马克思主义与改革开放和我国社会主义建设伟大实践相结合，科学继承了毛泽东思想，创立了邓小平理论最新成果，马克思主义在意识形态领域的指导地位不断巩固。

2006 年 3 月，我党提出了“八荣八耻”的社会主义荣辱观，继承和发展了我们党关于社会主义思想道德建设褒荣贬耻、我国古代的“知耻”文化传统，同时又赋予了新的时代内涵，深化了我们党对社会主义道德建设规律的认识。

2006 年 10 月，党的十六届六中全会第一次明确提出了“建设社会主义核心价值体系”的重大命题和战略任务，明确提出了社会主义核心价值体系的内容，并指出社会主义核心价值观是社会主义核心价值体系的内核。学界对社会主义核心价值观的概括开始深入探讨。

2007 年 10 月，党的十七大进一步指出了“社会主义核心价值体系是社

① 郭建宁 . 社会主义核心价值观基本内容释义 [M]. 北京：人民出版社，2014：2.

会主义意识形态的本质体现”。

2011年10月，党的十七届六中全会强调，社会主义核心价值体系是“兴国之魂”，建设社会主义核心价值体系是推动文化大发展大繁荣的根本任务。提炼和概括出简明扼要、便于传播践行的社会主义核心价值观，对于建设社会主义核心价值体系具有重要意义。

2012年11月，党的十八大报告明确提出“三个倡导”，即“倡导富强、民主、文明、和谐，倡导自由、平等、公正、法治，倡导爱国、敬业、诚信、友善，积极培育社会主义核心价值观”，这是对社会主义核心价值观的最新概括。

2013年12月，中共中央办公厅印发《关于培育和践行社会主义核心价值观的意见》，明确提出，以“三个倡导”为基本内容的社会主义核心价值观，与中国特色社会主义发展要求相契合，与中华优秀传统文化和人类文明优秀成果相承接，是我们党凝聚全党全社会价值共识作出的重要论断。

2017年10月18日，习近平同志在十九大报告中指出，要培育和践行社会主义核心价值观。要以培养担当民族复兴大任的时代新人为着眼点，强化教育引导、实践养成、制度保障，发挥社会主义核心价值观对国民教育、精神文明创建、精神文化产品创作生产传播的引领作用，把社会主义核心价值观融入社会发展各方面，转化为人们的情感认同和行为习惯。坚持全民行动、干部带头，从家庭做起，从娃娃抓起。深入挖掘中华优秀传统文化蕴含的思想观念、人文精神、道德规范，结合时代要求继承创新，让中华文化展现出永久魅力和时代风采。

2018年3月11日，第十三届全国人民代表大会第一次会议通过了《中华人民共和国宪法修正案》，将“国家提倡爱祖国、爱人民、爱劳动、爱科学、爱社会主义的公德”修改为“国家倡导社会主义核心价值观，提倡爱祖国、爱人民、爱劳动、爱科学、爱社会主义的公德”。

党和国家用24个字高度概括出社会主义核心价值观，为多元时代凝聚思想共识指明了方向，为思想政治教育提供了丰厚滋养。党和国家把培育与践行社会主义核心价值观作为凝魂聚气、强基固本的基础性工作，丰富了思想政治教育的途径，为提高人民思想觉悟、道德水准、文明素养提供了助力。

（二）着眼国家未来　培育时代新人

青年是祖国的未来，国家富强与民族振兴归根到底在于青年。只有一代又一代青年的坚守与奋斗，国家富强、民族振兴才有希望。马克思指出："一个时代的精神是青年代表的精神，一个时代的性格是青春代表的性格。"所以，党和国家在思想政治工作中直指国家的未来，将思想政治教育着眼于时代新人，培养不负于时代、不负于国家，担当起大任的社会主义事业的建设者与接班人。

以坚定的政治方向要求人。毛泽东同志指出，时代新人要"在政治上要有一个正确的方向，但是光有这个正确的政治方向是不够的，过了三年五年，就把它丢了，那还不是枉然？所以，有了正确的政治方向后，还要坚定，就是说，要有'坚定正确的政治方向'。这个方向是不可动摇的，要有'富贵不能淫，贫贱不能移，威武不能屈'的骨气来坚持这个方向。这样的青年，才是真正的模范青年。这样的道德，才算是真正的政治道德"[①]。邓小平同志在《在全国教育工作会议上的讲话》中明确指出："学校应该永远把坚定正确的政治方向放在第一位。"江泽民同志着眼于我们党和国家进入改革开放面临的新情况、新问题，以全新的视角深刻阐明了抓好青少年学生思想教育的重大战略意义和深远的历史意义。2010年，胡锦涛在全国教育工作会议上的讲话中指出，要全面贯彻党的教育方针，培养德智体美全面发展的社会主义建设者和接班人。青少年是社会主义事业的接班人，抓好青少年工作，民族就有未来，国家就有未来。2021年7月1日，在庆祝中国共产党成立100周年大会上，习近平总书记发表重要讲话，对广大青年深情寄语"新时代的中国青年要以实现中华民族伟大复兴为己任，增强做中国人的志气、骨气、底气，不负时代，不负韶华，不负党和人民的殷切期望。"

① 重温毛泽东对青年的殷切寄语 . 求是网 .[DB/OL] http://www.qstheory.cn/laigao/ycjx/2020-06/03/c_1126084570.htm.

以“四有”的育人目标塑造人。结合社会主义精神文明建设，邓小平同志在改革开放初期提出了培养“四有”新人的教学目标。他指出：“搞社会主义精神文明，主要是使我们的各族人民都成为有理想、讲道德、有文化、守纪律的人民。”在改革开放新时期，江泽民同志强调培养“四有”新人是青少年思想政治教育的基本目标。1990 年 5 月 3 日，在首都青年纪念五四运动大会上，江泽民同志做了题为《爱国主义和我国知识分子的使命》的报告。他指出：“我们要提高全民族的思想道德素质和科学文化素质，培养一代又一代有理想、有道德、有文化、有纪律的社会主义新人。”在党的十五大报告中，江泽民同志又强调指出：“培养适应社会主义现代化要求的一代又一代有理想、有道德、有文化、有纪律的公民。”1999 年 6 月 15 日，江泽民在第三次全国教育工作会议上作的《教育必须以提高国民素质为根本宗旨》的讲话中，再次强调培养“四有”新人，就是培养德智体美全面发展的接班人。

以长远的育人目标培养人。未成年人是祖国未来的建设者，是中国特色社会主义事业的接班人。2004 年 2 月 26 日，中共中央、国务院印发《关于进一步加强和改进未成年人思想道德建设的若干意见》（中发〔2004〕8 号）（以下简称《意见》）。该《意见》分析指出，加强和改进未成年人思想道德建设是一项重大而紧迫的战略任务，加强和改进未成年人思想道德建设的指导思想、基本原则和主要任务，扎实推进中小学思想道德教育，充分发挥共青团和少先队在未成年人思想道德建设中的重要作用，重视和发展家庭教育，广泛深入开展未成年人道德实践活动，加强以爱国主义教育基地为重点的未成年人活动场所建设、使用和管理，积极营造有利于未成年人思想道德建设的社会氛围。

（三）聚焦根本任务　推进立德树人

“立德树人”思想在中华民族数千年文明史中源远流长。《大学》开篇即道“大学之道，在明明德，在亲民，在止于至善”。自改革开放以来，我国在政治、经济、文化、教育等领域取得了令人瞩目的成就，德育与思想政治工作的教育政策也不断推陈出新。党的十八大报告首次提出，要将“立德树人”作为我国德育与思想政治教育发展战略的一项根本任务。此后，这项工作蓬勃发展，教育政策不断完善。

1. 重建与探索阶段（1979—1989 年）。这是我国“立德树人”教育政策重新确立，德育与思想政治教育重进校园并得到初步重视的时期。当时我国社会发展局面趋于稳步，德育与思想政治教育工作重整旗鼓。“改革开放使我国迎来了经济建设与教育发展的新局面，德育工作涅槃重生。”[①]1981 年 6 月，中共十一届六中全会《关于建国以来党的若干历史问题的决议》提出，“坚持德智体全面发展、又红又专”的教育方针，成为各项思想政治教育政策的指南。教育行政部门先后出台了《小学思想品德课大纲》《小学德育纲要》《中学德育大纲》等重要文件，为学校德育工作、思想政治教育工作提供了政策保障。

2. 改革与完善阶段（1990—1999 年）。这一阶段的主要特征是：第一，社会主义市场经济初步建立，德育与思想政治教育政策初具体系。1992 年，邓小平同志南方谈话，论述了“两手都要抓，两手都要硬”的重要思想。同年，党的十四大确立了社会主义市场经济体系，随之而来的是纷繁多样的思想观念与价值观的碰撞，意识形态领域急需正确价值观念的引导。这一时期，教育行政部门审时度势，制定了一系列适应社会主义发展新时期的德育与思想政治教育政策。1993 年正式颁布《小学德育纲要》。1995 年颁布《中学德育大纲》和《普通高校德育大纲》。1998 年颁布《中小学德育工作规程》。这些政策与纲要对不同学校德育工作的目标、内容、实施途径、教育原则以及评价方法等诸多方面做出了明确、具体的阐述和要求。第二，个体需求紧跟素质教育的步伐。1993 年，中共中央、国务院印发的《中国教育改革和发展纲要》首次提出实施“素质教育”的明确要求。1994 年，中共中央颁布《关于进一步加强和改进学校德育工作的若干意见》。1997 年教育行政部门修订了《中小学德育工作规程》和《中小学教师职业道德规范》，明确指出“德育

---

① 俞国良，李森 . 我国“立德树人”教育政策历史进程的文本分析与启示 [J]. 西南民族大学学报（人文社科版），2019，40（06）：217-222.

即对学生进行政治、思想、道德和心理品质教育”。1999年颁布的《中共中央国务院关于深化教育改革全面推进素质教育的决定》明确提出，“实施素质教育，必须把德育、智育、体育、美育等有机地统一在教育活动的各个环节中，学校教育不仅要抓好智育，更要重视德育”，将德育推向一个突出地位。

3. 系统与整合阶段（2000—2009年）。这是“立德树人”教育政策适应和谐社会需求，不断创新，汲取和纳入新生力量的时期。具体表现为：一是网络德育纳入体系，思想政治教育实践焕发魅力。2000年以来，国家各部门相继颁布了《关于加强高等学校思想政治教育进网络工作的若干意见》《关于在高校中推广中南大学开展网络思想政治工作做法的通知》《关于进一步加强和改进大学生思想政治工作的意见》等重要文件，突出强调了思想政治教育进网络的重要性。2000年12月，中共中央办公厅、国务院办公厅《关于适应新形势进一步加强和改进中小学德育工作的意见》要求，“把丰富多彩的教育活动作为德育工作的重要载体”，并明确规定，“不能按要求完成规定的社会实践活动的中学生，不允许毕业”，突出了思想政治教育实践的重要地位。2004年，中共中央国务院相继颁布了《关于进一步加强和改进未成年人思想道德建设的若干意见》《关于进一步改进和加强大学生思想政治教育的意见》，进一步明确了深入开展社会实践的重要意义。二是国家和政府各部门通力协作，家庭社会共同配合。“学校德育与思想政治教育只是影响学生身心发展的一种重要因素，家庭和社会对学生成长中的影响更大、更直接”①。2000年《关于适应新形势进一步加强和改进中小学德育工作的意见》明确提出，“全社会共同努力，各部门通力协作，保障青少年健康成长”。2004年至2005年，党和国家又相继颁发了《关于进一步加强和改进未成年人思想道德建设的若干意见》《关于进一步改进和加强大学生思想政治教育的意见》以及《教育部关于整体规划大中小学德育体系的意见》，三个《意见》一致强调，要营造有利于德育、思想政治教育的社会氛围，净化社会环境，家庭、学校、社会要联合发力，营造和切实推进德育与思想政治教育工作大发展、大繁荣的新

① 唐汉卫．学校德育改革应该确立的四种意识[J]．教育研究，2017（6）：28.

局面。

4. 创新与深化阶段（2010 年至今）。这一阶段明确提出“立德树人”，德育与思想政治教育政策不断创新，内容更加丰富、要求更加具体、措施更加灵活、地位空前提高。这一阶段的显著特征是：第一，立德树人任务明确，德育与思想政治教育地位空前提高。2010 年颁布的《国家中长期教育改革和发展规划纲要（2010—2020 年）》明确提出，要坚持德育为先，立德树人。2012 年，在党的十八大报告中，针对教育问题首次提出“把立德树人作为教育的根本任务”。2013 年，《中共中央关于深化改革若干重大问题的决定》，强调深化教育领域的综合改革，必须坚持立德树人。2015 年，“立德树人”被相继纳入“十三五规划”和《中华人民共和国教育法》。2016 年，习近平总书记在全国高校思想政治工作会议上发表重要讲话，提出要坚持把立德树人作为中心环节，高校立身之本在于立德树人。第二，德育与思想政治教育政策海纳百川，通时合变。这一时期的德育与思想政治教育政策，在传统的爱国主义教育、劳动教育、法制教育、优秀传统文化教育等基础上，增加了生态文明教育的具体要求，尤其强调了理想信念教育和心理健康教育的重要性。在内容上，更注重对道德规范方面的具体要求；在实施途径上，突破了传统德育与思想政治教育单向传播的特点；在实施方法上，更加重视知行合一，坚持理论与实践相结合。2017 年教育部颁布的《中小学德育工作指南》，提出将课程育人作为德育工作的重要途径，要求把中小学德育内容细化渗透到各学科教学目标中，并根据不同学科、不同地域、不同民族的特点，因时制宜、因地制宜，对学生进行价值观、人生观方面潜移默化的引导。在 2018 年 9 月召开的全国教育工作会议上，习近平总书记对此进行了更加明确和具体的阐述，“要把立德树人融入思想道德教育、文化知识教育、社会实践教育各环节，贯穿基础教育、职业教育、高等教育各领域，学科体系、教学体系、教材体系、管理体系要围绕这个目标来设计，教师要围绕这个目标来教，学生要围绕这个目标来学。”

随着中国特色社会主义进入了新时代，这标志着中国特色社会主义事业在党的领导下取得了全方面、巨大的历史性成就。思想政治课也获得了空前重视，课程思政成为贯彻立德树人根本任务、落实“三全育人”工作的重要抓手与重要途径，课程思政发挥协同效应，把价值塑造、知识传授和能力培养融为一体，构建起全员全程全方位育人大格局。

二、新时代思想政治教育面临的挑战

我国从小学到大学设置相应的思政课程，形成了较为完整的思政课程体系，成绩有目共睹。随着时代的发展，思政课程也经历了前所未有的大变局、大冲突、大发展，但同时也暴露出一些在前进中的问题。

（一）思政教师队伍建设亟待加强

思想政治课建设关键在教师，因此，思政教师是实现铸魂育人目标的关键力量。当然，对学生进行思想政治教育并非只是思想政治课教师或者辅导员的使命，其他学科课程的教师同样责无旁贷。“课程思政”教师不仅要掌握必备的学科专业知识，更要挖掘课程背后所承载着的核心内涵，引导学生具备正确的价值理念，使学生在掌握学科知识的过程中自然而然地形成正确的价值取向，科学的人生观、世界观和价值观。但现阶段部分教师与课程思政教师的要求还有比较大的差距，其育人的综合素养有待进一步提高。

邓婵娟老师指出：“在实际的思想政治课堂教学中，部分教师并未意识到要将思想政治元素与学科知识相融合，从而使学科课程承载起思想政治教育的功能，存在教师的职责就是负责传授学科知识，思想政治教育就是思想政治课教师的职责的错误认知，目光仍然聚焦于学科知识的传授，并未形成全员参与、职责明确、学科育人的意识，对于育人的责任重视度不高，导致其他专业学科课程并未形成与思想政治理论课同向同行的协同效应。”[①] 钟俊生老师指出，“迫于课程教学目标以及升学的压力，教师在讲授课程的过程中使用的语言单调乏味，讲授的内容与实践相脱节，并未真正意识到知识传授与

① 邓婵娟，课程思政：高校各类课程协同育人机制研究 [J]. 黑龙江教育（理论与实践），2020（05）：8.

道德引领、价值引导之间的互动协同关系，更有甚者并未发挥自身的榜样作用，在课堂上有意无意地传播一些不当或者错误的言论，割裂了教书与育人这一完整教育过程的两个方面。”①徐蓉老师认为：“思政课教师队伍在精神面貌、专业素养、创新能力和管理制度方面还有很大的发展空间。”②罗小明老师则指出：“思想政治教师的专业素养水平不尽相同，教育教学缺少合格的专业教师。同时对思想政治教育的相关内容没有一个深入的见解，教学水平有待提升。”③

课堂教学是培育学生思想政治素养的主渠道，思想政治课教师有着其他教学渠道、教学方式所无可替代的优越性，但是部分思政老师受制于自身素养，仍“缺乏在课堂中采用具备价值引领的教学方法，创新意识有待提升，理论知识未能真正触及学生的内心世界，育人效果欠佳”。④“教学素材的选择相对片面以及教学方法单一、教学方法缺乏必要的创新性、生动性和互动性”⑤。在课堂教学中，教师成为课堂教学的“霸主”，全方位全过程控制着整个课堂，全部采用填鸭式的灌输方法，“采取较为陈旧单一，缺乏创新性的教学方式，而且讲授的理论知识与实践相脱节，忽视学生自身的差异性，导致学生被动消极地接受，无法激发学生的学习兴趣，思想道德修养的形成受到阻碍”⑥。

教师对课程思政的评价能力有待提升。有效的评价机制是对思想政治教育成效以及学生的思想政治素养加以清晰认识的重要途径，但现阶段教师对思想政治教育的评价方式尚存在一定程度上的不足。第一，重知识轻德育的

① 钟俊生，左浩淼．新时代立德树人在高校思想政治教育中的现状及对策分析 [J]. 思想政治教育研究，2019，35（04）：129–134.

② 徐蓉．关于大中小学思想政治理论课教师队伍一体化建设的若干思考 [J]. 思想理论教育，2019（12）：80–85.

③ 罗小明．浅析中学思想政治课程教育教学的现状和对策 [J]. 留学生，2015（03）：119.

④ 孙燕华．创新教学管理 推动高校课程思政改革与探索 [J]. 中国大学教学，2019（05）：55–59.

⑤ 廖宝娟．知惑 思惑 解惑——对高中政治课堂教学中所存在问题的几点思考 [J]. 中学课程辅导（教学研究），2016（18）：65–66.

⑥ 赵鹤玲．“新时代课程思政”的建设的现状与对策分析 [J]. 湖北师范大学学报（哲学社会科学版），2020（1）：108–110.

评价模式。学校注重专业知识和技能培养的考核，而缺乏对课程思政具体的考核制度，使其逐渐趋于“边缘化”，导致“部分专业课教师对课程思政失去兴趣，开展课程思政随意化、碎片化”[①]。第二，道德评价难以真正开展。思想政治教育效果呈现出多样性、灵活性、复杂性的特点，“难以量化、客观化，因此尚不能精密、准确地对思想政治教育的实施成效进行全面、系统、辨析的评估”[②]。第三，课程思政领域的评价欠缺。缺乏评价课程思政开展成效的具体标准以及欠缺具体的制度安排、设计规划。将课程思政落实到课程教学的各环节中时，统筹设计的体制机制“低”、具体落实的体制机制“粗”、评价监督的体制机制“空”，导致思政效果部分并未较好地纳入专业课程评价体系，课程思政领域的评价存在一定空白。由于思政效果并未完全纳入专业课程中的评价体系，思想政治教育评价方式偏离了对教育主体的评价重点，使得中小学教师更加关注学生智力因素的培养以及学习成绩的提升，大学教师侧重于学术论文、科研课题等方面，导致学生良好的思想政治素养难以形成。

（二）课程思政资源有待完善

课程资源是思想政治教育的载体。由于社会生产力的快速发展，知识更新换代的速度极度提升，人们在知识学习与教学中，逐渐淡忘了知识背后所蕴含着的深刻价值追求。由此导致课程思政资源只局限于思政课程，课程思政资源的供给跟不上思政教学的需求。

专业学科教学更多倾向于知识的“求真”“求是”，思想政治教学追求“真善美”。有的教师认为专业课程与思想政治教育关联度低，没有充分地挖掘各类课程中的思政元素，在育人的过程中易出现思想政治教育与专业课程教学两张皮的现象。这也导致了专业课程不能与思想政治教育有机融合，理想信念、价值观念等思想政治教育元素与专业课程体系有机地融合，成为新时代课程思政建设的一个难题。

① 裴晨晨．浅析高校开展“课程思政”的问题及对策建议 [J]. 决策咨询，2018（04）：77–80.

② 巩茹敏，林铁松．课程思政：隐性思想政治教育的新形态 [J]. 教学与研究，2019（06）：45–51.

随着时代的不断进步，互联网在学生的学习和生活中扮演着重要角色，但互联网资源转化为思想政治教学资源，有待于进一步开发与完善。“第一，互联网上良莠不齐的信息会对学生已有的价值观念形成一定的冲击；第二，互联网的虚拟性会影响学生现实的人际交往关系，以及导致网络游戏成瘾、网络犯罪行为等不良习性的出现，造成学生的思想政治素养难以养成。”① 互联网为知识获取、交流沟通、传播社会主义意识形态创造广阔平台，其强大的精神渗透给思想政治教育提供了广阔平台，但同时也带来了严峻的考验。这就需要在推进思想政治教育中，既充分利用网络海量的育人资源，又发挥互联网的沟通、传递、共享的强大功能，在教学内容与教学形式方面实现创新性发展。

（三）教育协同机制还待完备

思想政治素养的养成离不开各阶段、各科教师的通力合作，协同促进学生良好道德品质的形成。但在实际的课堂教学中，大中小学思政课教师之间缺乏双向的沟通和交流，专业课教师与思政课教师也交流甚少，协同育人的理念和机制有待于进一步深化。

第一，大中小学课程思政衔接不紧密。通过对多年的大中小学思政课育人过程的观察，发现大中小学思政课教师存在“各顾各”“各管一段”的现象，忽视不同学段间的衔接递进关系，割裂了不同学段的思想政治教育建设，导致循序渐进、螺旋上升的一体化贯通教育无法在大中小学思政课中真正贯彻落实。另外，大中小学思政课教师在教材内容、教学方法、教学过程方面都缺乏必要的沟通，大学中的思政课教师、班主任、辅导员各自为战的状态导致教师之间资源互补与信息共通能力较为欠缺，一体化的协同育人机制有待强化。

第二，协同育人教学理念淡化、机制建设粗放。教师还未形成系统的协同育人教学理念，并未将思想政治教育贯穿于课堂教学的全过程，阻碍一体化协同育人机制的形成与强化。其次，尚未充分发挥课程思政这一作为立德树人重要载体的育人功能，在育人的过程中易出现思想政治教育与课程教学

① 张志龄．中学生思想政治教育存在的问题与对策分析 [D]. 太原：中北大学，2015.

两张皮的现象，显性教育与隐性教育的协同效应难以形成，导致系统完善的协同育人机制仍需进一步构建。

第三，不同领域、类型和层次的育人未达成有机联动。

实施思想政治教育需要细致地从各个方面进行把控，重视运用家庭以及社会这一重要的育人环境，能够对学生的健康成长以及形成良好的思想政治素养起到很大的积极影响。但目前家庭与社会在学生的思想政治教育中发挥的作用较薄弱。一是家庭育人发挥的正面作用不明显。家庭教育严重缺失、社会正面影响薄弱等原因会阻碍学生思想道德修养的提升。家庭是学生接受教育的首要场所，也是其性格和思维形成的重要场所，家庭对学生关心程度的高低会直接影响到学生的身心能否健康发展，但目前家庭在学生思想政治教育中的影响较弱。部分家庭的父母对学生的思想政治素养和心理健康水平关注甚少，对于学生的思想变化关心不到位，在提升学生思想政治教育成效中作用不显著。二是社会在学生的思想政治教育中产生的育人作用较为薄弱。社会评价学校的办学质量仅从入学率展开分析而忽视了学生的道德教育。学生的日常学习和生活的场所主要是在学校，社会实践活动开展较少，与社会的接触不多导致社会在对学生思想政治教育中发挥的作用不显著。

第二节　课程思政的实施意义

习近平总书记在党的十九大报告中指出，“实现中华民族的伟大复兴是近代以来中华民族最伟大的梦想”。经过长期努力，我国经济总量实现了历史性突破，跃居世界第二。我国历史性地解决了绝对贫困问题，人民生活由温饱不足奔向全面小康。“习近平总书记在庆祝中国共产党成立 100 周年大会上庄严宣告：中国特色社会主义进入新时代，中华民族迎来了从站起来、富起来到强起来的伟大飞跃，实现中华民族伟大复兴进入了不可逆转的历史进程！”[①]

① 曲青山. 实现中华民族伟大复兴进入了不可逆转的历史进程 [J]. 党史文汇，2021（09）：4-6.

实现中华民族伟大复兴的中国梦，离不开教育事业的发展，离不开一代代能担当起民族复兴大任的时代新人。因此，党和国家高度重视教育事业的发展，十分重视人才培养，并将“思想政治教学放在人才培养的首要位置”①。党的十八大报告明确指出“把立德树人作为教育的根本任务”。党的十九大再一次确认了教育在国家各项事业中的优先地位，将优先发展教育作为新时期的战略决策，并强调指出：“建设教育强国是中华民族伟大复兴的基础工程，必须把教育事业放在优先位置，加快教育现代化，办好人民满意的教育。”习近平总书记在全国教育大会上还强调：“要把立德树人融入思想道德教育、文化知识教育、社会实践教育各环节，贯穿基础教育、职业教育、高等教育各领域，学科体系、教学体系、教材体系、管理体系要围绕这个目标来设计，教师要围绕这个目标来教，学生要围绕这个目标来学。凡是不利于实现这个目标的做法都要坚决改过来。”

长期以来，我国教育坚持德育为首，专门设立思想政治理论课程来加强思想政治教育，为社会主义现代化建设提供了智力支持与人才保障。思想政治专业理论课的开设，一定程度上造成了其他课程“忽视学科的整体育人功能，导致学科系统育人功能的结构性沉默”②。鉴于此，本节以此问题为起点，在明确课程思政内涵的基础上进一步阐述课程思政建设的重要意义。

一、为党育人、为国育才

（一）为中国特色社会主义事业培养合格的建设者与可靠的接班人

一切伟大的事业都需要合格的人才来担当。习近平总书记在全国教育大会上指出：“培养什么人，是教育的首要问题。我国是中国共产党领导的社会主义国家，这就决定了我们的教育必须把培养社会主义建设者和接班人作为根本任务，培养一代又一代拥护中国共产党领导和我国社会主义制度、立志

① 胡红梅. 高校哲学社会科学课的思想政治教育功能研究 [D]. 重庆：西南大学，2013.

② 郭元祥. 论学科育人的逻辑起点、内在条件与实践诉求 [J]. 教育研究，2020（04）：4–15.

为中国特色社会主义奋斗终生的有用人才。”[①]“邓小平在分析政治风波发生的原因时说，十年最大的失误是教育，主要讲思想政治教育，一手比较硬，一手比较软。”[②]

不可否认，青年学生的政治素质、道德修养、思想水平、人文素养以及专业水平，直接关系到他们未来成长，也影响着整个国家、社会的发展。课程思政就是立足于国家的长远发展，着眼于立德树人这一根本任务，将思想政治专业理论的教学方法融入其他课程，挖掘其他课程内在的育人资源，追求与实现全方位、全过程的思政育人。通过这样的育人方式，促使教师以德施教，加强科学世界观、人生观、价值观的教育，潜移默化引导学生以德立学，树立正确的国家观、民族观、历史观和世界观，实现以德立身，成为中国特色社会主义事业合格的建设者和可靠的接班人。

（二）为增强综合国力提供人才支撑

“当今世界正经历百年未有之大变局，国际格局深刻调整，国际环境更趋复杂，国际竞争日趋激烈。”[③]国家间在加强合作的同时，竞争也在加剧。当前国际竞争的实质是以经济和科技实力为基础的综合国力的较量。很多国家把经济发展和科技创新作为国家的中心任务、战略重点，全面提升与增强本国的综合国力，力图在未来的世界格局中占据有利地位。

习近平总书记在2021年中央人才工作会议上指出：“当前，我国进入了全面建设社会主义现代化国家、向第二个百年奋斗目标进军的新征程，我们比历史上任何时期都更加接近实现中华民族伟大复兴的宏伟目标，也比历史上任何时期都更加渴求人才。人才是衡量一个国家综合国力的重要指标。国家发展靠人才，民族振兴靠人才。”课程思政把人才培养作为教育的核心工作之一，强调在传授学科知识、培养专业技能的过程中，注重社会主义核心价

① 靳诺．坚持中国特色社会主义大学发展道路——培养德智体美劳全面发展的社会主义建设者和接班人[J]. 人民论坛，2018（29）：6–8.

② 十三届四中全会后加强党的建设和思想政治工作．中国文明网[DB/OL] http://www.wenming.cn/hswh/xydll/dsgs/202105/t20210519_6052571.shtml

③ 赵静．中国共产党信心教育的历史考察[J]. 思想教育研究，2021（04）：77–83.

值观的培育，能够厚植青年学生的家国情怀与使命担当，促使青年学生以强烈的责任感学习科学文化知识，全面提升自身的综合素养。因此，从这个意义而言，推进与实施课程思政不仅影响甚至决定着人才培养的质量，而且也影响甚至决定着国家长治久安与中华民族的伟大复兴。

二、为实现中国梦提供强大动力

（一）培育时代新人，为个人圆梦提供助力

中国梦是每一个中华儿女的梦，就是“要让每个人都获得发展自我与奉献社会的机会，共同享有人生出彩的机会，共同享有梦想成真的机会，共同享有同祖国和时代一起成长进步的机会”。①

青年学生是祖国的未来、民族的希望。无数事实证明，在个人圆梦的征途中，总是离不开崇高的理想、坚定的信念和顽强的毅力。课程思政能继续发挥思想政治理论课的特有育人功能，也能进一步挖掘其他学科的育人功能，将专业知识、技能的培养与价值观培育相结合，引导学生认识到努力奋斗的重要性，从而增强勤奋刻苦、顽强拼搏的内驱力，全面提升自己的科学文化、思想道德等素质，努力成为适应新时代中国特色社会主义实践的时代新人，并在劳动与奉献中创造人生价值、在个人与社会的统一中铸就个人梦，在建设中国特色社会主义的伟大实践中书写人生华章。

（二）凝聚社会共识，为实现中国梦汇聚强大力量

我们的中国梦，就是把国家的追求、民族的向往、人民的期盼融为一体，反映并体现着中华民族的整体利益，表达了每一个中国人民的共同愿望，成为中华民族和中国人民团结奋斗的最大公约数和最大同心圆。

人民有信仰，国家有力量，民族有希望。构建起全员全程全方位育人的课程思政大格局，能够系统进行中国特色社会主义和中国梦教育、社会主义核心价值观教育、社会主义法治教育、劳动教育、心理健康教育、中华优秀传统文化教育从而有利于一代又一代的青年学生坚定理想信念，营造出爱

① 蔡传娇 . 读《公共行政的精神》有感 [J]. 法制与社会，2019（10）：231–232.

党、爱国、爱社会主义、爱人民、爱集体的社会氛围，形成努力实现中华民族伟大复兴的社会共识，铸牢建设社会主义现代化强国的目标意识，从而为中国梦的实现提供强大动力。

三、为构建起“大思政”育人格局提供助力

课程思政建设坚持系统优化方法，立足整体，抓好思政教师队伍建设，推进思政课程建设，落实思政课堂教学，把“主力军”“主战场”“主渠道”等有机结合，共同承担起并落实好育人责任，守好一段渠、种好责任田，将显性教育和隐性教育相统一，使各类课程与思政课程同向同行，构建起全员全程全方位育人大格局。

（一）有助于形成同向同行的育人课程体系

“课程思政的逻辑思路就是实现各门课程在思想政治教育目标上的同向同行和协同效应。”①2020 年 5 月教育部印发的《高等学校课程思政建设指导纲要》（以下简称《纲要》）明确指出，课程思政要紧紧围绕培养什么人、怎样培养人、为谁培养人这一根本问题展开。因此，在推进课程思政建设中，课程体系紧紧围绕育人的整体方向，贯彻立德树人的根本目标，发挥各类课程在育人价值上的一致性，在育人中遵循课程定位与教学方法的相仿性，又注重发挥不同课程的内容互补、功能协同、价值系统等作用，从而构建起同向同行的课程思政的育人体系。

同向同行的课程思政的育人体系，既规定了社会主义教育的基本方向，又正确处理了不同课程之间的内在关系，为不同学段、不同专业、不同课程深入开展思想政治教育提供了有效载体，充分发挥其育人的协同效应。课程思政促使各类课程与思政课程形成了协同效应，能有效克服专业教育和思政教育“两张皮”的问题，从而系统、有序推进中国特色社会主义和中国梦教育，加强爱国主义、集体主义、社会主义教育，引导青年学生年树立正确的历史观、民族观、国家观、文化观，最终将理想信念、社会主义核心价值观

① 王玲芝，杨须栋 . 浅谈高校“课程思政”建设的意义 [J]. 科技风，2019（34）：75–76.

内化于心、外化于行。

（二）有助于打造一支有担当的思政教师队伍

只有当教师自身真正理解、信仰和践行马克思主义时，才能“在教学中有效地开展思想政治教育，通过以身示范与言行感染，帮助学生树立崇高的人生理想，努力把学生培养成为担当民族复兴大任的时代新人”①。这就会促使教师充分发挥主动性、积极性，努力学习政治理论，钻研思政教育方法，提升育人技巧，按照政治要强、情怀要深、思维要新、视野要广、自律要严、人格要正的要求提升自身综合素养。

在挖掘专业课程的思政教学元素时，不能简单照搬照抄思政课程内容，而是要根据专业课程的既有教学目标，依据专业课程的特色进行专业化解读，找出与专业课程教学相匹配的育人因子，在此基础上进行深度开发与有效的课堂教学设计，把专业教育与思政教育有机结合、有效对接，从而激活专业课程既有的育人价值。这就要求“每一位教师要深刻认识所学专业知识的目的，把握好‘人才培养辩证法’，掌握‘德’与‘知’的辩证关系，有效防止在知识传播过程中出现思想政治教育与专业教学‘两张皮’的现象”②。这也将进一步促使教师强化育人意识，通过深入梳理专业课教学内容，结合不同专业课程的特点、思维方法和价值理念，深入挖掘课程思政元素，提升育人能力，找准育人角度，有机融入课程教学，达到润物无声的育人效果。

（三）有助于构建科学的课程思政教学体系

教学内容更加丰富与立体。践行课程思政，有助于打破教师原有学科思维的束缚，拓宽专业课程的教学设计思路。教师在梳理与重组课程内容时，不会仅仅局限于专业知识与专业技能的培养，会进一步开发专业课程的育人资源，系统梳理专业课程的思政元素，并将其渗透于专业知识传授、专业技能培育的过程之中，从而使学科内容更加丰富，发挥课程的立体效应。

---

① 丁义浩，王刚．“课程思政”引领教育回归“初心”和“使命”．中国教育新闻网 [DB/OL] http://www.jyb.cn/rmtzgjyb/201912/t20191223_283289.html

② 王学俭，石岩．新时代课程思政的内涵、特点、难点及应对策略 [J]. 新疆师范大学学报（哲学社会科学版），2020（02）：50–58.

教学方式更加灵活有效。课程思政着眼于立德树人，坚持以学生发展为中心，将专业课程教育与思政课程教育有机结合，不断提升学生的课程学习体验、学习效果。这要求每位思政教师创新课堂教学方法，改进课堂管理，坚持政治性和学理性相统一、价值性和知识性相统一、建设性和批判性相统一、理论性和实践性相统一、统一性和多样性相统一、主导性和主体性相统一、灌输性和启发性相统一、显性教育和隐性教育相统一，激发学生学习兴趣，引导学生深入思考。又要开展系列化的社会实践活动，打通“小课堂”与“大社会”，通过社会实践、志愿服务等活动拓展课程思政的教学空间，将理论与实践有机结合。

教学评价更加科学有效。课程思政建设将教学目标着眼于学生发展的核心素养，将知识维度、能力维度、价值观维度有机结合起来。因此，课程思政的最大优势之一，就是能让青年学生在知识学习中潜移默化地接受思想洗礼和情感陶冶，提升自身的成长素养。这也促使“建立多维度的课程思政建设成效评价体系，从顶层设计、课堂教学和教学评价等各环节保障课程思政工作落到实处”①。

① 关丽，王淑芳 . 物理学类课程思政建设成效评价体系的思考 [J/OL]. 物理与工程：1–5[2021-10–02].http：//kns.cnki.net/kcms/detail/11.4483.O3.20210812.1706.006.html.

第二章　课程思政的理论基础与内涵属性

课程思政是在学科育人理念的基础上提出来的，融合了马克思主义思想政治教育理论和新时期立德树人的理论。为了充分发挥高校学科的育人功能，2005 年上海在教育部的指导下提出了课程思政的理念，并进行了系统的实践探索，随后其他各地也开始实施课程思政。2020 年 6 月教育部印发了《高等学校课程思政建设指导纲要》，随后召开了“全面推进高等学校课程思政建设工作视频会议”，高校的课程思政工作开始全面推进。与此同时，中小学课程思政实践也逐渐开始了富有意义的探索。但是当前对于中小学课程思政的内涵尚缺乏统一的认识，因此本章首先厘清课程思政的理论基础，继而明晰课程思政的内涵与属性。

第一节　课程思政的理论基础

一、马克思主义思想政治教育理论

马克思主义思想政治教育理论是从人类客观存在的思想政治教育实践出发，对思想政治教育做出实质性的理解，是人们合理把握思想政治教育的指导理论与方法论[①]。它开创了代表无产阶级利益的思想政治教育传统，打破了以往思想政治教育的桎梏，是我们在社会主义制度下开展思想政治教育时所依循的根本原则。立足于马克思主义思想政治教育的实践属性之上，我们才能够更为科学客观评价不同时代和制度下的思想政治教育活动，形成新时代

① 吴潜涛，张新桥．思想政治教育学科内涵与定位研究综述 [J]. 思想教育研究，2014（05）：3–15.

思想政治教育的自觉意识。

（一）马克思主义思想政治教育的实践属性

马克思主义思想政治教育的实践属性，指马克思主义者实际从事的思想政治教育活动，从形式上讲主要是通过参与无产阶级政党建设，用科学研究、理论宣传和其他形式来教育无产阶级及其政党；从方式上来讲，其主要是通过政治和理论的方式进行的实践，或者是精神领域的政治活动[①]。

因此，马克思主义思想政治教育具有一定的实践属性。具体来讲，马克思主义思想政治教育实践属性意味着思想政治教育绝对不是纯粹的概念性或纯粹的知识性活动，而是始终以“从物质到精神，从精神到物质”的双向转化为目标，以形成一个新的人。具体可以分为以下三点：

其一，理论与实践相统一。理论与实践相统一是马克思主义思想政治教育实践属性的突出特征，也是确证思想政治教育之历史作用的根本着眼点[②]。马克思主义思想政治教育也始终植根于人类社会广泛存在的思想政治教育实践活动。

无论是工业革命时期还是中国特色社会主义现代化建设时期，或者是存在地域差异的西方与东方，在不同社会空间以及社会历史的不同时段，思想政治教育呈现出了不同形态差别。但思想政治教育是人类社会客观存在的社会事实，参与了人类社会历史进程，成了社会发展不可或缺的精神力量。因此对马克思主义思想政治教育的理解就不能仅仅停留在概念、字面层面，即使马克思主义思想政治教育多以理论活动为主，但这种理论活动并不以构建某种体系为根本目标，而是充分进入到人类社会历史实践中“捕捉”那些对人类思想政治观念具有变革性的实践活动。

其二，扎根现实世界。马克思主义思想政治教育理论作为一种认识，它来源于实践，它的发展动力在于现实世界中教育的需求，它需要现实的检

① 常宴会．马克思恩格斯的思想政治教育实践初论 [J]. 思想教育研究，2021（07）：45–50.

② 王秀阁．论思想政治教育研究取向的问题——马克思主义实践观视角 [J]. 马克思主义研究，2015（05）：129–134.

验，它的最终目的是指导教育实践；同时它在应用于现实的过程中，对现实世界起到或者是正面或者是反面的影响，并不断完善发展自我。马克思主义思想政治教育扎根在现实中，是因为它是反映表达“现实的人”的观念需求的精神交往活动，充分表达了“现实的人”的精神需要。马克思主义思想政治教育理论的萌生发展的内在动因即来源于现实世界中的“人”，而非外在规范要求或权力强迫①。

其三，学科的特定应用性。思想政治教育学科的发展与经验总结密切相关，其特定的实践应用性是最为基本而且显著的特征。这种特别的实际应用主要表现为思想政治教育的政治工具性及其教学性。政治工具性是学科特定应用性的固有特征。政治工具性指的是关于学科应用意义与价值的政治方面，它从属于意识形态。思想政治教育的政治工具化是以人的政治性为基础的，人的政治性是人的重要特征，思想政治教育的对象是人，所以在实践层面上必须有对人的政治性的学术回应。同时，思想政治教育是通过培养人们的政治意识、丰富人们政治情感、促进人们的政治进步，从而实现人全面发展的实践活动。因而非政治性的意识形态教学不仅不合适，而且会使马克思主义思想政治教育庸俗化②。再者，教育性是学科应用性的关键点。马克思主义思想政治教育本质上是社会的一种教育实践活动，目的是按照社会的要求教育出合格的社会成员。此外，通过教育的方式来解决思想问题、传播马克思主义思想意识才是更为有效的途径③。

（二）马克思主义思想政治教育的当代意义

马克思主义思想政治教育在中国革命、建设、改革的过程中以及在中国实现站起来、富起来到强起来的过程中发挥了不容忽视的作用，面向现代化建设的新征程，我们应该更加深入理解和强调马克思主义思想政治教育的当

① 叶方兴．坚持马克思主义思想政治教育观——新时代思想政治教育基础理论创新的观念前提[J]. 思想政治教育研究，2020（06）：70–74.

② 刘新庚，高超杰．论思想政治教育学科的实践属性[J]. 求实，2013（10）：84–87.

③ 李明．辨析思想政治理论课教学“两个转化”中的若干问题[J]. 思想理论教育，2012（19）：59–62.

代意义。

一是有力促进教育正义。马克思主义正义观把自由、平等及质量、效率和公平、仁爱作为正义的核心要素和目标。马克思主义思想政治教育观是教育正义的核心要素及其合理关系的价值追求和本质特征，同样强调了教育平等和教育质量、效率及其相互促进的作用。因此为了促进新时代中国特色社会主义的教育正义，要坚定不移地贯彻马克思主义正义观以及思想政治教育观[①]。这一百年来，中国共产党始终以马克思主义正义观为指导，以教育平等和教育质量、效率及其相互促进的教育正义圈为核心，不断发展和实践马克思主义正义思想，形成了愈加丰富完善的系统化教育正义思想链和成功的教育正义实践链。

党的十八大以来，不断推进城乡教育公平和均衡发展，坚持以一个也不能少为目标的教育扶贫，发展公平而有质量的教育和中国特色世界先进水平的现代化优质教育等，形成了“争取能”“丰富有”“力求好”“促均衡”“创优质”等系统和丰富的教育正义思想和成功的教育正义实践。如今在建设新时代中国特色社会主义时代中，中共中央提出要“发展中国特色世界先进水平优质教育”，其本质与目标仍是在教育权利平等基础上公共教育服务完全均等、高水平平等与高质量相互促进的教育优质均衡发展。这些都是中国共产党基于中国特色社会主义实际出发，对马克思主义教育正义思想的创造性发展和实践[②]。

二是解放思想。马克思主义思想政治教育是一种不断根据新时代条件更新创新其理论与方法的价值观教育活动，不但具有宣传教育功能，同时还具有解放思想的功能。马克思主义思想政治教育重在强调批判资产阶级意识形态的最新表现，比如把握社会主义核心价值观和资产阶级价值观的根本区别，洞悉资产阶级社会思潮的新形式、影响机制，指出它们在理论上的谬误

---

① 郝文武 . 百年中国共产党对马克思主义教育正义思想的发展与实践 [J]. 教育研究，2021（06）：4–15.

② 中国教育现代化 2035[EB/OL].（2019–02–23）[2021–08–22].http ：//www.gov.cn/zhengce/2019–02/23/content_5367987.htm.

和实践上的危害。这些工作能够为解放思想、摆脱精神桎梏作出贡献，这也是思想政治教育指导现实的重点方式。此外，马克思主义思想政治教育也是一种解放思想、促进人全面发展的实践活动。现代马克思主义思想政治教育可以进一步提高人们的认知能力，在个人生存和考虑合理需求的基础上，对人们进行独立人格的教育。并且可以从受教育者实际的思想需求出发，拓宽思想交流渠道，引发思想共鸣，激励人们形成共同发展的目标。马克思主义思想政治教育通过构建人与人之间相互交流、相互了解、取长补短的和谐关系，进一步来解放思想、推动教育高质量发展以及促进人和社会的发展[①]。

三是弘扬时代精神。每一个时代都有自己特定的时代精神和时代主题，时代精神是指表现时代主要特征和趋势的思想，是当时创造性的精神文明的象征。而我国当代时代精神的核心即为改革创新。以改革创新为核心的时代精神，是马克思主义思想政治教育中国化的成果，是中华民族将马克思主义思想政治教育理论与现代化建设实践相结合取得的伟大成就[②]。改革创新的时代精神在我国政治、经济、文化、教育以及社会建设等各个方面都展现得淋漓尽致，这样的时代精神也同样是各族人民不断开创中国特色社会主义事业新局面的强大精神动力。

马克思主义思想政治教育工作本身具有较强的时效性，这就意味着我们所坚持的马克思主义思想政治教育理论是与时俱进、符合时代特色的。因此当代马克思主义思想政治教育能够弘扬传播时代精神，用时代精神教育和激励全国人民，有助于理论发展方向和人民群众思想发展趋势保持一致。同时还能够真正引发人民群众的思想共鸣，实现思想政治教育价值的最大化。

二、新时期“立德树人”教育思想

教育不仅仅是个人、家庭的大计，更是国之大计、党之大计。党的十八

---

① 张梦涛．马克思人的解放理论及其对思想政治教育的牵引作用 [J]. 兰州大学学报（社会科学版），2010（S1）：154–158.

② 赵化刚．马克思主义思想政治教育理论中国化探析 [D]. 天津：南开大学，2009.

大提出，把立德树人作为教育根本任务，培养德智体美全面发展的社会主义建设者和接班人。当前我国把发展教育放在改善民生和加强社会建设的首位，育人先育德，育德先育魂。教育的初心是立德树人，只有秉承不忘初心，牢记使命，勇往直前的精神，教育才能健康发展。

（一）立德树人思想演进的当代体现

中国共产党的立德树人思想是一个不断演变和发展的过程，其发展轨迹从中华优秀传统文化到党的革命、建设和改革实践，再到中国特色社会主义的发展，深刻体现了立德树人思想时代性与实践性、继承性与开放性的有机统一。

新时代立德树人思想源于中华优秀传统文化的教育思想。中华民族有着崇尚文化和教育的优良传统，"修身、齐家、治国、平天下"[①]的儒家思想传统，"德才兼备、以德为先"的选人用人标准，以及"为天地立心，为生民立命，为往圣继绝学，为万世开太平"[②]的理想追求，都强调把个人的品德塑造放在首要位置，更是把个人德性与家国天下情怀联系起来，强调对国家民族前途命运的重任担当。这些优秀的传统文化，通过创造性转化和创新发展，为新时代立德树人思想的价值取向和丰富内涵的构建奠定了坚实的基础。

在中国共产党 100 年的发展历程中，教育作为中国可持续发展的不竭动力，我们始终把德育放在教育的突出位置。新中国成立之初"使受教育者在德育、智育、体育几方面都得到发展，成为有社会主义觉悟的有文化的劳动者"[③]被毛泽东确定为社会主义教育方针，重视德育成为我国教育政策一贯的鲜明特色。邓小平延续了立德树人的教育思想，确立了培养"有理想、有道德、有文化、有纪律"的"四有新人"的育人原则。21 世纪以来，胡锦涛等共产党人首次提出了把立德树人作为教育根本任务的重要概念，强调"要坚

① 郑玄注，孔颖达正义．礼记正义 [M]. 上海：上海古籍出版社，2008：1673.

② 黄宗羲，全祖望补修，陈金生、梁连华点校．宋元学案第二册 [M]. 北京：中华书局，1986：664.

③ 毛泽东．关于正确处理人民内部矛盾的问题，毛泽东文集（第 7 卷）[M]. 北京：人民出版社，1999：226.

持育人为本、德育为先，把立德树人作为教育的根本任务”[①]，为解决“培养什么样的人、怎样培养人”的根本性问题指明方向。党的十八大以来，习近平高度重视立德树人工作，先后提出“高校立身之本在于立德树人，要坚持把立德树人作为中心环节”[②]，“要把立德树人的成效作为检验学校一切工作的根本标准”[③]，“要全面贯彻党的教育方针，落实立德树人根本任务”[④]等一系列重要论述，进一步指明了中国特色社会主义教育实现现代化的方向和目标，推动了中国共产党人的立德树人思想的创新发展。

党的教育方针继承和发展了马克思主义教育思想，为构建中国特色的现代教育理论体系指明了方向，体现了不同时期我国教育价值取向的内涵变化；同时也揭示了社会主义教育的本质——新时代教育发展性、先进性和人民性的统一，为推进立德树人工作提供了行动指南。

（二）立德树人与课程育人的理论审视

新时代的立德树人，以“立什么德，树什么人”的教育问题为导向，以立德为基础，以树人为核心，培养民族传统文化传承人、塑造社会主义核心价值观的践行人，为国家建设和民族复兴培养合格的建设者和接班人，实现教育的历史性与未来性、民族性与世界性的有机统一。

立德树人旨在实现培育时代新人的整体性优化。[⑤]首先，立德树人要着眼于学生全面发展的整体性。教育的根本在于促进人的全面发展，需以人为本，树德为先，促进学生知识、能力、品德、审美、体质诸方面的发展，培养具有健全人格、社会责任感、创新精神和能力的社会人。其次，时代新人立“德”需要从整体上把握，包含不同层次的思想道德、人格修养、价值观

---

① 胡锦涛．胡锦涛总书记在全国优秀教师代表座谈会上的讲话 [J]. 中小学教师培训，2007（11）：3-4.

② 习近平．把思想政治工作贯穿教育教学全过程 [EB/OL].（2016-12-08）[2021-08-23] http://www.xinhuanet.com /politics/2016-12/08/c-112082677.htm

③ 习近平．在北京大学师生座谈会上的讲话 [N]. 人民日报，2018-5-3（2）.

④ 习近平．决胜全面建成小康社会夺取新时代中国特色社会主义伟大胜利—在中国共产党第十九次全国代表大会上的报告 [M]. 北京：人民出版社，2017.

⑤ 冯刚．立德树人与时代新人培育的内在逻辑 [J]. 四川师范大学学报（社会科学版），2021，48（05）：13-19.

念、政治理念和爱国情怀，凝聚了中华优秀传统文化的时代精神，是新时代道德之本，育人之源。最后，思想政治教育育人的过程具有整体性，教育内容、方法、途径等方面的整体协同，整体规划与系统设计并进，要脚踏实地、着眼长远，谋划全局、审视未来，协同推进各教育环节，形成育人合力。

立德树人要明了培育时代新人的价值指向。“德为才之帅。”[①] 德是做人之本，是人成长之根基。在当今全球化时代，多元文化、各类思想交相融合和冲突，青少年的成长和发展面临新的机遇和挑战。教育要在继承的优秀传统文化的基础上，以德育为先，顺应时代敢于创新，将社会主义核心价值体系融入教育教学，以爱国主义为核心的民族精神和以改革创新为核心的时代精神为重要内容，培育和弘扬核心价值观，加强教育引导和实践培养。将德育落实到学生成长和生活的实践中，贯穿学校教育、家庭教育、社会教育，增强德育的针对性和实效性；学校教育是人类文明传承和发展的重要途径，学校要从课程德育、学校文化和社会实践三个方面共同构建德育体系，注重将德育渗透到各学科教学活动中，尊重学生主体地位和主动性，优化德育内容，广泛开展丰富多彩、适合学生的德育活动，不断提高德育的吸引力和感染力。

在“立德”和“树人”内在互动中把握好时代新人培育的实践逻辑。“立德”和“树人”的联结包含着“偶然”和“必然”之辩，其实质是“‘立育人之德’和‘树有德之人’的有机结合与辩证统一[②]”。立德和树人有一个共同的基础——“人”。为人立德，立德的主体是人；培养新人，树人的对象是人。只有从人的本质出发，准确理解“时代新人”中“时代”的内涵与对“新人”培养的目标，把握在不同历史背景下人思想的发展与变化，厘清立德树人的思想动因、现实依据、内在需求以及与“人”的关系。其次，在育人与育才

① 司马光 . 资治通鉴（第 1 卷）[M]. 郑州：中州古籍出版社，2003：3.

② 李建华，王果 . 立德与树人之间：一种教育伦理学辨析 [J]. 西北师大学报（社会科学版），2020（03）：15-20.

的平衡中实现立德树人。立德树人不仅是广度上追求德智体美劳各方面素质的全面发展，还包含了深度上的文化扎根和精神引领。这既是对人才成长规律和人才培养规律的深刻认识，更是对当下教育重才智、轻德性的功利倾向的深刻批判。社会各界要以德行、能力、知识作为选人用人的主要标准。大众媒体应引导全社会关注“人”的培养，学校不为应试，更重“人”的全面发展，学生与家长为“人”的成长而努力，结合新的时代特点和实践要求，充分了解学生成长和教育规律，营造回归教育本质的社会氛围，找回教育初心，为学生的全面、健康成长营造良好环境，树立正确的德育观、人才观和学生观。

三、隐性课程理论

隐性课程是在探讨校园、物质环境以及师生关系等各种要素对学习者所产生的影响时提出来的。这些要素通常不是学校正规课程教学规定的学习内容，但是隐藏在学校教育教学活动的整体环境和活动过程中，对学习者的发展产生着重要影响，甚至会影响课程教学目标的实现，可见其发挥着课程的功能，所以称之为隐性课程。

（一）隐性课程的内涵

隐性课程这一概念发端于杜威的“附带学习”，即“伴随具体内容的学习而形成的对所学习的内容以及学习过程的情感、态度”[①]，最早由美国学者菲利普·杰克逊（Phillip Jackson）提出。在其著作《课堂中的生活》（Life in Classroom）中，杰克逊认为学习者在学校里学会的价值观念大部分不是通过学校设置的官方课程而获得的，他指出，“学生还从学校生活的经验中获得了态度、动机、价值和其他心理状态的成长。而且这些形式教育之非学术的结果比学校主要任务之教学更具有影响力”[②]。

① 张华．课程与教学论 [M]. 上海：上海教育出版社，2001：304.

② KENTLI F D. Comparison of hidden curriculum theories[J]. European Journal of Educational Studies，2019，1（2）：83–88.

自杰克逊创生隐性课程这一概念之后，相关研究不断深入，形成了大量的研究成果，但是学界对于隐性课程的理解并不一致。对于隐性课程对学习者在哪些方面产生影响，很多学者认为主要是道德教育，因为学习者对道德标准的学习主要基于与他人交互的环境；德里克·朗特里（DerekRowntree）则认为隐性课程是“学校所传递给学生的所有信念和价值观”“这种传递往往不是通过明示的正规教学完成的，而是通过学校对学生的要求无意识之中完成的。[①]”对隐性课程的作用也有结构功能论和批判论的区分[②]，不过隐性课程有几个方面的特征是大部分学者都认可的：首先，隐性课程是教育目标中没有明确表述的部分，即在课程标准、教科书以及其他课程资源中都没有明确出现，没有获得官方的正式确认；其次，正因为没有正式确认，隐性课程影响学习者的方式是潜移默化的，甚至学习者自身也没有意识到隐性课程的教育功能；其三，隐性课程对学习者的影响意义重大，需要特别重视。

（二）隐性课程的育人功能

既然隐性课程对学习者的影响是潜移默化的，其功能具有一定的隐蔽性，由此产生的问题是如何重视并发挥隐性课程的作用，解决这一问题有不同的理路。其一，将隐性课程的价值揭示出来，使其能够被教育者和学习者认识到。这是因为价值观念的习得是学习者社会化的重要构成，所以将教育环境与社会交互中所隐藏的价值观念展现，那么隐性课程的作用将会受到重视且发挥作用。以隐性课程的重要类别校园文化为例，通常校园文化是由该校的传统，领导者的价值观念以及领导、教师、学习者、家长等各类主体的交互而形成，对学习者的观念和行为发挥着重要影响。但是学校管理者为了提升学校办学水平而精心设计校园文化，使校园文化成为引领师生价值追求和行为准则的“磁场”。如此作为隐性课程的校园文化就得以显现。

其二，注重隐性课程对于学习者经验的生成，强调学习者和教育者在具体生活世界中不断围绕生活经验展开对话，在对话的过程中，学习者能够将

① Derek Rowntree A Dictionary of Education[M]. London：Harper & Row，1981：115.

② 张华．课程与教学论 [M]. 上海：上海教育出版社，2001：306.

隐藏在“生活经验”（包括教育环境和人际互动等）中价值和意义建构为自己的经验。如此教育者的作用在于引领对话，促进意义的生成。

其三，从批判论的理论出发，引导学习者主动反思隐性课程要素对自身发展所带来的影响，以此将隐性课程的教育功能提升为个体自我反思的自觉，从而在改造自身经验的过程中，形成批判和反省的自觉意识，实现主体意识的觉醒。正是因为对主体意识的强调，该理路被认为实施道德教育的重要途径，即通过反思隐性课程对学习者的影响来唤醒学习者的主体意识，掌握对行为和观念的判断标准，讲道德标准内化为自身的行为规范。

第二节　课程思政的内涵与属性

长期以来，我国坚持德育为首，但是主要通过专门设立思想政治课对学习者实施思想政治教育，其他学科则主要促进文化知识的学习。如此造成其他学科承担的育人任务不够深入，从而“忽视了学科的整体育人功能，导致学科系统育人功能的结构性沉默”[①]，对于落实立德树人的根本任务不利。鉴于此，探讨如何推行课程思政以求通过各个学科落实立德树人任务，是新时代教育亟须解决的重要问题。本节以此问题为起点，在明确课程思政的内涵的基础上分析课程思政对于落实立德树人的重要意义。

课程思政是在学科育人理念的基础上提出来的。为了充分发挥高校学科的育人功能，2005 年上海在教育部的指导下提出了课程思政的理念，并进行了系统的实践探索，随后其他各地也开始实施课程思政。2020 年 6 月教育部印发了《高等学校课程思政建设指导纲要》，随后召开了“全面推进高等学校课程思政建设工作视频会议”，高校的课程思政工作开始全面推进。与此同时，中小学课程思政实践也逐渐开始了富有意义的探索。但是当前对于中小学课程思政的内涵尚缺乏统一的认识，因此本书首先探讨这一问题。

① 郭元祥 . 论学科育人的逻辑起点、内在条件与实践诉求 [J]. 教育研究，2020（04）：4–15.

一、从学科育人到课程思政

教学是学校教育的中心工作，只有将学科育人置入教育本质问题中时，学科的育人价值方能显现出来。在学科教学中融入思想政治教育，是学科育人的重要构成，也是学科知识学习与学科育人功能的统一。

（一）学科教学的终极目标是育人

育人是教育的本质。我国古代思想家孔子、孟子等，在讨论教育问题之时首先重视的是人的德行，如孔子要求“弟子入则孝，出则弟，谨而信，泛爱众，而亲仁，行有余力，则以学文。[①]”可见在孔子那里，传统道德是学习文化知识的前提，在亲身践行传统道德的基础上，才可以去学习文化知识。同样古希腊先哲也将德行作为教育的首要任务，如苏格拉底就认为“知识即道德”，因此教育的首要任务是培养道德[②]。

到了近代之后，随着人文主义的兴起，许多教育家和思想家认为教育不仅要培养德行，更要注重完整人格的培养，因而教育是促进“人成为人”的重要手段，即康德所谓“人应该首先发展其向‘善’的禀赋”[③]，最终“将其人性之全部自然禀赋，通过自己的努力逐步从自身中发挥出来”[④]。基于此，著名教育学家赫尔巴特在论述教学问题时，提出的著名的“教育的教育性”原则，指出“不存在‘无教学的教育’这个概念，正如反过来，我不承认有任何‘无教育的教学’一样。[⑤]”而教育的最终目的在于儿童到的性格的行程。由此可见发展人性、培育完整的人是近代教育家和思想家对学科育人作用终极追求。

在现代社会，学科课程成为学校教育的主要实施形式。学科是知识分类体系的重要载体，同时也是学校教育的课程组织形式。在学校教育中，作为课程组织形式的学科，首先遵循了知识分类的逻辑，包含了学科知识自身的

① 陈晓芬，译注 . 论语 [M]. 北京：中华书局，2016：3.
② 张斌贤，王晨 . 外国教育史 [M]. 北京：高等教育出版社，2015：74.
③ 康德 . 论教育学 [M]. 赵鹏，何兆武，译，上海：上海世纪出版集团，2005：11.
④ 康德 . 论教育学 [M]. 赵鹏，何兆武，译，上海：上海世纪出版集团，2005：7.
⑤ 赫尔巴特 . 赫尔巴特文集（3）[M]. 李其龙，郭官义等，译 . 杭州：浙江教育出版社，2002：12.

结构，是系统化的知识组织；其次是依据学生的认知规律而组织，目的在于促进学生循序渐进的学习。因此学科作为课程组织的功能主要在于让学习者在知识分类的框架下系统掌握学科知识，学科教学的终极目的在于掌握学科知识结构。本来学科知识的学习和学科育人是相统一的，因为学科知识自身以及学习学科知识的教学互动过程也蕴含着价值取向。然而现代教育衡量教学质量的标准往往是依据学科知识掌握的多寡，手段也多以纸笔测试为主，学科育人的功能往往被剥离在学科知识的学习之外，这是因为学科知识在成为学习内容，转变为客体化的认知对象后，知识所蕴含的价值和情感内涵被遮蔽了。

从此学科知识的学习和学科育人有了分离的倾向，特别是在以成绩为标准的评价方式占据主流、教育的筛选功能备受重视的背景下，发展人性、培育完人的学科育人功能容易受到忽视，育人这一教育的本质往往消解在学科知识的传递过程中。因此新中国成立以来我国的教育理论向来重视学科育人，提倡“人人都育人、课课都育人”的学科育人实施路径。特别是当前基础教育改革逐步深入之时，实现学科育人功能，更是全面提高教育质量的现实课题[①]。

学科育人充分强调知识学习过程所蕴含的促进人格完善的价值。实际上我国在 2001 年开始实施的第八次基础教育课程改革，就在力图改变“课程过于注重知识传授的倾向，强调形成积极主动学习的态度，是获得基础知识与基本技能的过程同时成为学会学习和形成正确价值观的过程”[②]，将课程教学目标划分为知识与技能、过程与方法、情感态度与价值观三个方面，促进学习者的人格完善、培育全面发展的人包含在情感态度与价值观目标之中。

因为学科知识逻辑及其附着的情感态度价值观存在差异，不同的学科便有了不同的育人价值。很多学者对此做了深入的探讨和分析，认为语文的育

① 郭元祥．论学科育人的逻辑起点、内在条件与实践诉求 [J]. 教育研究，2020，41（04）：4-15.

② 中华人民共和国教育部．基础教育课程改革纲要（试行）[EB/OL].（2001-06-08）[2021-08-06]. http://www.moe.gov.cn/srcsite/A26/jcj_kcjcgh/200106/t20010608_167343.html.

人价值重在文化传承，数学和科学的育人价值在于科学精神，英语的育人价值在于国际视野和跨文化能力等等。如此学科育人的本质是看重学科自身的素养中所蕴含的发展功能，将个体的发展依据学科分解为各个方面，能够为学科育人的实践提供清晰的界线和操作思路，具有较强的实践操作性。然而“学科育人的本质是促进学生由作为自然生命的人向作为社会生命、精神生命的主体的转化”①，显然依附于学科划分的学科育人忽视了学科育人之“人”的完整性，有肢解人的全面发展之虞，阻碍了这一生命主体转化的实现。在学科育人的框架内挖掘共通的主题，指向人的全面发展，是将学科教学和学科育人相统一的重要问题。

（二）课程思政是学科育人的升华

在各学科教学中开展思想政治教育即课程思政，是对学科育人这一缺憾的弥补。因此课程思政是思想政治教育的延伸，是将学校教育全方位育人的理念落到实处的重要举措。学科育人重视学科知识和学科教学过程中对学习者的教育功能，其概念比较广泛。换言之，在学科知识学习的过程中只要能对学习者的道德认知和价值观念产生正向影响，即被视为产生了育人作用，而课程思政则更进一步聚焦于学习者的思想政治素养，也是对学科育人的升华。首先课程思政对于促进人的全面发展、养成完人具有方向性的指导意义，对每个人未来的发展具有价值澄清的作用，即明确为了什么价值而学习的问题；其次，课程思政是每门学科都应承担也能承担的重要任务，且能够将学科育人的“人”之完整性融合在思想政治教育过程当中；其三，课程思政是贯穿与学科教学的过程中，其实质更是一种全新的课程观，是将立德树人的终极目标追求以“润物细无声”的方式嵌入到学科知识学习的过程中，实现价值教育与学科知识学习相统一的复归。

由此可见，学科育人与课程思政具有内在的一致性。从学科育人到课程思政，有另一个关键概念——学科德育——的桥梁作用。以学科育人为起点，

① 中华人民共和国教育部 . 基础教育课程改革纲要（试行）[EB/OL].（2001-06-08）[2021-08-06]. http://www.moe.gov.cn/srcsite/A26/jcj_kcjcgh/200106/t20010608_167343.html.

学科德育强调的是在学校教育过程中实施全方位育人，在此德育是一种“大德育”的观念，即包含了道德教育、价值观念教育、法治观念教育、心理健康教育以及思想政治教育等多方面的教育，以通过所有学科的全方位德育实现立德树人。如上海在2005年起实施的《上海市学生民族精神教育指导纲要》和《上海市中小学生生命教育指导纲要》（简称“两纲教育”），构建了大中小学德育体系，在中小学阶段“人人都是德育工作者、课课都是育人课”成为普遍共识[①]。但是“大德育”观的内涵过于庞大，存在的问题是不能有效突出新时代思想政治教育的紧迫性，因此课程思政是在学科德育的基础上，对学科育人功能的再一次聚焦，即将学科育人的落脚点聚焦到思想政治教育上，以帮助学习者确立社会主义核心价值观和新时代的思想政治主题为学科育人的目标，从而真正实现将立德树人落实到全方位教育教学活动中。

二、中小学课程思政的内涵

从学科育人到课程思政，体现了立德树人学科教学在育人方面的传承。但是课程思政并不等同于学科育人，也不等同于学科德育，所以论证和把握课程思政的内涵，是中小学开展课程思政的前提。

（一）课程思政是学科育人进一步聚焦

在中小学推进课程思政，在切入课程思政的学科知识点选择、思想政治教育元素的设计等方面都存在困惑，其中一个很重要的问题是，究竟在学科教学中什么样的元素才是“课程思政”？下文在已有研究对课程思政概念界定的基础上澄清此问题。

当前对课程思政讨论大部分局限在高等教育的范围谈课程思政的内涵以及实施路径，大多数研究者一致认可的观点是，课程思政是思想政治教育的延伸，就是通过高等学校课程建设和课堂教学来对大学生进行的思想政治教育。此外，因为课程思政的载体是课程，所以在高校的视域中课程思政理所

① 高德毅，宗爱东．课程思政：有效发挥课堂育人主渠道作用的必然选择[J]. 思想理论教育导刊，2017（01）：31-34.

当然包含了课程建设的内容，如“课程思政就是通过高等学校课程建设和课堂教学来对大学生进行的思想政治教育。[①]”许小军指出，高校的课程思政内涵在模式上是将思想政治教育的主渠道延伸到全部课程；在理念和方法上思想政治工作体系贯通于人才培养体系全过程的具体途径和载体；在内容上体现社会主义核心价值观的思想内涵以及其他的各种与价值观念相关的元素[②]。是将课程思政的实施路径与内容也作为课程思政内涵的重要构成部分。如基于研究者的相关讨论，2020 年 5 月教育部发布《高等学校课程思政建设指导纲要》，指出课程思政“就是要寓价值观引导于知识传授和能力培养之中，帮助学生塑造正确的世界观、人生观、价值观，”同时指出课程思政的重要意义是“人才培养的应有之义，更是必备内容。[③]”以上对于课程思政的讨论，强调了课程思政的目标在于塑造正确的世界观、人生观和价值观，课程思政的载体是课程教学，即课程思政是通过知识的学习和能力的培育而实施的。

在高校的课程思政取得了丰硕成果的基础上，学界开始对中小学实施课程思政的探索，这是因为中小学话语体系中的德育正在向思想政治教育过渡[④]，实现与高校的话语体系的衔接。这一探索很多集中讨论“大中小学课程思政一体化”的问题，将中小学课程思政的内涵置入此“一体化”的背景中探讨。如许瑞芳指出，“课程思政是在学科德育的进一步改进和话语转化符合下教育教学改革的需要而提出的，可以被视为是一项教学改革，”其与学科的与的不同在于“继承和发展了学科德育的实践和理论成果”[⑤]。这一对中小学

---

① 刘建军 . 课程思政：内涵、特点与路径 [J]. 教育研究，2020（09）：28-33.

② 许小军 . 高校课程思政的内涵与元素探讨 [J]. 江苏高教，2021（03）：101-104.

③ 中华人民共和国教育部 . 高等学校课程思政建设指导纲要 [EB/OL].（2020-05-28）[2021-08-31]，http://www.moe.gov.cn/srcsite/A08/s7056/202006/t20200603_462437.html

④ 陆道坤 . 新时代大中小学课程思政一体化的内涵、难点及优化路径 [J/OL]. 新疆师范大学学报（哲学社会科学版），2021（01）：38-47[2021-09-08].https ：//doi.org/10.14100/j.cnki.65-1039/gf.202/0712.003

⑤ 许瑞芳 . 新时代大中小学课程思政一体化的内涵、难点及优化路径 [J/OL]. 新疆师范大学学报（哲学社会科学版），2021（02）：59-67 [2021-09-08].https ：//doi.org/10.14100/j.cnki.65-1039/g4.20210818.001.

课程思政内涵的讨论，将课程思政限定在课堂教学改革的范畴，指出课程思政是学科德育的深化。当然课程思政的主要阵地是课堂教学，但是课堂教学是实现课程目标的主要途径，因而还需要从课程的视角来看待课程思政，即"课程思政的核心要义就在于推进课程的教育性建设，重心在于课程的意识形态属性、逻辑、价值、效能赋予"①。

（二）中小学课程思政的内涵

根据以上的讨论，本书认为中小学的课程思政，是以帮助学习者树立社会主义思想政治意识和价值观念为目标，以学科课堂教学改革为主要阵地，在学科课程中融合思想政治教育的课程设计与实施活动。根据此界定，本书从课程思政的目标、范畴和实施路径三个方面界定中小学课程思政的内涵。

首先，课程思政的目标是帮助学习者树立社会主义思想政治意识和价值观念。这是课程思政与传统的学科育人、学科德育不同的地方，即强调意识形态属性。唯其如此，才能将学科德育和学科育人更进一步。如将课程思政目标确定为树立正确的世界观、人生观和价值观，为课程思政目标指明了方向，但从课程建设的角度来看，这个规定还是显得过于宽泛。这是因为一方面在学科德育中已经明确包含了这几个方面的教育，强调价值观教育可能难以超越学科德育的范畴；另一方面在课程实施的实践中，经过第八次基础教育课程改革，绝大部分的课堂教学目标的设计都会包含情感态度与价值观的教育。将课程思政的目标限定在社会主义思想政治意识和价值观念，能够进一步凸显思想政治教育的意识形态属性，更能契合立德树人根本任务的要求。

从课程目标来看，课程思政应该融合在每门学科课程的课程目标当中，将思想政治教育作为每门课程的重要构成部分。当前我国的学科课程标准基于国家对人才规格的需求，根据学科知识的逻辑和学习者的发展水平而编制，而且在课程标准和教育部组织编写的教科书中已经非常明确地融入了

① 郝德永．"课程思政"的问题指向、逻辑机理及建设机制 [J]. 高等教育研究，2021，42（07）：85–91.

课程思政的元素，特别是在语文、历史、社会等人文性学科中体现得非常明显，而在数学、科学等学科中也已经做了很明确的改进。基于此，中小学在推进课程思政时，需要充分解读课程标准文本中的社会主义思想政治教育的元素，挖掘教科书中的思想政治教育内容，为课程思政的实施奠定基础。

其次，课程思政的主要阵地是课堂教学改革。课堂教学是课程实施的核心环节，课程思政也应该以课堂教学为抓手，结合当前的课堂教学改革动向开展。一是在教学目标设计时融入思想政治教育的元素。此种融入不仅意味着将思想政治教育元素融入情感态度价值观的目标之中，还应该融入知识与技能之中，因为社会主义思想政治意识的确立是以认知为基础的。二是在教学内容设计中融入思想政治教育的元素。与当前强调学习的认知情境相一致，思想政治教育的元素实质是学习者所处时代的大环境，因而能为教学内容提供切合学习者经验的问题情境，一方面基于学习者的经验生成社会主义思想政治意识，另一方面在帮助学习者树立社会主义思想政治意识的同时深入掌握学科知识。三是在课堂教学的过程中，教师通过渗透思想政治教育的互动对话，引领学习者批判反思课程内容和学习材料中的意识形态，树立正确的政治立场。

最后，课程思政是课程设计与实施活动，根据课程思政的课程建设属性，课程思政应涵盖所有的课程要素。除了课程目标和课堂教学的改革之外，课程思政的推行还应包括教师课程思政意识的确立、课程思政教学资源的开发、课程思政的课程评价等方面的建设。作为课堂教学改革的主角，教师的课程思政意识是课程思政能否取得成效的关键环节，同时课程思政也是推进师德师风建设的重要措施，这是因为课程思政内含新时代对师德师风的新要求，同时课程思政激发了教师的修养的内生动力①，就此意义而言，教师的课程思政意识是落实立德树人根本任务的重要保障。为了深入推进课程思

① 韩宪洲．以课程思政推进师德师风建设的内在逻辑与现实路径 [J]. 思想理论教育导刊，2021（07）：123–127.

政，需要系统性地推进教学资源开发。所谓教学资源开发，是围绕学科知识寻找切入课程思政的知识体系，在此基础上从网络、社区、家庭、课程资源包等多个渠道补充能够支撑和拓展学科知识学习的思想政治教育元素。因此推进课程思政，在教学资源开发方面是一项需要有统一组织实施的系统性工程。

课程思政不仅要关注目标设计、内容组织、教学实施等课程要素，也须关注课程思政的评价，以做逐步的改进。当然课程思政的评价是当前的一个难题，如陆道坤指出，“明晰课程思政评价的逻辑并逐步构建起课程思政评价的体系与机制，是今后一段时间研究领域和实践领域需要共同破解的重大课题。[①]”根据课程评价设计的基本原理，课程思政的评价需要涉及学习者、教学和课程三个对象，即从学习者思想政治素养提升、课程思政教学设计是否合理的角度以及围绕课程思政的课程建设三个角度进行课程思政的评价。在评价方法和标准方面，因为思想政治素养主要在情感态度和价值观的层面，需要采用结合情境的表现性评价方法，制定相应的表现标准，从而促进课程思政取得实效。

三、课程思政的隐性课程属性

（一）课程思政的隐性课程属性

对教育者而言，课程思政是将学科知识内容以及学科教学过程中蕴含的思想政治教育元素进行设计，从而在学科教学时形成全方位育人的教育自觉。从以上对隐性课程属性的剖析可知，课程思政具备隐性课程的特征，是在思想政治课程之外的其他学科中开展思想政治教育，培养社会主义事业的接班人，契合习近平总书记在学校思想政治理论课教师座谈会上所指出的，“要坚持显性教育和隐性教育相统一，挖掘其他课程和教学方式中蕴含的思想政治教育资源，实现全员全程全方位育人。[②]”

① 陆道坤．课程思政评价的设计与实施 [J]. 思想理论教育，2021（03）：25-31.

② 张烁．习近平主持召开学校思想政治理论课教师座谈会 [N]. 人民日报，2019-03-19（01）.

课程思政是学科知识和学科教学过程中所隐含的思想政治教育元素，这些元素在学科知识学习目标中没有得到明确的显现。承载显性思政的思想政治教育课程或思想政治教育活动，具有明确的思想政治教育主题，教育者和学习者在学习相关主题和内容的时候，明确知晓课程内容和目标的价值取向和意识形态立场，换言之，教育者明确自身是为引领、塑造学习者的思想政治立场与知识，而学习者具有明确的接受主体意识①。与显性思政的课程及教育活动不同，课程思政的教学目标并不是官方课程明确规定的内容，在学习者学习的过程中，确实对其观念产生了重要影响。

课程思政所涉及的思想政治教育目标，对于学习者而言是隐藏在学科知识目标中的，学习者对课程思政内容的学习是无意识的，符合隐性课程“润物细无声”的特征。由于课程思政的内容是附着在学科知识的学习过程中，学习者对思想政治教育的元素是通过潜移默化的方式来学习的，换言之，经过教育者的设计，思想政治教育的元素为学习学科知识、培育学科核心素养而服务，学习者自身对于课程思政的元素并没有明确的觉察。在显性层面，学科教学的过程依然是学习知识，在隐性层面，学习者受到课程思政元素的感染和影响。

课程思政是以学习者的生活经验为起点，强调学习过程的趣味性。隐性课程对学习者的影响主要集中于情感、态度和价值观层面，主要包括对学科知识的态度、是非观念和道德准则、价值取向等，学习者在习得隐性课程时，内心对其产生了极大认同，这也是隐性课程对学习者产生重大影响的主要原因，因而学习者在习得隐性课程时的情感状态是愉悦的。课程思政同样具备这样的特征，因为课程思政是依托、服务于学科知识的学习，通常以学科知识的问题情境或学科知识学习支架的方式呈现，紧密贴合学习者的主体社会文化经验，特别是融入了国际热点、国家大事等学习者喜闻乐见的素材，因此开拓了学科知识学习的思路，将思想政治教育融合与学科知识学习过程，可谓“寓”思想政治教育和学科教育于社会文化经验之“乐”中，可

① 白显良.隐性思想政治教育基本理论研究[M].北京：人民出版社，2013：140.

以充分激发学习者的情感体验，赋予学习过程以愉悦的情感体验。

（二）基于隐性课程属性的课程设计理路

课程思政的隐性课程属性，为我们进行课程思政设计提供了思路。如上所述，隐性课程思政发挥作用的途径有价值揭示、经验生成和批判反省三种理路，据此课程思政也可以循此理路开展。

遵循价值揭示的理路，课程思政需要揭示原本隐藏在学科知识学习过程中的思想政治教育元素，将思想政治教育元素作为教学设计的重要构成部分。从教学设计的视角来看，思想政治教育的元素蕴含在学科知识内容及其学习过程中：首先，教学目标中的情感态度价值观即包含思想政治教育的元素，课程思政的目标可以与学科课程目标的情感态度价值观有机结合；其次，很多文科学科知识自身包含思想政治教育的元素，学科知识的学习过程隐含着思想政治教育；其三，对学科知识教学的问题情境设计包含思想政治教育的元素，在问题情境设计中将当前思想政治教育相关的生活元素作为素材，有效实现全方位育人；其四，课堂教学过程中师生互动关系包含思想政治教育元素，教育者与学习者相互交流的过程，就是情感、态度和价值观念交流的过程，思想政治教育也自然融入其中。因此就课程思政的价值揭示而言，可以将课程思政融入整个学科教学过程中。

注重学习者生活经验的生成的课程思政理路，实质是学习者思想政治素养（生活经验）的养成，此生活经验的生成是课程内化为学习者经验的过程，因课程标准、课程资源的编写与取舍是“他们作为课程主体与社会和国家要求、与知识和知识生产者以及教育对象的特点等因素的相互作用”[①]，都在体现着国家的思想政治主题与价值取向，所以具有隐性课程属性的课程思政，其经验生成指的是教育双主体围绕课程内容的生成。在课堂教学的设计和实施中，渗透着教师对学科知识及其内蕴之情感、价值观念和思想政治立场等的理解，在教学过程中教师的这一理解将会与学习者的思想观念、价值取向

① 陈理宣，董玉梅，李学丽．课程思政的内生机制、实现路径与教学方法 [J]. 国家教育行政学院学报，2021（08）：80–86.

和情感体验产生碰撞，影响着学习者的思想政治素养。在此意义上，课程思政发挥作用是作为教育者的教师引领学习者围绕课程内容展开对话，对话的目的在于促成学习者的思想政治体验、形成思想政治素养。

批判反省的课程思政理路，则更重视学习者对学科知识和学科学习过程的思想政治元素的批判和建构，从而形成正确的思想政治信念和立场。因为学科课程中的思想政治教育元素是隐性的，而且课程思政也不能以思想政治教育替代学科课程内容的学习，因而在学习的过程中，教师通过课程思政的设计，运用切合当下思想政治教育主题的素材，通过学习者的探究和讨论，引导学习者进行思考和反思蕴含思想政治教育元素的学科课程内容，让学习者自己在轻松愉快、平等自主的氛围中，体悟学科课程内容中的思想政治教育主题，与自身已有的思想政治观念产生碰撞，从而对学习者的认知层面和情感态度价值观层面都有触及。如此课程思政不仅能够在传统意义上的情感态度价值观层面实施，同时也能在认知层面实施。

第三章　走向课程思政的教学设计原则

课堂教学作为课程思政的主要阵地，是课程设计与实施的核心环节，也是课程思政能否取得实效的关键环节。充分发挥课程思政在立德树人方面的作用，培养具有社会主义思想政治素养的人才，需要将课程思政落实到课堂教学改革中。基于对课程思政的隐性课程属性澄清，以下是课程思政的课堂教学设计讨论。

第一节　走向课程思政的教学目标设计

一、教学目标设计的一般原理

（一）教学目标的来源与筛选

作为人类的实践活动，教学是有目的的。在教育活动中，教育目标既有引领教育发展方向的作用，又可作为教育评价的依据。掌握有关教学目标的理论对教师来说尤为重要。

教育目标的定义是研究者们经过长期的认识过程而提出来的，现在也在不断地变化和发展中。学术界对“教学目标”有着各种各样的定义，学者们也有各种各样有别于他人的见解。但是，这些观点既有差异，也有共同点。两者的共同点在于，研究学者们都认为教学目标是“学生学习应达到的预期结果”。

首先，以教学目标的制定者来分，教学目标可以分为三个层次：第一，国家水平的目标，由政府制订；第二，课程水平的目标，由课程专家制定；第三，课堂教学水平的目标，由教师制订。

其次，教学目标的含义可以分为宏观和微观这两个层面，学科课程的水平的目标和课堂教学水平的目标是教授该科目的课程和学科专家，从对社会影响、学生发展、学科内容教学这三方面去综合考虑分析，从而得出来的。它是站在宏观的角度上，指出了社会和国家对于培养什么样的人才和怎样培养人的要求。在课堂教学目标方面，是指教师用于日常教学和评价工作的具体教学目标，教师综合考虑了具体的学科课程标准、课程目标和对教材的解读分析以及班级学生现状，最终得出了课堂教学目标。

在教学活动中，一切教学活动的出发点是教学目标，它起着定向的作用，教学的效果可以通过教学目标的达成度来反应教学的效果。从教师的角度出发，教学目标能够帮助教师思考他要帮助学生实现什么变化，教学目标最终决定了教师的教学方法、教学媒体等教学因素的选择。对学生来说，教学目标也会影响他们的学习方式，学生一旦开始了解教学目标，自己的注意就会指向与教学目标相关的内容，同时忽略与教学目标无关的内容，会做出一定的选择，在课前和课后也会选择性地去听课和看书。教学目标能使学生了解教学的重点，清楚各种知识和技能应该达到的目标，以便能使自己的学习实践精力进行合理分配，从而对知识进行习得、保持和运用。教学目标可以帮助学生根据目标检查自己的学习，及时发现存在的问题，并且采取有针对性的措施去弥补自己存在的不足。除此之外，教学目标也是评价教师上课的重要参照，有些老师上的课从表面上看十分热闹，学生积极回答教师的提问，课堂气氛热烈，但是如果教师上的课偏离了教学目标，学生并没有发生教学目标所预期的变化，那么这样的课便不算是一节好的课。

（二）教学目标的设计策略

1. 理解课程标准，分析阶段目标和单元目标

理解课程标准，分析阶段目标和单元目标。首先，解读分析课程标准，把握它所要传达的意蕴；其次，从课程标准所要传达的意蕴中体会它所坚持的教育理念；最后，比较各学科的课程标准，在此基础上，比较地区的课程标准与国家课程标准。

首先，了解《基础教育课程改革纲要（试行）》（2001 年）对课程标准的定位，即："国家课程标准……应体现国家对不同阶段的学生在知识与技能、过程与方法、情感态度与价值观等方面的基本要求，规定各门课程的性质、目标、内容框架，提出教学和评价建议。制定国家课程标准要依据各门课程的特点，结合具体内容，……义务教育课程标准应适应普及义务教育的要求，让绝大多数学生经过努力都能够达到，体现国家对公民素质的基本要求，着眼于培养学生终身学习的愿望和能力……"，《纲要》对课程标准的定位是制定各学科课程标准遵守的准则，规定着课程标准制定的方向，对教师的整个教学活动也有一定的指导作用，因此应是教师在教学时应该观照的基本内容。其次，解读各个学科的课程标准。第三，比较各个学科的课程标准，体会不同学科的学科特点。第四，将地区的课程标准与国家课程标准进行比较。国家课程标准的一个重要特征是具有一定的弹性，即各地区可以根据自己的地方特色来执行课程标准，但是必须要以国家课程标准为基础，在基本方向和理念上不能有违于国家课程标准。

以指向学会学习教育目标分类为框架，分析阶段目标。对同一学科的阶段目标进行比较：首先，比较各学段有关同一教学内容的教学要求；其次，比较各学段目标内容规定上的多少和变化。将阶段目标中的具体目标划归到指向学会学习的教育目标分类中：首先，从"知识、技能和态度"的维度对每个学习领域逐个分析，将阶段目标中具体的内容规定划归到相应的知识、技能和态度领域中去；其次，将某一条具体的阶段目标划归到相应的类别子项目中；第三，根据关键词对阶段目标中某一具体目标进行程度上的归类。

分析学年和学期教学目标。分析单元教学目标，对于单元教学目标的确定，首先要分析，一册教材中安排了哪些教学单元，各个单元之间按照什么逻辑排列，它们之间有什么关系，各个单元突出的教学目标是什么。将单元目标与课程标准中的相关阶段目标进行比较。

2. 解读教材

教材包括教科书以及其他一些参考资料。但是，教科书是学校教育中最重要的教材。其中，教材并不是教师教学的唯一资源。教师可以跳出教材本身，并不一定要按部就班按照其中的内容呈现进行教学，而是在课堂教学的实际需要的基础上去改编、整合教材。在课堂目标的基础上去解读教材，首先，理解教材，深度解读教材。其次，要围绕课堂教学目标进行展开。最后，在教材解读的过程中还要注意知识或逻辑的整体性和连贯性。

3. 解读学生

解读学生集体和个体的基本信息。解读学生，一方面的含义是指解读学生基本信息，如学生的年龄特点、知识。以倾听的姿态解读学生内心世界，倾听是一种姿态，还需要教师在某种程度上降低自己的权威“蹲下来”看学生，而不能高高在上地观察周围的世界，并认为自己看到的也是学生所看到的。

二、走向课程思政的教学目标设计

（一）课程思政教学目标的来源与筛选

2016 年全国高校思想政治工作会议上，习近平总书记在讲话中明确指出，“要用好课堂教学这个主渠道，思想政治理论课要坚持在改进中加强，提升思想政治教育亲和力和针对性，满足学生成长发展需求和期待，其他各门课都要守好一段渠、种好责任田，使各类课程与思想政治理论课同向同行，形成协同效应”①。“落实立德树人根本任务，发展素质教育，培养德智体美全面发展的社会主义建设者和接班人。”② 这也是十九大报告中明确提出的。在 2018 年全国教育大会上的讲话中，习近平总书记强调道：“要把立德树人融入思想道德教育、文化知识教育、社会实践教育各环节”。③

培养合格的中国特色社会主义建设者和可靠接班人是学校的重大使命，

① 习近平：把思想政治工作贯穿教育教学全过程 . 中华人民共和国教育部政府门户网站 .[DB/OL]. http://www.moe.gov.cn/jyb_xwfb/s6052/moe_838/201612/t20161208_291306.html.

② 习近平在中国共产党第十九次全国代表大会上的报告 . 新闻报道 . 人民网 .[DB/OL].http://cpc.people.com.cn/n1/2017/1028/c64094-29613660.html.

③ 习近平：坚持中国特色社会主义教育发展道路 培养德智体美劳全面发展的社会主义建设者和接班人 . 中华人民共和国教育部政府门户网站 .[DB/OL]. http://www.moe.gov.cn/jyb_xwfb/s6052/moe_838/201809/t20180910_348145.html

这项任务需要学校承担责任。在课程思政教育的实践探索中，课堂教育是培养学生的主要阵地，要提高课程思政教育效率，必须最大程度地发挥好课堂教学的作用。课程思政融入学科教学，有利于落实立德树人，也有利于人才培养。

相较于教育目的、课程目标而言，教学目标则更为具体，它对于教学活动的实施过程更具有指导意义，并且更易受行为主体即教师的影响，更具有操作性。课程思政教学目标为课堂教学活动以及课下社会实践活动提供了方向性指引，预设了学生经过课堂教学之后所发生的正确价值观念、必备品质、知识与技能等的变化，同时这也是对教师教学过程和教学结果的预期。

（二）课程思政教学目标设计的基本策略

课程思政是在学科教学的基础上实施的，是对学科教学教育性的再挖掘，因此课程思政是在学科教学目标的基础上设计的。当前对课程思政与学科教学的关系处理通常会出现两种错误倾向：一是将课程思政与学科教学完全剥离，课程思政和学科教学分成两个时段进行，比如有些课程思政的设计是一节课 40 分钟，前 5 分钟是思想政治教育，后 35 分钟是学科教学，完全忽略了学科内容中所包含着的思想政治教育元素，也脱离了课程思政的初衷。二是将为了突出思想政治教育而将学科教学完全转换为思想政治教育，课程目标也转变为以思想政治教育目标，也是对学科教学教育性的忽视。面对这两种错误倾向，设计出满意的课程思政教学目标只能从教师的内在出发，提升教师的自身素养，学习课程思政相关理论，丰富关于课程思政教学目标设计的策略。

因为课程思政的隐性课程属性，教学目标设计应为隐性课程目标的展现，所以在进行课程思政教学目标设计时，首先需要明确本节课的学科课程学习的目标，那么如何明确教学目标呢，这就需要以理解课程标准，分析阶段目标和单元目标为基础，这也是确定课程思政教学目标的设计依据。其次，解读教材，要从两个不同方面来把握教材，解读教材，第一，在宏观上把握教材，站在整体的角度上分析教材，对整本教材及其主要章节的关系和内容连接的把握；第二，在微观上把握教材，分析教材从章节入手，详细分析组成主要章节的框题内容，明确教材内容中的课程思政元素，选择适合的学科知识内容，融入课程思政的元素，使得课程思政为学科知识的学习服务；第三，课程思政也应有明确的思想政治教育目标，且与学科内容相适宜，同时也要注重了解学生学情，教育的一切活动都是期望能对学生的身心产生积极的影响，教育目标是否达到需要通过学生的身心发展来衡量。有了课程目标的设计，才能实现思想政治教育和学科教学有机融合，唯有如此才能有效落实培育社会主义思想政治素养且促进学科素养的培育。

第二节　走向课程思政的教学内容设计

一、教学内容设计的一般原理

（一）整合课程资源设计教学内容

所谓整合课程资源就是遵循事物之间相互联系的规律，把各种课程资源有计划地、及时地引进教学之中[①]。整合课程资源即整理和组织各种能够实现课程目标的因素，从而形成一个有机联系的整体。从最开始的教学资源的选择到开展教学活动，课程资源需要经历选择、筛选和整合等过程，在开发与利用教学资源的过程中，整合是一个十分重要的步骤，第一，整合能够更好地发挥教学资源的作用，整合能够将杂乱无章、零零散散的教学资源，形成一个结构分明、逻辑清晰的整体；第二，整合需要再认识课程资源及整体规划教学活动，教师不仅仅要考虑"教什么"，更要去考虑"如何教""为什么这么教"的问题，这能够帮助教师提升教育认知水平，还能有效提高教师的专业能力和技能的发展[②]。

① 徐春英 . 教师的课程管理：整合课程资源 [J]. 上海教育科研，2011（07）：73–74.

② 李定仁，段兆兵 . 论课程资源开发与教师专业成长 [J]. 教育理论与实践，2005（11）：42–45.

一般来说，教学内容是指教师依据课程标准相应要求，从学生现在的学习情况与所确定的教学目标的差距中，确立学生所要学习的内容范围，从而有目的的选择的各种直接经验和间接经验。选择教学内容要以课程标准为基础，以学生为中心，从学生的发展的角度出发，要符合学校校情。教学资源如此丰富多彩，但是究竟哪些资源才是具有开发价值的教学资源，还必须通过教学资源筛选、过滤才能确定，这就要求我们整合课程资源，设计教学内容。

在课程资源整合的基础上设计教学内容，第一，以教学目标为依据，锁定整合方向。教学目标的主要依据是教材，同时教材也是十分重要的课堂教学资源，因此教师首先要研究教材，对课程资源进行选择，选择有利于教学的课程资源，能够帮助学生理解教学重难点，并在选择的过程中时刻关注教学目标，做到不偏离。第二，我们要了解学生需要，在进行教学资源的选择时，首先是关注学生的需求。学生是课堂的主体，也是学习的主体，是教学资源的服务对象，最终目的是促进他们的发展。所以，教学资源的整合需要根据学生的需要和学科特点，并依据所取得的教学效果，不断进行反思并做出相应的调整。第三，对资源成本进行比较，确定呈现的方式。教师在进行教学资源整合时，也要考虑经济、有效的原则，切忌“拿来主义”，要根据实际需要的教学内容进行教学资源的融合，以最适宜的、学生最能接受的方式展现。最后，可以建立教学资源库，实现资源整合共享。在整合教学资源时，可以建立档案，方便管理，合理保管教学效果突出的资源；也可以建立电子档案，上传到自己学校的网站或者其他的学科网站，方便大家阅读，做到资源共享。

只有教师提高了课程资源开发的能力，学校承担了课程资源开发的职责，才能提高课程资源整合效率，形成教师学校共同合作，提升资源整合效率；在进行单元和课时课程资源整合时，需要循序渐进，分步骤整合，使课程资源之间能够形成平稳、紧密的衔接；整合学生的背景性、生成性资源，在课堂教学之外整合课程资源，以充实课程资源整合内容，拓宽整合渠道。

（二）融合情境的教学内容设计策略

情境教学要求情、境是统一的，不可分割的。情境不仅指我们周围的环境，也指人们的心中之境。但在教育上情境却有着深刻复杂的含义，但凡是有成效的教学效果或教育目的，都需要有与之相应的情境，这不但指外部环境，而主要指主体的内部环境，称之为心境。教育学对情境教学里的“情境”的概念描述是比较丰富的，总的来说，情与境要做到和谐统一，也可理解为情因境生，境为情设。教学情境是比较特殊，而课堂教学情境则更为特殊，是发生于课堂之中的集情感、认知、行为等各个方面的综合体。

情境教学，是指在教学过程中，教师有目的地创设一个相关问题情境，能够使学生感受到身临其境，唤醒学生的情感体验，使得学生的知识视野得到扩大，提高学生思考的积极性，从而帮助学生更好地理解知识，提高学生分析问题、解决问题能力的一种教学方法。

情境教学的设计与教学内容息息相关。情境教学最终要表现的也是课程内容。如何以情境来展示课程内容是情境教学是否成功的关键。所以教师在设计情境时，首先应该先理解课程内容。只有这样才能根据教学内容来设置相对应的情境，让学生进入情境，并通过情境来理解课程内容。教师也应该懂得如何设计教学情境来展示好教学内容。

在设计教学内容时，融合情境，注意以学生为中心，使得学生积极投入课堂，能够体验到知识生成的乐趣，感知到知识生成的过程，激发学生的学习兴趣。如果仅仅只是学习学科知识与技能，容易使学生产生疲劳厌倦，而情境教学是一种能够唤醒学生的情感体验，使学生积极投入课堂，激发起他们的学习兴趣，提高学生的知识理解能力，使他们能够提出问题、分析问题、解决问题，培养他们的实践创新精神，使学生在放松的课堂气氛中，学习到了知识的新型教学方式。

课程思政因其课程本身的思想政治性而比较晦涩难懂，课程内容比较抽象。设置生动活泼，学生易于接受的情境可以使课堂教学进行更顺利，教学效果更好，学生对课程内容理解更透彻。在课程思政与课堂教学有机结合的过程中，教师以现实的学习内容为依据，有意识地创设一个情境，引导和组织学生学习，使学生不仅能够获得相关知识，练习相关技能，同时能够升华情感、态度和价值观。设置有益情境，使情境真正应用于教学，给学生以思想上的启迪是在课程思政中情境教学应用的最主要功能。在课程思政中引入情境教学，是符合当代课程思政融入学科教学的发展趋势和内在要求的。

二、走向课程思政教学内容设计

（一）走向课程思政的教学资源整合

课程思政教学内容的设计不是要变更学科课程的固有属性，而是要把学科课程与思政课程所蕴含的教学资源进行充分的整合，充分发挥各个学科的德育作用，提炼学科课程之中蕴藏的文化内涵与价值内涵，把它们转化为核心价值观，进而进行教学活动。换句话说，在课程思政教学内容的设计过程之中，应该遵循整合性思维，采用“润物细无声”的方式，将知识学习融入价值观层面，从而对学生的精神世界进行引导。只有围绕课程思政的教学目标，才能够指引学生确立社会主义核心价值观并将其付诸实践，同时掌握学科知识。

社会主义核心价值承载着我们中华民族的精神追求，也体现了社会是非对错的判断标准，因此教师在进行课程思政教学内容设计时，需要充分考虑学科知识所具备的人文性、社会性等特点，把社会主义核心价值观的基本内涵融入课程的设计之中，实现学科教学与核心价值观的深度融合，如此才能够培养学生树立坚定信念，积极传播和践行社会主义核心价值观。

（二）课程思政教学内容设计的基本策略

若要思想政治教育服务于学科知识的学习，需要将思想政治教育元素作为学科知识学习的背景，如此便能实现思想政治教育和学科教学的有机融合，从而实现思想政治教育的同时促进学科知识的深度学习。教育部组织编写的教科书已经蕴含了这一教学内容的设计思路，因此教师在进行课程思政内容设计时，首先要深入理解和把握教科书的编写意图，在此基础上围绕课程思政教学目标对教科书这一课程资源进行补充、取舍和改编，改编应结合当前时政动态和思想政治动向，且以学生的已有经验为基础。

基于此，课程思政的教学内容设计有如下意图：其一，思想政治教育元素是学科知识在时政动态以及学习者生活经验两个领域的延伸，特别是在一些人文和社会学科知识的学习中，这样的延伸才能更紧密地贴合学习者认知基础，帮助学习者形成思想政治立场和学科知识的迁移能力；其二，因为意义关联是实现深度学习的重要过程，需要学习者根据自己的经验赋予学习知识的，在课程思政的思想政治教育元素为学习者理解学科知识提供真实情境，为学科知识的深度学习提供支持，如在数理和科学知识的学习中，运用时政动态和当下社会的相关内容设计真实的问题情境，促进学习者理解学科知识并将之迁移运用到实际生活、最后解决现实问题。

第三节　走向课程思政的教学过程设计

一、教学过程设计的一般原理

（一）从知识传递到交互生成的教学过程范式转换

教学过程设计是教学活动运作与展开的基础，教学过程实质上是一个“交互”的过程，这种“交互”存在于师生、生生之间，而教学效果在很大程度上就受学生在参与各种“交互”时的有效性的影响。在信息化、学习化社会，教育已不仅仅是人们为未来的生活所做的必要准备，而是伴随着人的一生的过程，学会学习将成为教育的主题。

然而，多年来的教学过程范式仍以教师对学生单向传授的讲授式为主，教师通常依据教材中所框定的典型事例与知识进行传授、灌输，却忽视了对学生自主性、探究性及合作性学习意识的培养，很少把他们真正当成学习的主体，引导他们主动参与进课堂教学中来。学生在很大程度上处于被动接受的状态，在教师将课本的知识传递、灌输给学生时，他们需要做的只是认真听讲，记录下所学的内容，并在课后记忆背诵下来，最后在考试时将这些知识准确无误地填写在试卷上，这样就算达成了学习任务。简而言之，这种学习方式可以概括为听课——记诵——再现。然而，教学活动的本质是一个双向的交换与互动的过程，在实际教学中，人们往往更在意学生对教师的适应，而忽视了教师也需要去了解、关注学生。很多教师依照自身的教学实践经验提炼出了一套固定不变的教学模式，很少根据学生的实际状况对教学活动进行相应调整，导致学生的学习方式也几乎一成不变，过于依附课堂、依附教师、依附教材、依附机械、死记硬背式的学习方法。在这样的教育中培养出来的学生，将会缺乏自主性、探索性和创造性。彻底转变这种状况，对学校、教师提出了新的要求，必须更新教学观念，进行从知识传递到交互生成的教学过程范式转换。

当前的教育注重培养学生的创新精神和实践能力，为学生终身发展打下坚实基础，这就要求改进教学过程，改变机械的、灌输式的、死记硬背的教学方式，转变为启发式教育，提倡探究性学习。因此，教师应该转变观念，优化教学过程，改变讲授、灌输式的教学，更多采用讨论、质疑、探究等方式，发展学生的个性培养它们的学习能力、思维能力和创造能力，多给学生展示自己、表达自己的机会，使他们从“机械接受”变为“主动探究”。在这种交互生成的教学过程中，教师的作用在于组织、引领和服务学生，课堂是开放的，学生是自主的，所有的学生都是学习的主体，课堂教学呈现出丰富性、多变性和生成性。它所构建的是一种健康、活跃、高效的新型课堂，是一种民主、和谐、平等的师生关系，是一种自主、合作、探究、创造的学习模式。

（二）以学定教的教学过程设计

一直以来，我们的教学都是“以教定学”，而非“以学定教”，可集中概括为“三中心”——“教师中心”“教材中心”和“课堂中心”。教师教，学生学，“学”完全受到了“教”的支配和控制。在教学进程上，很多教师都更重视教学的进度，却忽视了学生学习的进度。教学本应该是教师、学生、教育中介等基本要素组成的“教学共同体”，然而实际上它却逐渐变得单一，学生的自主性、创造性缺乏，主体性被压制，这都是导致他们对学习失去兴趣与动力的原因。在现代教学观的影响下，“教师中心，教材中心，课堂中心”已被“新三中心”——“学生中心”“经验中心”和“活动中心”取代。然而，在实际教学过程中，教师仍无法避免受到传统教学观念的影响，这就需要其规范教学，遵循“以学定教”的基本原则，充分考虑学生的身心发展规律和实际学习情况进行教学，从观念到行为上实现转变。

1. 树立学生意识

我们常说，学生是学习的主体，教师是教学活动的组织者和引领者，但在教学实践中，事实并非如此，传统的“三中心”观念并没有得到彻底的改变。“以学定教”就是要确立学生在学习过程中的主体地位，这要求教师树立学生意识，改变以自身为中心的教学状态，充分地尊重学生，让其愿学。要尊重学生的兴趣、需要和感受，尊重学生已有的知识水平和生活经验，从他们发展需要的角度设计和实施教学活动。教师还要努力通过各种方法调动起学生的学习兴趣与积极性，让其乐学。只有学得快乐、愉悦，才能在学习过程中产生积极主动的情感体验，才能维持长期学习的需求。同时，也要提高学生的学习能力和自信心，让其能学。在教学过程中创造各种机会使学生感受到成功，不仅能增强他们的学习能力，还能令他们有足够的信心克服学习中的挫折，从而更好地学习。

2. 建立以对话为中心的教学范式

以对话为中心的教学是与以传递为中心的教学相对而言的。在以传递为中心的教学中，教师是课堂活动的统治者，它重视对知识的传递，注重记忆和训练，但容易造成认知与情感的分离。在以对话为中心的教学中，学生是学习的主人，在学习的过程中，学生需要与他人和自我对话。这种对话，可以是即时的人际交流，也可以是打破时空界限与作者的交谈，更可以是个体精神世界的独白。建立以对话为中心的教学范式，关键是要实现教师角色的转变和提供一种有利于“对话”的环境。首先，教师要从教学活动的主导者转变为教学活动的组织者、引导者和服务者。其次，教师要提高自身的对话能力与素养，主动与学生对话，掌握和学生对话的方式，还需要以有效的策略组织、引导与学生的对话。建立以对话为中心的教学范式，还需要设计一种有利于对话的环境，如营造民主的、相互依赖的和具有人性化的教学环境，改变现有的竞争性的班级氛围。在这个环境中，学生和教师可以平等地对话、互动地交流。同时，教学中的对话又是围绕着教学目的实现而展开的，不是漫无目的的问与答，也不是“满堂问”。

3. 教学评价体现发展追求

“以学定教”还要求根据学的效果来评价教的效果。由于学习是一个动态的、生成的过程，传统的以了解学习结果为目的的终结性评价无法切实、全面地体现学生的学习成果，所以教学评价应具有过程性，既注重评价过程，又不忽视学习过程，将两者充分结合起来。教师应把教学评价看作为贯通教学过程始终的持续性活动，重视学生的学习过程，在日常教学过程中悉心搜集、整理学生的相关信息作为评价素材，并即时评价学生在学习过程中的表现。教学评价的目的不是筛选，而在于促进每一个学生有效的、全面的发展，教学评价的内容除了学生的考试成绩，还应包括他们在学习过程中的学习方法、思维方式和情感体验等。评价内容越多维，就越能全面、真实地反映学生的学习和发展情况。参与评价的主体也需要多元，教师应唤醒学生的评价意识，并给予学生参与评价的权利。学生在学习过程中的自我评价、同伴相互评价不仅能更直接地反映他们的学习成果，还能激发他们的自我意识，调动他们对学习的参与性和主动性。

二、走向课程思政的教学过程设计

（一）师生对话生成的课程思政教学过程

在新课程改革的发展过程之中，教学过程变革的重要性逐渐显现出来。师生对话成了新课程改革迫切要求的教学方式，同时它也是对话精神在教育领域的回应。课程思政的教学过程中如果没有师生对话，就不可能发生真正有意义的教学。

师生对话要求教师改变传统的支配与被支配的师生关系。教师已经不再只是理论知识的传授者，更要成为与学生共同学习、探究问题的组织者和引导者。由于学生尚未确立成熟的三观，对一些理论和社会问题还没有形成清晰的认识，教师的引导作用不可或缺，需要通过对话予以分析指导，从而帮助学生树立符合社会主流意识形态的价值观。当面对话中呈现出不同理念、思想的交流与碰撞，教师既要尊重差异、兼容并包，组织学生进行探讨，又要加强价值观的引导，在比较和对话中彰显我国社会主义核心价值观的优越性。师生对话还需要在一定的情境中展开，且情境的创设必须是开放的。这要求教师在教学准备环节中解放思想、开阔视野，选择、提炼出丰富多样的资源作为对话教学的要素。特别是在一些探究社会现实问题的教学中，教师要将有价值的核心问题设置为对话主题，使其既紧贴学生的生活实际与学科知识，激发他们参与探究的兴趣，又能够在对话过程中为学生辨别是非提供科学、有效的指引。

（二）课程思政教学过程设计的基本策略

具有隐性课程属性的课程思政，通过教学目标和教学内容的设计可以展现出其思想政治教育的目标，教学过程教师引领学习者经历对话、反思的过程，教学过程的设计应围绕学科知识的深度学习展开。为了落实课程思政，在设计教学过程时需要突出思政的主题，师生在基于思政元素的问题情境中展开对话和讨论，教师结合学科知识内容引导学习者体悟和反思教学内容中的思政元素。

我国学者张春莉等将深度学习的过程概括为学习阶段和教学事件两个部分，学习阶段分为经验调取、概念失稳、概念解构、意义建构和重构概念网络五个阶段，为了支撑这五个阶段的学习，教学应包括创设情境、聚焦问题、与情境—他人—自我对话、刺激感官和变式练习五个阶段。[①] 融入学科

---

① 张春莉，王艳芝．深度学习视域下的课堂教学过程研究 [J]. 课程．教材．教法，2021（08）：63–69.

教学过程中的课程思政，可以贯穿于此深度教学的五个过程，即在情境、问题、对话、刺激和练习五个环节都应渗透思想政治教育的元素。而且深度学习的情境是具有关联性的，即教师创设的情境应紧密联系、步步紧扣，形成有内在联系的情境链[①]，因此需要将思想政治教育的元素融入学科知识学习过程中，但是思政的思路需要非常清晰、有层次性且互相关联，如此才能实现课程思政目标和学科教学目标。

① 孙涛．基于情境链创设的阅读教学策略——以《阿长与〈山海经〉》教学为例 [J]. 语文建设，2021（13）：31–33

下篇　课程思政实践篇

引　言

尽管课程思政的内涵非常丰富，我们在实践与案例的整理过程中，还是比较清晰地把所征集的案例分成爱国情怀、初心使命、文化自信、科学精神、伟大复兴五大类。故确定爱国情怀、初心使命、文化自信、科学精神、伟大复兴作为课程思政实施、指导的基本主题和课程思政案例撰写、修改、完善的基本方向。

爱国情怀、初心使命、文化自信、科学精神、伟大复兴排列顺序虽然有交叉的成分，但更多的是符合一定内存的逻辑关系。放在首位的是爱国，爱国是一个人立德之源、立功之本；爱国主义是中华民族精神的核心，在社会主义核心价值观中，最深层、最根本、最永恒的是爱国主义。实现中华民族伟大复兴是近代以来中华民族和中国共产党最伟大的梦想，民族复兴是我们奋斗的目标和归宿。为了实现民族的伟大复兴，中国人民和中国共产党人应不忘初心，牢记使命，而文化自信是实现中华民族伟大复兴的强大精神动力，科技创新是实现民族的伟大复兴的强大驱动力。

故爱国情怀、初心使命、文化自信、科学精神、伟大复兴是一个有机统一的整体，也是我们贯彻和落实课程思政的重要方向。

第四章　小学课程思政实践

第一节　小学课程思政实践概述

在小学课程思政的实践与案例的梳理中，我们惊喜地发现，小学课程思政围绕爱国主义、传统文化魅力、文化自信、家国情怀、红色基因等中华元素，紧紧围绕的核心主题是爱国主义和文化自信。《新时代爱国主义教育实施纲要》明确指出：爱国主义教育要从娃娃抓起。

爱国主义是中华民族的民族心、民族魂，是中华民族最重要的精神财富，是中国人民和中华民族维护民族独立和民族尊严的强大精神动力。爱国主义精神深深植根于中华民族心中，维系着中华大地上各个民族的团结统一，激励着一代又一代中华儿女为祖国发展繁荣而自强不息、不懈奋斗。党的十八大以来，以习近平同志为核心的党中央高度重视爱国主义教育，固本培元、凝心铸魂，作出一系列重要部署，推动爱国主义教育取得显著成效。

当前，中国特色社会主义进入新时代，中华民族伟大复兴正处于关键时期。新时代加强爱国主义教育，对于振奋民族精神、凝聚全民族力量，夺取新时代中国特色社会主义伟大胜利，实现中华民族伟大复兴的中国梦，具有重大而深远的意义。特别是在当前社会多元文化的影响下，处于拔节孕穗期的年轻人容易受到社会上一些不良思潮的误导，爱国主义的教育就变得至关重要，我们的教育，决不能培养出“长着中国脸、没有中国心、缺少中国情”的年轻人，应该培养出担当民族复兴大任的时代新人。

课程思政应高扬爱国主义旗帜，着力培养爱国之情、砥砺强国之志、实践报国之行，使爱国主义成为坚定信念、精神力量和自觉行动。课程思政可以通过深入开展中国特色社会主义和中国梦教育、深入开展国情教育和形势政策教育、大力弘扬民族精神和时代精神、广泛开展党史、国史、改革开放史教育、传承和弘扬中华优秀传统文化、强化祖国统一和民族团结进步教育、加强国家安全教育和国防教育等，作为爱国主义教育开展的切入点。爱国主义教育进课堂、进教材的过程中，可将其内容融入语文、历史、科学、美术等学科的教育教学中，课堂上注重发挥学生主体作用，采取互动式、启发式、交流式等教学方法，增强思想性、理论性和亲和力、针对性，在教育灌输和潜移默化中，引导学生树立国家意识、增进爱国情感。爱国主义教育的形式可以进行创新，丰富和优化课程资源，支持和鼓励多种形式开发微课、微视频等教育资源和在线课程，开发体现爱国主义教育要求的音乐、美术、书法、舞蹈、戏剧作品等，增强吸引力、感染力。帮助学生树立把自己的理想同祖国的前途、把自己的人生同民族的命运紧密联系在一起的意识，在新时代作出应有的贡献。

“求木之长者，必固其根本；欲流之远者，必浚其泉源。”中华优秀传统文化、红色文化是中华民族的精神命脉，是涵养社会主义核心价值观的重要源泉，也是我们在世界文化激荡中站稳脚跟的坚实根基。增强文化自觉和文化自信，是坚定道路自信、理论自信、制度自信的题中应有之义。习近平总书记在不同时间和不同场合，始终将“坚定文化自信，建设社会主义文化强国”作为教书育人等时代话题的核心观念，由此可见，课程思政中文化自信的目标落实具有现实意义。

文化自信如何融入课程思政，首先是案例的选择，要基于学科知识选取合理的素材，历史人物、史书典籍、汉字文化等都是不错的题材，但切忌“两张皮”，文化的内容与课堂知识貌合神离，为了加个中国传统文化元素，对课本身的协调性不管不顾、生搬硬套，相反，将中国传统文化中的精华融入课堂教学之中，必定是对课堂起到内容的丰富、精神的丰盈作用，它能够促进孩子更好地学习，使学习的效果更加显著，要让文化的外衣与知识的内核实现知识性与价值性相统一；其次是教学方法的运用，情境教学、讨论交流、展示分享等方法形式多样，方法的运用始终要发挥教师主导作用与学生主体作用。在推动中华文化融入课堂教学的工作中，教师始终是主要的助推力，教师个人的文化素养和思想政治素养直接影响着教学效果，自身能够做出正确的价值判断，形成对中华文化的认同感，才能引领学生坚定中华文化自信，同时，增加学生自我感知、自我实践的体验，让学生主动感受文化的魅力，探索文化背后的价值故事，实现主导性与主体性的统一；再者在评价机制方面，课堂运用、故事续写、课后探访实操等多种方式都可根据教学实际选用，评价不仅是为了评价学生对于知识的掌握程度，更是为了评价学生对文化背后的价值认同感与社会生活的责任感与参与感，形成课内与课外相互补充、相互提升的课程思政格局，实现理论性与实践性的统一。

如何在学科教学中让课程思政落地？如何通过学科引导、培养、贯彻爱国主义、文化自信等核心价值观？在本章的课程思政案例中以精巧构思的教学设计、精心安排的教学活动、精细引导的情感升华，为我们在课程思政实施中做了很好的示范，以期在小学生们幼小的心灵中埋下希望的种子。

《探宇宙奥秘，激爱国热情》以“人类探索宇宙的历程”为主线，充分挖掘科学知识中蕴含的人性教育因素，学生通过了解人类在探索宇宙进程中的“中国元素”，知道我国人民在探索宇宙方面取得的巨大成就，激发民族自信心，增强民族自豪感，培育爱国情怀。

《酒入课堂，化作家国情》以王维、杜甫、秋瑾等诗人的酒诗为载体，充分挖掘酒诗蕴含的家国情怀，这种情怀既是对家乡的思念，也是对国家命运的牵挂，更是对革命的壮志豪情。通过课堂三个环节的设计及实施，不仅拓展了视野，学生对家国情怀也有了更深层次的认识。

《窗外的风景》通过讲解“隔扇窗文化”，让孩子们理解疫情之下“隔而不断”的爱国之情；通过为母校风景设计一扇隔扇窗的活动，帮助学生表达爱校如家的情怀。通过老师的引导，学生观察生活、关注社会、关心国家，体味文化之美、建立民族自信、培育爱国情怀。

《装扮花果山 感受中华文化魅力》一课将传统文化中孙悟空形象融入“年轻”“潮流”的信息技术课中，通过教材重构，找到孙悟空七十二变的本领与本堂课要求掌握的图块的选择、移动、变换等知识技能之间的统一性。

《对比共话“天气”，增强文化自信》引导学生在理解和运用核心语言的过程中，通过观看升旗仪式，了解中美国旗含义，体验通信工具快速发展激发爱国主义情感，在合作探究中总结不同国家使用温度的单位不同，感知中外文化的异同以及增强跨文化交际意识，借助鲜明而直观的对比，增强文化自信。

《学乘法口诀，树文化自信》运用秦简、《西游记》、古诗《枫桥夜泊》《黄帝内经》与古代医学等素材，让生活情境与数学思考共舞，使乘法口诀服务于计算的“工具性”和本身所具有的“知识体价值”和谐统一，让学生在学习中体会乘法口诀的伟大神奇和中华传统文化之美。

《小小“指南针”蕴藏大智慧》以中国古代四大发明的发展历程、指南针的制作原理与方法等为课程思政的知识载体，通过让学生了解我国古代在指南针的研究与应用上所作的贡献，感受科学技术对人类社会的促进作用，增加民族自豪感；设置课堂活动动手做一个指南针，让学生体会科技的神奇；拓展指南针在今天的广泛应用，让学生感受科技的魅力。

《计算长征里程，传承红色根脉》以所学比例尺的相关知识，与学生一起计算红军长征的路程，最后算出红军长征的路程大约是12500km，从而加以深化情感，真切感受红军长征的精神。

第二节　小学课程思政实践与思考

◉ 酒入课堂，化作家国情

第一部分　教学设计

“课程思政”　设计书

学科名称	小学语文
微课所在章节名称	部编版语文教材五年级下册（知识拓展）
授课对象	小学五年级学生
教学设计	
切入课程思政的课程知识点	切入课程思政的知识点如下： 1. 有感情地朗读两首古诗，借助注释和图片理解古诗大意。 2. 在诵读和理解诗词的基础上，结合背景资料，体会酒诗中的情感表达。
思政教育的课程目标	1. 回顾已学古诗，体会诗中借酒抒发的家国情感。 2. 通过两首酒诗的对比阅读，体会不同人物在不同场景下，利用“酒”来表达家国情怀。 3. 通过酒诗中诗人的家国情，引发学生的共鸣，生发新时代的家国情怀。
知识点与思政教育结合的教学设计	1. 引入酒席情境，发掘酒诗中的家国情感。 引导学生回顾古诗词中的“酒元素”“酒文化”，并大体将酒中蕴含的情感分为愁绪与喜悦两大类。调动学生对于古诗词中字词的敏感度以及对情感的把控，让学生自主发掘古诗词中丰富的“酒文化”，激发其对课堂的兴趣。 2. 对比酒诗文化，领悟家国内涵 以诗词《渔家傲·秋思》和《闻官军收河南河北》为例，重点阐明诗中蕴藏的家国情怀以及诗人重视小家、亦爱大国的崇高品质，进一步深化有国才有家、家国一体的崇高思想。 3. 拓展时代视野，体会当代爱国情怀 延伸讲述的时代线索，引出近代革命战士秋瑾的酒诗中饱含的拳拳爱国情，让学生领悟不同时空中相同而热烈的家国情怀。

续表

特色及创新 （300 字左右）	1. 活动为线，串联家国 中国的诗词文化历史悠久、源远流长，既有中华民族人文精髓的凝聚，又是五千年情感的传递。古诗词中含有“酒元素”的有很多，耳熟能详的比如“劝君更尽一杯酒，西出阳关无故人”，又比如“明月几时有，把酒问青天”等。那么，如何才能让学生通过诗词中的“酒元素”体会到家国情怀呢？ 这一节知识拓展课，以酒席为引带，牵出两首饱含情感的古诗词，向学生全方位展示了蕴藏在中国人骨血中深层的家国情怀。 2. 酒诗为针，联系古今 以酒诗为针，通过两首古代酒诗的学习，成功体会到诗中蕴含的家国情怀，并结合近代青年中的杰出代表，通过对他们所表现的家国情怀的深度挖掘与分析，进一步激发学生的爱国与爱家之情，让学生在学习语文课外知识的同时，提升内在的民族自信与爱国信心。 3. 情怀为骧，传承坚守 古诗词的讲法有很多种，但是本次的微课有所创新。本次微课课例，不单单拘泥于诗词的释义与包含的情感，而是让学生穿越在时代的洪流中，用活动一体的形式，感受不同时空下，相同的家国情怀与爱国之心，唤醒学生在新时代下的家国情怀，并为之坚守与传承。

第二部分　课堂实录（部分）

《知识拓展》实录

师：同学们，大家好，今天徐老师家要开酒宴，但是没有酒。请大家一起来帮徐老师找酒。那么怎么找呢？请每位同学找一找脑袋里的库存，准备一句带有酒字的古诗，答出就可获得入场券。看看我们班的同学能找来多少酒？

生 1：王维的《送元二使安西》，劝君更尽一杯酒，西出阳关无故人。

生 2：问酒家何处有，牧童遥指杏花村，杜牧的《清明》。

……

师：好棒！大家找了那么多酒，其实不难发现，每句诗中酒所代表的情感好像不太一样，接下来呢，咱们给这些酒来分分种类吧。徐老师找了一些

酒的诗句，请大家来读一读，并说一说在这些“酒”中你读出了诗人什么样的情感？（出示课件上的常见酒诗）

生：刚刚吴同学说的“劝君更尽一杯酒，西出阳关无故人”，我觉得这个“酒”中有一种依依惜别的深情，况且这是一杯饯别酒，表达了诗人对元二的那种深情的关心。

师：说得太好啦，此处应该有掌声！还有同学有想表达的吗？

生：我想说说李白，他的“借酒消愁愁更愁”感觉都不用多体会，他的酒中就充满了愁绪，怎么也消也消不掉。

师：听了大家刚才这么多的讲述，“酒”确实分成很多种，有代表我们开心的，喜悦的，比如“绿蚁新醅酒，红泥小火炉”，也有代表愁绪的，比如“酒入愁肠，化作相思泪”。那今天徐老师也给大家带来了两种酒，我们接下来一起品一品。（出示两首诗词和注释，让学生自由朗读，可以自由读、同桌读、小组读，并且能借助注释用自己的话说说诗句的意思）

师：第一首我们刚刚在第四单元中学过，杜甫的《闻官军收河南河北》，这首诗中含有酒元素的这一句，“白日放歌须纵酒，青春作伴好还乡”，在学习过这首诗的基础上，我们明白了杜甫描述的是忽闻叛乱已平的捷报，急于奔回老家的喜悦，从他直抒胸臆的喜悦中，感受到杜甫热爱祖国的强烈情感，而在祖国得到安定以后，诗人杜甫才开始设想与家人还乡的美好场面，他心中牵挂祖国的安定，也希望与家人在春光中还乡，从这首诗中感受到杜甫内心深处的家国情怀，有国才有家。

师：而第二首诗徐老师要介绍的是范仲淹的《渔家傲·秋思》，读了这首词，尤其是这一句“浊酒一杯家万里，燕然未勒归无计”和我们刚刚杜甫的是所展现出来的情感是否一样？

生齐答：不一样！

师：是的，杜甫的是收复失地的喜悦之情，是恣意喝酒的洒脱，而“浊酒一杯家万里，燕然未勒归无计”是将士们无法归乡的愁苦。通过刚才的理解和想象，我们似乎可以看到：边塞军人一边饮着浊酒，一边思念着家里的亲人和家乡的一草一木，到了晚间，思家、思乡之情就愈加浓烈。正因为他们热爱家乡，所以他们才更热爱祖国，他们绝不会像雁那样“无留意”地飞走，而是坚守在岗位上。他们并不满足于坚守，他们还盼望着打仗，出击打胜仗。因为只有这样，国土才能完整，边塞才能巩固，国家安定了，小家才有团圆之日。让我们带着这样的情感来读一读这首词。（生读）

师：那谁能来结合注释说一说“燕然未勒归无计”，是什么意思？你感受到了什么？

生：就是抗敌的大功还没有完成，回家的事就不能去计议了。从中我们可以感受到诗人对于国家的牵挂，对于家庭的思念！

师：“是啊，这何尝不是一种令人动容的家国情怀？从品这两种酒中，我们深切地感受到了诗人的爱国之心与思乡之情，这是唐宋时期的家国情怀。那么我们近现代的家国含义又是什么呢？徐老师来为大家介绍一位爱国志士。她是秋瑾，秋瑾也写过一首关于酒的诗——《对酒》，（出示诗句）“不惜千金买宝刀，貂裘换酒也堪豪。一腔热血勤珍重，洒去犹能化碧涛”，大家自由地读一读，结合注释，小组成员间互相说一说这两句诗的意思并体会秋瑾想表达的情感。（生读，小组讨论汇报）

生：这两句话的意思是不吝惜很多钱去买一把好刀，用貂皮大衣换酒也算得上豪迈，革命者要充分爱惜自己的生命，抛洒鲜血做出惊天动地的事业。我们从这两句诗中读出了她对革命事业的坚定。

师：说得真好！正如她写作的这首诗一般，秋瑾是一位伟大的近代民主革命战士，她为辛亥革命做出了巨大贡献，更推动了妇女解放。在她的酒诗中，品味出刚烈的革命豪情，表达了秋瑾决心为革命奉献一切的豪情壮志，充分表现出诗人的英雄气概。这是她内心的爱国情怀。

师：所以不管是古代还是近代，他们的诗和着酒，赋予了酒更多的含义，是对家乡的思念，是对国家命运的牵挂，更是对革命的壮志豪情，让我们以诗代酒，再读一读《渔家傲·秋思》和《对酒》，敬一敬像他们一样勇敢无畏、爱国奉献的英雄们！（生读）

总结：通过今天这节课的知识拓展，其实不难发现，无论身处哪个时代，每个中国人的身上都有着令人动容的家国情怀，有着浓烈的爱国情和爱家心。我相信每一位同学对于家国情怀也有了更深的认识，在今天的新时代，希望每一位同学都能真正领会家国情怀的深层含义，行动起来，做好我们作为少先队员应该做的事情。

第三部分　案例分析

本课例为部编版语文教材五年级下册的“知识拓展”课，作为拓展课，我认为单单学习一些关于“酒”的诗词是远远不够的，应该在此基础上将教学内容进行升华，对学生的品德和思想起到启发。本次关于“酒”入课堂知识拓展的微课案例，以酒宴为引子，开展一次不同时空酒诗的穿梭与品味，不仅拓宽了学生的视野，增大了学生的兴趣，而且对于家国情怀也有了更深层次的认识，更能引导学生们对于新时代家国情怀的深思。这个点就是本微课在拓展原有酒诗知识基础上的思政点。

本微课思政点具体落实在以下三个环节中：

首先，微课案例用酒席入场，调动学生回忆学过的酒诗，加强每位学生的参与度，再考验学生对于诗词的情感把控，教师将诗词在情感上分为愁绪和喜悦两大类，提高学生的自主分析能力，也能增强课堂的趣味性。

而后，再由教师带领学生体会两首有代表性的古代酒诗，诗人们借酒抒情，在“品酒”的过程中，不仅学习和回顾了诗词的含义，激发学生的想象，更进一步体会了诗人们内心传递出来的家国情怀，重大国亦念小家，只有国家安定了，小家才能团圆，向学生全方位展示蕴藏在中国人骨血中深层的家国情怀，促发学生们的共情与体验。

当然，酒诗不仅仅古代有，只品古代酒诗会产生时空上的距离感。此时，教师带领学生进入“敬酒”的环节，从古代的酒诗穿越到近代革命战士秋瑾的酒诗，随着时代的推进，使学生生发一种贴近感，在赞颂英雄们的同时，激发学生内心深处的爱国之情。将思政与语文教学结合，拓宽学生视野和知识深度，让学生在学习语文课外知识的同时，提升蕴藏的民族自信与爱国之情。

根据上述三个环节的设计以及实施，笔者认为，本课例在酒元素入课堂的这一核心主题下，既达到了拓展语文知识的教学目标，又在带领学生学习酒诗的时空穿梭中，提升学生内心的民族自信与爱国之情。在时间分配上，将思政课程的施教内容有机协调融入语文故事的教学，并没有花费额外时间。所选择的思政材料与教学目标相适应，既有时空的错落感，又有显性的贴近感，体现了课程思政的教育性特点，最终实现了“语文”与“思政”的有机结合，培养了学生的家国情怀。

第四部分　专家点评

本案例以酒诗为载体，充分挖掘酒诗蕴含的家国情怀，既能让学生体会到托物言志的创作手法，又能引发中华民族内心深处的家国情怀，在朗读中实现家国情感共鸣，在知识拓展中塑造品格，真正体现了拓展课的内涵与价值。

为让家国情怀自然沁入学生内心，教师创设酒席入场的活动场景，增强学生的体验感；借助具有时代感的典型酒诗，在对比中感悟家国情感；以敬酒为名，在时代跨越中感悟不变的拳拳爱国情，在学习语文中认同社会主义核心价值观，在知识传授中提升价值认同，在潜移默化中明确应有的价值选择。

当然，在酒诗文化内在情感处理上，教师对愁绪、颓废等情感的批判不足，难以培育学生的辩证思维与批判性思维。

◉ 计算长征里程　传承红色根脉

第一部分　教学设计

“课程思政”设计书

学科名称	小学数学
微课所在章节名称	人教版六年级下册《比例尺及应用》（知识拓展）
授课对象	小学六年级学生
教学设计	
切入课程思政的课程知识点	切入课程思政的知识点如下： 运用比例尺计算实际距离
思政教育的课程目标	1. 通过计算红军长征的路程和天数，充分感受长征的艰险及红军的革命主义乐观精神。 2. 了解我们党光辉的历史，珍惜今天的幸福生活。
知识点与思政教育结合的教学设计	1. 讲述长征故事，初步感受长征艰难 1934 年 10 月，第五次反“围剿”失败后，中央主力红军为摆脱国民党军队的包围追击，被迫实行战略性转移，退出中央根据地，进行长征。长征是人类历史上的伟大奇迹，中央红军共进行了 380 余次战斗，期间共经过 14 个省，翻越 18 座大山，跨过 24 条大河，走过荒草地，翻过雪山，红一方面军于 1935 年 10 月到达陕北，与陕北红军胜利会师。1936 年 10 月，红军三大主力会师，标志着万里长征的胜利结束。这里，选取四路红军的几个典型战役战斗，从中可窥一斑而知全豹。 最惨烈的战役——湘江战役 毛泽东军事生涯的“得意之笔”——四渡赤水 “大渡桥横铁索寒”——强渡大渡河及飞夺泸定桥 “转出来的胜利”——乌蒙山回旋战 2. 计算长征里程，真切体悟长征伟大 

续表

知识点与思政教育结合的教学设计	问题1：仔细观察，红军长征的起点是哪里？终点是哪里？ 问题2：红军长征路线是一段曲线，那如何求得这段路程的图上距离？ 问题3：根据比例尺和图上距离，求出实际距离。小组合作探究：如何测量曲线的长度？四人小组，利用手中的学具，探究测量线长度方法并交流探讨结果。 问题4：一个人一天如果一刻不停，能走多少路程？根据这个计算结果，算出红军长征需要走多少天？感受到红军长征的不易了吗？ 3. 课堂小结谈收获，长征精神今昔对比。 通过这堂课的学习，你有什么收获呢？长征精神在我们今天的学习生活中又是什么呢？我们也可以谈谈你在未来的学习生活中你想怎么做。
特色及创新（300字左右）	1. 学科与党史融合，渗透革命教育 2021年是建党100周年，回望中国共产党走过的艰苦岁月，留下太多值得学生去感受和学习的中国精神，而红军长征中表现出的不畏艰险，不怕牺牲的革命乐观主义精神，以及那种高尚的革命信仰，创造了伟大的长征精神，这是值得学生去铭记和传承的。本节课中，引用红色故事生动导课，巧用元素计算长征路程体会精神，情境中学习巩固数学知识的同时，润物细无声地进行了思政教育。 2. 当下与历史对话，培养担当意识 在心理层面，六年级的学生正处于青春期，心理和生理逐步趋于成熟，这个阶段的学生，需要正确的价值观和认知导向，本节课通过学习长征历程和精神，在数学知识的学习中与历史产生情感的共鸣，同时让孩子们以榜样为镜，对照当下的学习生活，让孩子们深刻地领会到作为接班人的使命和责任，在珍惜当下美好生活的同时恰到好处地培养了担当意识。

第二部分　课堂实录（部分）

《比例尺及应用》实录

（一）言语话长征，初步感受长征精神

1. 明目标，引入新课

师：同学们，之前我们已经学习了有关比例尺的相关知识，已经初步掌握了比例尺的运用。今天这节课呢，我们要用这个知识，一起算一算红军长征的路程，从数学的角度去感知长征的故事，真切感受红军长征的精神。

2. 共分享，倾听长征故事

师：课前老师让大家从多途径了解了红军长征的相关历史故事，哪位同学跟大家简单分享一下。

生 1：长征中，红军不畏艰难经过 14 个省，翻越 18 座大山，跨过 24 条大河，走过草地，翻越雪山，行程二万五千里。

生 2：红军长征二万五千里长征中有许许多多感人的故事，是人类历史上伟大的奇迹。

师：就像刚才同学们说的，长征是一段可歌可泣的历史。下面老师也带着大家再次感受一下红军长征那段难忘的历史和感人的故事。

（出示图文资料）1934 年 10 月，第五次反“围剿”失败后，中央主力红军为摆脱国民党军队的包围追击，被迫实行战略性转移，退出中央根据地，进行长征。长征是人类历史上的伟大奇迹，中央红军共进行了 380 余次战斗，期间共经过 14 个省，翻越 18 座大山，跨过 24 条大河，走过荒草地，翻过雪山，红一方面军于 1935 年 10 月到达陕北，与陕北红军胜利会师。1936 年 10 月，红军三大主力会师，标志着万里长征的胜利结束。

这里，选取四路红军的几个典型战役战斗，从中可窥一斑而知全豹。

最惨烈的战役——湘江战役

毛泽东军事生涯的“得意之笔”——四渡赤水

“大渡桥横铁索寒”——强渡大渡河及飞夺泸定桥

“转出来的胜利”——乌蒙山回旋战

3. 谈体会，初悟长征精神

生 1：从红军战士强渡大渡河和飞夺泸定桥的感人故事中，让我真切地感受到红军战士大无畏的革命精神，那种视死如归的英雄气概。

生 2：红军长征那真的是一段难忘的历史，一段值得我们后辈铭记和学习的光辉历史，我们要倍加珍惜今天的美好生活，努力学习，生活学习中的一点困难算不了什么。

（二）数据算长征，进一步感受长征精神

1. 看地图，引导合作获得数据

师：让我们一起来看一看红军长征的路线图。（出示图片）

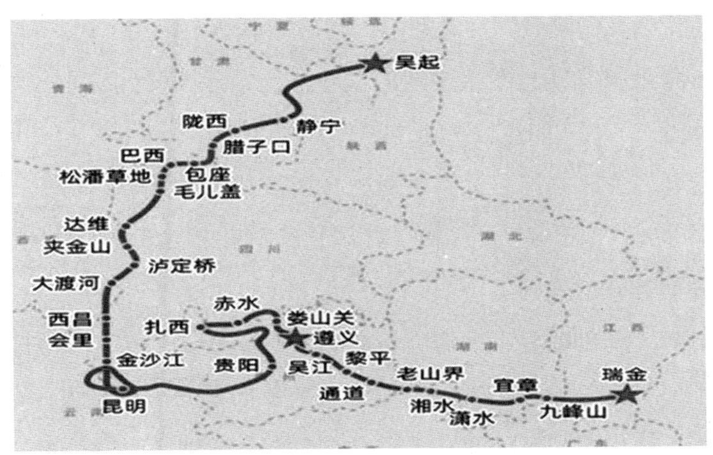

仔细观察，红军长征的起点在哪里，终点是哪里？

生 1：从图上我们可以知道红军长征的起点在瑞金，终点是吴起。

师：如果我们想要知道红军长征到底经历了多少路程，你会怎么解决？

生 1：我们可以先测量出图上距离是多少，再根据比例尺计算出实际距离。

师：我们可以看到红军长征的路线是一段曲线而不是直线，我们又该如何测量曲线的长度呢？请四人小组合作，尝试算出长征路程是多少？

2. 齐反馈，体会严谨的数学态度

师：哪个小组愿意来和大家分享一下小组计算的结果？

组 1：我们组是先用细线量出曲线，再拉直细线用刻度尺量出长度，最后按地图的比例尺计算出曲线距离，我们测量出来的距离是……这幅图的比例尺是……所以它的实际距离应该是……

师：听明白他们的方法了吗？用同样方法的小组举手。这种方法其实就是我们之前在“圆”学习过程中的“化曲为直”。碰到问题可以综合运用学过的知识来解决问题，真好！

别的小组有什么补充吗？

组 2：我们组的方法和他们的一样，测量出来的距离是……所以算的实际距离是……

组 3：我们组测量出来的距离是……所以算的实际距离是……

师：为什么我们测量同一幅图，得到的答案不一样呢？

生 1：测量的时候会产生一定的误差，这幅地图又比较小，差一厘米就会相差很大。

师：这真是失之毫厘，谬以千里呀！所以我们一定要以科学严谨的态度来做事情。我们一起再来看资料，红军长征的路程大约是 12500km。看来，大家算得还是比较准确的。

3. 共计算，借助数据直观体会长征艰难

师：那么 12500km 到底有多长呢？这个数据太大了，大到有点超乎我们想象的范围，你可以用自己的方式来说说 12500km 到底有多长吗？

生 1：假如人的速度为 0.5m/s，一天 24 小时不停地走可以走 43200m，也就是 43.2km，红军长征是 12500km，相当于一个人一刻不停地走也要走大约 289 天。

生 2：如果我们开汽车重走长征路，假如车速是 60km/h，也需要开大约 208 个小时，每天开 8 小时的话，需要开 26 天。

生 3：最高峰珠穆朗玛峰高 8848m，长征的路程相当于 1413 座珠峰。

生 4：诸暨到杭州的路程大约 85km，大约要走 74 个来回。

……

师：老师看到了大家不可思议的目光，是的，红军长征无比艰难。我们刚才说的都是没有干扰的情况，正常的道路，这样的数据已经让我们很吃惊了，更不要说他们还要爬雪山、过草地，躲避敌人的围剿。（出示图片）

（三）小结谈收获，长征精神今昔对比

师：虽然我们没有经历长征的这一过程，但是“长征精神”却值得我们每一个人学习。孩子们，通过这堂课的学习，你有什么收获呢？也可以谈谈在未来的学习生活中你想怎么做。

生 1：通过这节课的学习，我不仅巩固了比例尺的知识，同时也感受到了红军长征精神，是一节特殊又难忘的数学课。

生 2：这节数学课中红军长征中那种不畏艰险的精神让我受益匪浅，在今后的学习生活中，我会勉励自己不怕苦，不怕累，不被困难吓倒，不断地挑战自我。

师：看来大家在这节课中都收获了很多，今天这节课就上到这里，同学们，再见！

第三部分　案例分析

这堂数学课中自然渗透了思政教育，主要体现在以下几点：

首先，用红军长征的故事创设情境，身临其境导入，激发学生的学习兴趣。教师用图文结合的方式介绍了长征的历史背景及重要故事情节：1934 年 10 月，第五次反“围剿”失败后，中央主力红军为摆脱国民党军队的包围追击，被迫实行战略性转移，退出中央根据地，进行长征。长征是人类历史上的伟大奇迹，中央红军共进行了 380 余次战斗，期间共经过 14 个省，翻越 18 座大山，跨过 24 条大河，走过荒草地，翻过雪山，红一方面军于 1935 年 10 月到达陕北，与陕北红军胜利会师。1936 年 10 月，红军三大主力会师，标志着万里长征的胜利结束。在这样的历史回忆中，创设一定的故事情境，突破数学课常规的导入方式，自然地渗透党史学习教育，引领学生初步了解我们党走过的光辉历史，体会革命前辈的伟大精神。这样通过资源充分开发并自然融合，让数学课更具人文性，学知识的同时更富有育人价值。

其次，在“比例尺”知识点拓展应用环节，当教师出示红军长征路线图之后，引导学生明确了红军长征的起点和终点，同时引导学生发现红军长征的路线是一段曲线而不是直线，我们该如何测量曲线的长。这是这堂课数学知识要突破的重难点。于是设计了学生合作探究学习，通过讨论研究，并结合已掌握的比例尺数学知识，引领学生探究方法，解决求图上曲线长度的问题。通过计算，学生发现红军长征的路程很远很远，实际路程大约有12500km。在学生正为红军惊叹的那刻，教师因势利导，假如一个人的速度为0.5m/s，一天24小时不停地走可以走多少路程呢？让学生进一步计算，学生得出的答案是43200m，也就是43.2km，红军长征是12500km，相当于一个人一刻不停地走也要走大约289天。这个过程中，我们把“比例尺”数学知识拓展与红军长征路线结合，学科知识得到了拓展和深化，通过拓展知识的广度和深度，让学生换个角度看“知识”，打破时间和空间的束缚，丰富知识的外延和内涵，培养学生更为广阔的人文素养，这期间学生对红军的敬仰之情油然而生，长征精神在学生心目中得到升华。

最后，在微课堂最后小结环节，通过前面红军故事的铺垫和红军精神的洗礼，教师引领学生谈谈学习收获，说说对自己今后学习生活的影响。学生自然畅所欲言，交流中学生内化于心，进一步学习感受了我们党一段难忘的历史，进一步体会到了红军长征中不怕艰难的革命精神，进一步感悟了伟大的“长征精神”。六年级的学生正处于青春期，需要正确的价值观的引领，课堂中最好的思政点是，历史与现实的对照，今天的“长征精神”是什么，对于新时代的小学生而言，他们心中也有自己的使命和担当。在这个环节，学生不仅真切地感受到了当年红军长征艰苦，他们也明白了曾经有一代先辈为我们抛头颅，洒热血，更重要的是学生懂得了今天幸福生活的来之不易，倍感珍惜，努力而为，不负韶华。

根据上述三个教学环节的设计以及实施，笔者认为，本微课例在“‘比例尺’中的长征精神”这一核心主题下，一方面突破了数学知识的重难点，达成了拓展数学知识的教学目标。另一面，数学学习中自然融合了党史学习教育，恰到好处地对学生进行了一次课程思政教育。“长征中的比例尺”让我们的数学课也开启了生动的党史学习教育，感受到党史教育的魅力，在真实的历史情境之中去发现问题、思考问题、解决问题，不仅让我们的党史学习教育更进一步，也让我们的数学课变得生动有趣，同学们在课堂上不仅仅在解题，更像是在与革命先辈们“并肩作战”。

本课程思政案例实施后的一点思考：

一个年级可带动各年级渗透课程思政教育。数学教学中，每一个年级的知识点中都可以充分挖掘课程思政知识点，例如数学故事，数据党史，百年党史我来算——将国民生产总值做一个对比画趋势线段：新中国成立 1949 年、改革开放前后 1977 年至 2000 年，近三年 2018、2019、2020 年的数据，数学知识结合到红色党史的故事之中，让孩子们在情境之中去学习相关的红色知识，从而在感悟红色故事的同时，学到数学本领。（阅兵中的数学，飞夺泸定桥中的数学……）一年级可以开展按数 100 比赛，二年级可测量党旗，三年级可计算抗战、解放战争等用了多少年，四五六年级可利用比例尺测量地图计算祖国大地的面积等……

第四部分 专家点评

本案例以运用比例尺计算实际距离为课程思政载体，感受红军长征的故事，通过计算红军长征里程，体悟长征路程的遥远，感受中国共产党走过的光辉历史，学习革命前辈伟大的长征精神，体现理论性和实践性相统一。

通过“言语话长征、数据话长征和小结谈收获”三个环节层层深入体会长征精神，体会数学与生活的紧密联系，学会用比例尺解决实际问题。不仅培育数学建模、运算等核心素养，而且引领学生在课堂上与革命先辈们“并肩作战”，培育学生心中的长征精神，并转化为学习的使命与担当。本案例以讲故事、小组合作探究等教学设计实现了学生认知升华，指向立德树人。

本案例如果能用微视频展示长征故事、用平板电脑反馈小组的最优化成果，课程思政的渗透效果会更好。

◉ 学乘法口诀　树文化自信

第一部分　教学设计

“课程思政”　设计书

<table>
<tr><td>学科名称</td><td>小学数学</td></tr>
<tr><td>微课所在章节名称</td><td>人教版二年级上册《7 的乘法口诀》</td></tr>
<tr><td>授课对象</td><td>小学二年级学生</td></tr>
<tr><td colspan="2">教学设计</td></tr>
<tr><td>切入课程思政的课程知识点</td><td>切入课程思政的知识点如下：
三个关于 7 的乘法口诀
三七二十一
四七二十八
七七四十九</td></tr>
<tr><td>思政教育的课程目标</td><td>1. 了解乘法口诀的历史，感受优秀传统文化；
2. 了解以乘法口诀为核心的相关中国传统文化，感受传统文化的多样与灿烂，树立文化自信。</td></tr>
<tr><td>知识点与思政教育结合的教学设计</td><td>1. 介绍乘法口诀表，了解祖先智慧
在谈话引入环节，主要介绍秦朝“九九乘法口诀表”简牍，向同学们介绍 2002 年从湖南省里耶古城出土的“九九乘法口诀表”秦简，展现中国古代数学智慧的传承。
2. 展示传统文化中的乘法口诀，感受传统文化魅力
将《西游记》与“7 的乘法口诀”有机结合，巧记口诀的规范。此时引出中国四大名著之一《西游记》，书中孙悟空被关在炼丹炉里“七七四十九天”炼成火眼金睛，后来他“不管三七二十一”抡起金箍棒大闹天宫，让学生通过故事情节巧记口诀。同时让学生了解到在生活中，做事不能“不管三七二十一”，要按照新时代的小学生的行为规范，严格要求自己，多动脑、多思考。
将中国古代医学融进“7 的乘法口诀”，力争学以致用。《黄帝内经》是我国最早的医学典籍，本书认为女性的成长周期数是 7。根据这一部分内容与“7 的乘法口诀”相联系，让学生独立完成下文中的填空。
婴幼儿期到 7×1=（　）岁止；
儿童期到 7×2=（　）岁止；
少年期到 7×3=（　）岁止；
青年期到 7×4=（　）岁止；
中年期到 7×7=（　）岁止。</td></tr>
</table>

续表

知识点与思政教育结合的教学设计	3. 应用乘法口诀，树立文化自信 第三环节，将七言诗与“7 的乘法口诀”建立联系——巧用口诀诗词美。此时课程进入巩固练习和拓展训练。使学生通过短短四句诗，体会诗人描绘的这幅朦胧精密、清冷幽美的江南水乡秋夜图。
特色及创新（300 字左右）	1. 思政目标与学科目标有机融合 本节课以“了解中国古代数学之强盛，弘扬中国传统之文化”这条思政教育主线贯穿始终，运用生活中常见的中国传统文化资源，如秦简、《西游记》、古诗《枫桥夜泊》《黄帝内经》与古代医学知识等吸引学生的素材，创设了生动活泼的教学情境。 不仅落实了思政教育，也让生活情境与数学思考和谐共舞，使乘法口诀服务于计算的“工具性”和本身所具有的“知识体价值”和谐统一，让学生在学习中体会乘法口诀的伟大神奇和中华传统文化之美。 2. 课程思政回归现实生活 课程将“立德树人”作为首要任务，把思政教育落实到常规数学课堂中，充分挖掘了数学课程中的思政元素。 整理秦简、《西游记》、古诗《枫桥夜泊》《黄帝内经》、古代医学与“7 的乘法口诀”相关内容，融入简单的一堂数学课中，本节课在学生面前，缓缓铺陈开一幅历史资源的画卷，让学生在无意中领略了中国传统文化之美。

第二部分　课堂实录（部分）

《七的乘法口诀》实录

一、谈话引入

师：同学们，到目前为止，我们已经学习了 1–6 的乘法口诀，老师想考考你们，你了解乘法口诀的历史吗？

生：早在古代就有乘法口诀了。

师：没错。2002 年从湖南省里耶古城出土了“九九乘法口诀表”秦简。这是我国发现最早、最完整的乘法口诀表实物，距今已经超过了 2200 年了。说明早在秦朝，中国人就已经熟练掌握乘法口诀，并将其运用于社会的生产生活当中，同时也证明了中国古代的数学也是十分发达的。

了解了乘法口诀的历史，你有什么想说的？

生：中国古代数学真发达！

师：同学们回答得很好。九九乘法口诀表是中国古人数学智慧的结晶，传承两千多年至今依旧实用。作为新时代的小学生，我们身上有责任将这伟大的中国古代数学文明成果继续传承下去，你们有信心吗？

生：有！

二、探究新知

师：看，这是同学们熟悉的七巧板，七巧板是一种古老的中国传统智力游戏，顾名思义，是由七块拼板组成的。而这七块板可拼成许多图形，也可以拼成各种人物、动物、桥、房等等。

同学们的想象力非常丰富，拼出了许许多多不同的图案，让我们一起来欣赏吧。

大家仔细观察，你有什么发现？

生：1 个图案有 7 块板。

师：2 个图案有几块呢？

生：14 块。

师：你是怎么想的？

生：7+7=14。

师：也就是 2 个 7 相加，那 3 个，4 个，5 个，6 个，7 个图案各有多少块呢？请你想一想，完成表格。

相信同学们已经有了答案，让我们一起来分享吧！

生：3 个图案有 21 块。

师：你是怎么想的？

生 1：14+7=21。

生 2：7+7+7=21。

师：也就是 3 个 7 相加。

……

师：同学们，通过刚刚的学习，我们知道1个7就是（7），用乘法算式来表示是1×7=7或者7×1=7。你会用一句口诀来表示吗？

生：一七得七。

师：2个7就是（14），用乘法算式来表示是2×7=14或者7×2=14。口诀就是？

生：二七十四。

师：3个7就是（21），用乘法算式来表示是3×7=21或者7×3=21。口诀就是？

生：三七二十一。

师：……

同学们，在大家的努力下，口诀已经编好了。接下来，你能用自己喜欢的方式记一记吗？请与你的同桌分享。

这里老师给大家讲一个小故事，也能帮助大家记忆口诀。相信同学们都看过《西游记》吧，《西游记》是中国四大古典名著之一。有一次，孙悟空因犯错被关在炼丹炉里炼了“七七四十九天”，结果依然无事，还炼成了一双火眼金睛。后来他“不管三七二十一”抡起金箍棒大闹天宫，最后还是玉帝下令请来如来佛祖，才把孙悟空压在五行山下。

同学们，我们可不能像孙悟空这样“不管三七二十一”，不顾后果。做事要严格要求自己，多动脑多思考。

这样，三七二十一、七七四十九，我们就很容易记住了。

三、巩固拓展

师：同学们，7是一个神奇的数字，早在古代人们就与7结下了不解之缘。（出示课件《枫桥夜泊》）

请同学们随着配乐，富有感情地朗诵。

生：（朗诵《枫桥夜泊》）

师：通过短短四句诗，我们体会到了诗人描绘的这幅朦胧精密、清冷幽美的江南水乡秋夜图。

你能用哪一句乘法口诀算出这首诗（除去题目与朝代和作者）共有多少字？

生：四七二十八。

师：没错。这种每句七个字的诗又称为“七言诗”。我们在了解七言诗的同时，又对四七二十八加深了印象。

四、课堂总结

师：接下来，老师给大家介绍一本古籍。《黄帝内经》是我国最早的医学典籍，是我国传统医学四大经典著作之一。这本书认为女性的成长周期数是7，也就是女性一般每7年发生一次生长变化。根据这一部分内容与“7的乘法口诀”相联系，请你独立完成下文中的填空。

婴幼儿期到 7×1=（ ）岁止；

儿童期到 7×2=（ ）岁止；

少年期到 7×3=（ ）岁止；

青年期到 7×4=（ ）岁止；

中年期到 7×7=（ ）岁止。

师：完成这张表后，请你分别判断自己或者家中的女性长辈处于哪个生长周期，与大家分享。

生：我们中国古代医学真伟大！真神奇！

师：通过今天的学习，相信同学们对七的乘法口诀有了更深的认识，早在古代，我们的祖先就将乘法口诀巧妙地运用于生活当中。希望同学们经过今天的学习，不仅能够熟练掌握七的乘法口诀，还能联系到有关的俗语、诗句、医学知识。在学好数学知识的同时，了解、热爱、弘扬、传承我们的传统文化！

今天的数学课，就上到这里了。同学们，再见！

第三部分　案例分析

如何在数学课堂中，打开学生的眼界、拓宽知识面、渗透家国时政、进行爱国主义教育成了我在备课时一定会思考的问题。我通常以数学知识为基石，深挖与数学知识相关的历史、思政、文学、美术等元素，做数学“融”课堂。不仅传递学科知识，更去关注道德与人格的养成，充分发挥数学教学内容的丰富性、挖掘人文性，寓德育于数学学科教学实践中。

九九乘法口诀表是中国古代数学智慧的结晶，传承两千多年至今依旧沿用。与之相关的传统文化相当丰富，如俗语、诗句、医学知识……

本节课分为谈话引入、探究新知、巩固拓展、课堂总结四个环节，思政教育主要集中在前三个环节。

在谈话引入环节，主要介绍秦朝“九九乘法口诀表”简牍，展现中国古代数学智慧的传承。向同学们介绍 2002 年从湖南省里耶古城出土的“九九乘法口诀表”秦简。这是我国发现最早、最完整的乘法口诀表实物，距今已经超过了 2200 年了，说明早在秦朝，中国人就已经熟练掌握乘法口诀，并将其运用于社会的生产生活当中，同时也证明了中国古代的数学也是十分发达的。

通过介绍，引导学生意识到作为新时代的小学生，身上有责任将这伟大的中国古代数学继续传承下去，激发学生的担当精神与学习积极性。

探究新知环节中，将《西游记》与“7 的乘法口诀”有机结合，巧记口诀规范。在探究新知部分，学生已经通过小组活动，在合作中编出了 7 的乘法口诀。每位同学在班级中分享了自己发现的“7 的乘法口诀”的规律，之后老师组织大家一起读一读、背一背。此时引出中国四大古典名著之一《西游记》，书中孙悟空被关在炼丹炉里“七七四十九天”炼成火眼金睛，后来他“不管三七二十一”抡起金箍棒大闹天宫，让学生通过故事情节巧记口诀。同时让学生了解到在生活中，做事不能“不管三七二十一”，要按照新时代的小学生行为规范，严格要求自己，多动脑、多思考。

第三环节，我将七言诗与“7 的乘法口诀”建立联系——巧用口诀诗词美。此时课程进入巩固练习和拓展训练。7 是一个神奇的数字，早在古代人们就与 7 结下了不解之缘。课件中出示唐代诗人张继的《枫桥夜泊》，教师并配乐朗诵。使学生通过短短四句诗，体会诗人描绘的这幅朦胧精密、清冷幽美的江南水乡秋夜图。

之后对学生进行提问："你能用哪一句乘法口诀算出这首诗（除去题目与朝代和作者）共有多少字？"让学生亲身经历乘法口诀在实际生活中的运用，并让学生了解这种每句七个字的诗又称为"七言诗"。在学以致用的同时，感受中国古典诗词的魅力。

最后，将中国古代医学融进"7 的乘法口诀"，力争学以致用。《黄帝内经》是我国最早的医学典籍，是我国传统医学四大经典著作之一。这本书认为女性的成长周期数是 7，也就是女性一般每 7 年发生一次生长变化。根据这一部分内容与"7 的乘法口诀"相联系，让学生独立完成下文中的填空。

婴幼儿期到 $7\times1=$（　）岁止；

儿童期到 $7\times2=$（　）岁止；

少年期到 $7\times3=$（　）岁止；

青年期到 $7\times4=$（　）岁止；

中年期到 $7\times7=$（　）岁止。

之后向学生进行提问，分别判断自己或者家中的女性长辈处于哪个生长周期，体会中国古代医学的伟大与神奇，增强学生的民族自豪感和自信心。

通过整节课的学习，学生在学习乘法口诀的过程中，领略了中国传统文化的绚烂与伟大，极大地增加了文化自信。引导学生意识到作为新时代的小学生，身上有责任将这种伟大的中国传统文化继续传承下去，激发学生的担当精神与学习积极性。

本节课充分挖掘了"7 的乘法口诀"中的德育因素，将科学性与思想性结合，以丰富的人文内涵和饱满的思想情感在润物细无声中，对学生的精神世界产生深远的影响。

第四部分　专家点评

案例以秦简、《西游记》、古诗《枫桥夜泊》、《黄帝内经》与古代医学知识等为素材，为我们带来了一场“七的乘法口诀”的文化盛宴，也为课程思政的实施与开展，搭建了较为丰富的载体。

案例注重挖掘“七的乘法口诀”中的文化底蕴，别开生面，在秉承学科教学特色的同时，注重渗透并融入课程思政，坚定我们的文化自信，增强民族自豪感和民族自信心，培养爱国主义情怀，坚持显性教育和隐性教育相统一，价值性与知识性相统一。案例引入秦简、《西游记》、古诗《枫桥夜泊》、《黄帝内经》与古代医学知识等学生感兴趣的素材，创设生动活泼的教学情境，对帮助学生识记、理解“七的乘法口诀”是有帮助的，课堂洋溢着数学味和文化味。

就课程思政的角度而言，课程思政的知识点的内容还可以适当地深入，并给予学生充分而有深度的体验。

◉ 对比共话“天气”，增强文化自信

第一部分 教学设计

“课程思政”设计书

学科名称	小学英语
微课所在章节名称	PEP4 Unit 3 Weather Part B Let’s talk
授课对象	小学四年级学生
教学设计	
切入课程思政的课程知识点	切入课程思政的知识点如下： 1. What’s the weather like in ... ？ / It’s ... / How about... ？ / Is it ... ？ / Yes，it is. / No. It isn’t. 用来日常交流天气的句型。 2. 不同国家使用温度的单位不同。 3. 美国国旗和中国国旗的相关知识。
思政教育的课程目标	1. 通过了解中国通信工具的发展，感受祖国日益繁荣、富强，从而树立民族自信心，激发爱国情怀。 2. 了解中国、美国国旗差异，不同国家使用温度的单位不同，感受中西文化的差别，增进文化理解，增强文化自信。
知识点与思政教育结合的教学设计	1. 对比中美国旗，观看升旗仪式，增强文化自信 通过听录音回答问题：Q1 ：Who’re talking on the phone ？（谁在打电话？）Q2 ：Where’re they ？（他们在哪里？）培养学生听音获取信息的能力，认识 Mark 和 Chenjie，知道 Mark 来自 New York，New York 是美国最大的城市。学生通过观看视频简单了解中美国旗颜色和形状代表的含义，学习相关知识。 2. 对比中外文化，增进文化理解 通过小组合作探讨“26 degrees”，Mark says ：“That’s cold.” But Chenjie says ：“It’s warm.”（同样是 26 度，Mark 认为是冷的，Chenjie 认为是温暖的原因）引出“Fahrenheit degree”（华氏度）和“centigrade degree”（摄氏度）两种表示温度的单位，进一步渗透中外文化的异同，学生理解文化的差异，促进文化理解。 3. 了解通信工具的发展，激发爱国情怀 在处理对话课的语篇时，教师基于话题延伸情境。放暑假了，同学们都各自回到了各自家里，Mark 想念他的同学们，不仅给在中国的 Chenjie 打电话，还联系了其他国家的同学们。除了打电话，他还可以用哪些方式联系他们呢？比如 qq，write letters，wechat，micro-blog，skype，email 等。在不同的年代，人们之间联系的方式不仅变得多样化，而且超越了时空的距离，变得非常快捷、便利。这

续表

知识点与思政教育结合的教学设计	些源于中国科技的飞速发展，源于中国共产党的正确领导。我们是21世纪的接班人，应从小树立建设祖国的远大志向，贡献力量。学生可以任意选择自己喜欢的联系方式，选择其中的一位朋友联系，用目标语言询问当地的天气，并且用学过的语言创编对话。
特色及创新（300字左右）	1. 国际视野，贯穿中西 “Weather”（天气）这个话题为主线贯穿始终。学生整体感知文本，在Beijing的Chenjie和在New York的Mark打电话询问天气，引出国旗背后的含义和意义。在处理文本细节时，通过提炼矛盾冲突点，让学生小组合作探究，训练发散思维能力，探究总结两种表示温度的单位，在不同的国家，温度单位不一样。 2. 与时俱进，回归生活 学生联想到日常生活中科技发展带来的变化，除打电话，对其他联系方式进行头脑风暴。通信工具的发展也反映了祖国科技的发展。感恩党的领导和全国人民齐心协力的努力，有了我们现在高科技的生活，学生增强了民族自信心，体验了民族自豪感。 3. 传统德育元素的再挖掘 本案例最后提炼了Mark这一人物形象，引导学生主动去关心好友。在角色扮演和小组合作中，培养合作能力和交际意识，逐步培养学生想说、敢说、会说、乐于表达的习惯。 出示国旗时，学生在庄严、肃穆的升旗仪式中升华爱国情感。 课堂互动中，文明、礼貌用语培养学生讲礼貌、懂文明的习惯。

第二部分　课堂实录（部分）

PEP4 Unit 3 Weather　Part B　Let’s talk

1. 师生问候

师：你好，我是Zoey，来自东白湖镇小学，很高兴见到你们！

生：很高兴见到你！

2. 自由问答

师：同学们，今天的天气怎么样？ What's the weather like today？

生：雨天。It's rainy.

师：今天，我们讨论天气“Weather”，让我们去看看其他地方的天气吧！

在中国，有很多风景优美的地方！

师：这是哪里？（幻灯片展示西湖、长城、东方明珠塔等地）

Where's it？（PPT shows the West Lake，the Great Wall ... ）

生：It's in ...（ Beijing / Hangzhou / Shanghai / Hong Kong ）

师：这里的天气怎么样？

What's weather like in ... today？

生：是多云天 / 晴天 / 雨天 / 雪天 / 多风天。

It's cloudy / sunny / windy / snowy / rainy.

3. 听音回答问题

师：现在我们在谈论天气，其他同学也在谈论天气，让我们听一听并回答问题。

问题一：他们是谁？

问题二：他们在哪里？

（呈现完整对话语篇，学生听音回答）

师：请问谁在打电话呀？

生：Chen Jie and Mark.

师：是的，Chenjie 和 Mark 在打电话，

Hi, Chen Jie, This is Mark.（学生听录音跟读）

师：那么，他们在哪里呢？

生：Mark 在纽约，Chenjie 是在北京。

师：是的，纽约和北京分别属于哪个国家呢？纽约在英国吗？

生：不是。

师：纽约在哪里？ Where's New York ？（板书：New York 20℃ ）

生：在美国。It's in the USA.

师：哇，你太棒啦！那北京呢？

生：北京在中国。

师：是的，北京在中国，它是我们的首都。让我们大声朗读：Beijing, New York.（教师板书：New York，Beijing）

4. 欣赏升旗仪式，回答问题

视频 1 展示东白湖镇小学庄严、隆重的升旗仪式。学生在体验中激发爱国热情，在仪式感中懂得国旗是用革命先辈的鲜血染红的，没有共产党就没有新中国。我们要热爱国旗，热爱祖国。

视频 2 分别讲述中国和美国的国旗的含义。看完视频，学生回答中国和美国国旗中有哪些颜色，由哪些部分组成，分别代表什么含义。

5. 听音回答问题

创设情境

师：在暑假里，Mark 很想念 Chenjie，所以他打电话给 Chenjie，那么，北京和纽约的天气怎么样呢？让我们边听边思考。

（第二遍播放完整音频）

幻灯片展示世界地图上中国北京和美国纽约的位置。

师：纽约的天气怎么样？ What's the weather like in New York ？

生：下雨天。It's rainy.

师：是的，我们还可以根据课文里的插图，看出 New York 是下雨天。

6. 看动画，回答问题

师：北京的天气怎么样呢？让我们看动画，找答案。（播放完整版视频）

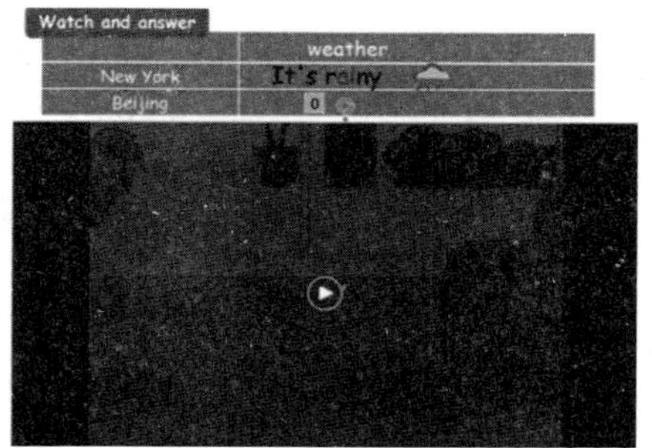

师：北京的天气怎么样？（板书 How about...？）

生：温暖。It's warm.

师：是的，Chenjie 认为是温暖的，那么它的温度是多少？

生：26 度。It's 26 degrees.

师：但是，Mark 怎么认为呢？

教师播放 Mark 的回答：26 degrees，that's cold.

生：26 度，是冷的。26 degrees，that's cold.

师：Chenjie 认为 Chen Jie says … .

（教师播放 Chen Jie 的回答）

生：不，不冷的，是温暖的。No，it isn't. 26 degrees，it's warm.

7. 小组合作

师：26 度，Chenjie 认为是冷的，但是 Mark 认为是温暖的，这是为什么呢？北京的天气到底怎么样呢？请同学们拿出作业单，四人一小组，合作讨论原因。学生头脑风暴，积极合作，组内探讨。

师：好，时间到！第一小组，请分享你们的答案。

生：因为摄氏度和华氏度。

师：哇！你居然知道摄氏度和华氏度，你们知道吗？（教师边说边板书：华氏度和摄氏度）

师：是的，有没有其他想法呢？

生：因为在华氏度中，26 度代表零下，在摄氏度中，26 度是零上。

师：对，善于动脑筋的孩子，你们真棒！其实，华氏度和摄氏度是两种表示温度的单位。Chenjie 说 26 摄氏度，Mark 认为是 26 华氏度。26 华氏度相当于 −3 摄氏度，所以 Mark 认为是冷的。

师：所以，Mark 说："26 度，真冷呀！"

师生：That's cold.

师：华氏度和摄氏度是两种不同的单位。在中国，我们通常使用摄氏度为温度单位。但是，在美国，人们通常以华氏度为温度单位。这也体现了中西文化的差异。

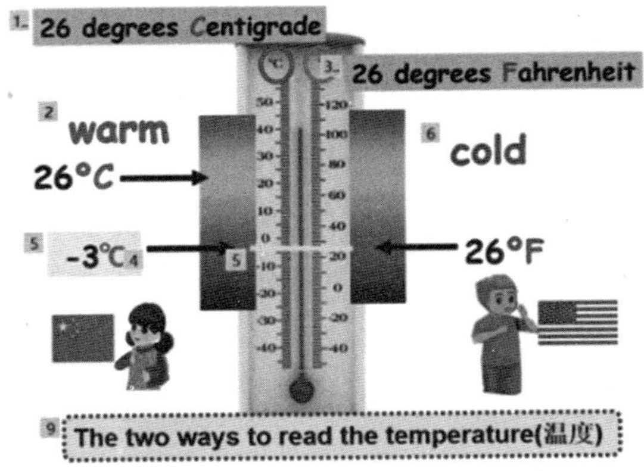

8. 创编对话

师：现在放暑假了，Mark 想念 Chenjie，他也想念他的其他朋友们。他们是谁，他们在哪里。

师：这是？

生：Amy.

师：Amy 在哪里？

生：Amy 在伦敦。Amy is in London.

师：伦敦在哪里？ Where's London ?

（教师板书 London 5℃ ）

生：在英国。It's in the UK.

师：那 Mike 呢?

生：Toronto.

师：多伦多在哪里？ Where's Toronto ?

生：加拿大。Canada.

（教师板书 Toronto 7℃ ）

师：那袋鼠怎么样？我是袋鼠姐姐，袋鼠在哪里呢？

生：悉尼。Sydney.

师：袋鼠在澳大利亚，悉尼是澳大利亚的一个城市。

（教师板书 Sydney 30℃ ）

师：除了打电话，我们同样可以用其他很多方式和朋友们联系，比如：微信、QQ、Skype、写信、微博等。视频里呈现了随着科技的发展和进步，我们的通信工具也发展得更加便捷了。感谢党的正确领导，我们的祖国发展日新月异，生活水平大大改善，我们可以通过更快捷、便利的方式和朋友联系。同学们，你们喜欢用哪一种通信工具呢？请选择一种你喜欢的方式和你的朋友联系吧。

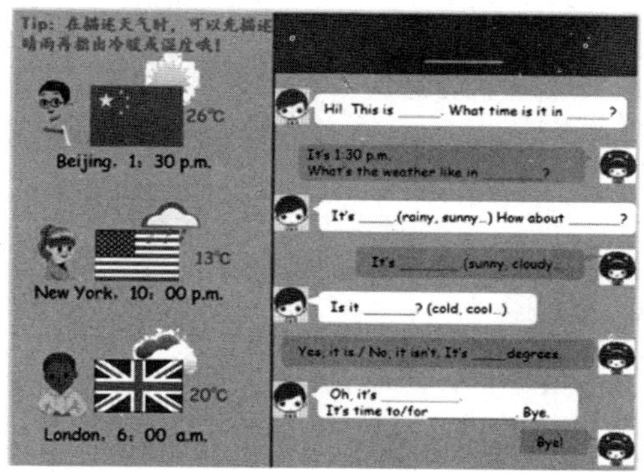

学生两人一组角色扮演创编对话。

师：谁想试一试？如果你抓住每一次尝试的机会，你在未来将成为一名很优秀的演员。不要害羞，大胆尝试吧，老师和同学们会帮助你的。让我们为他们鼓掌。

（微信视频打开）

A：你好，我是 Mark。

B：你好，Amy，London 的天气怎么样？

A：多云天。你们纽约天气怎么样？

B：多云天，很冷。

A：记得多穿件衣服，出门带伞哦。

B：谢谢。

A：妈妈叫我吃饭了，再见。

B：再见！

教师总结：Mark 有很多的朋友，放假的时候，他想念朋友就会给他们打电话，Mark 是一个热心肠的男孩。当我们想念亲朋好友的时候，也要记得互相关心，经常联系哦。

第三部分　案例分析

本堂对话课，综合运用图片、视频等直观教学法，小组合作法，交际法等，引导学生在真实、合理、连贯、完整的情境中感知、体验、理解、运用核心语言的过程中，通过观看升旗仪式，了解中美国旗含义，体验通信工具快速发展激发爱国主义情感，在合作探究中总结不同国家使用温度的单位不同，感知中外文化的异同以及增强跨文化交际意识，增强文化自信。

本微课思政点具体落实在以下三个环节中：

首先，教师由询问天气导入，幻灯片展示中国的西湖、长城等地美景，激发学生热爱家乡的美好情感；通过搭建问题支架，学生逐步感知文本，引出 Who 和 Where 两个关键词，同时渗透文化背景知识，学生了解国旗的含义和意义。通过听音，学生整体感知文本之后，进一步挖掘文本的细节，利用表格的形式，了解 Beijing 和 New York 同一时间的不同天气。在重难点的处理中，用小组合作探究的方式，思考 26 degrees，为什么 Mark 认为是冷的，Chenjie 认为是温暖的。小组讨论后，全班交流，教师总结有两种表示温度的单位，在不同的国家，表示温度的单位不同，引导学生对不同的温度单位进行简单的换算，进一步加深对温度单位的理解以及中外文化差异的理解，形成跨文化交际意识。

其次，进一步延伸情境，Mark 还给了在其他不同国家的同学们分别打电话问候。除了打电话，Mark 还可以用其他的通信工具联系他的朋友们。动画展示近几十年来中国的通信工具的发展和变化，学生感受科技的力量和给我们的生活带来的变化，感恩共产党的正确领导。中国的经济发展迅速，使我们增强民族自信心和自豪感。

最后，教师总结 Mark 是一个热心肠的人，他关心身边的朋友。如果我们想念朋友了，可以主动去关心好友们，常联系来增加感情。

根据上述三个环节的设计以及实施，笔者以为，本次课例在“Weather”这一核心话题下，一方面达成了讨论天气的教学目标，另一方面提炼了同一时间，不同的地方有不同天气的知识点，突破了两种表示天气的单位这一难点。同时也通过“国旗”“地图”和“通信工具”这三大板块的素材，激发学生的民族自豪感和自信心，促进国际理解，培养跨文化交际意识。在时间的分配上，课程思政的施教内容有机融入英语教学之中，并没有占用额外的时间。所选用的课程思政材料与英语本课时的教学目标无缝衔接，既有历史的纵深度，又有现实的时代感，体现了课程思政的教育性特点，最终实现了“英语”与“思政”的有机结合，寓德育于英语教学中。学生在感知、体验、理解和运用中升华了爱国情感，同时在小组之间的探讨、合作与交流的过程中培养了合作能力；在关心朋友，聊天气这一日常寒暄和 Mark 这一人物形象的提炼中培养了学生的友善意识。

笔者认为，此次案例中，仍有不足之处有待改进。首先，由于思政知识的结合，在呈现和操练环节，缺少对后续拓展部分语言输出量的铺垫，因此，学生在输出环节有些局限于本堂课的重难点句型，缺少对知识的迁移、整合与运用。其次，学生在英语思政课堂里，对祖国逐渐富强的体验不够深入，仅仅局限于观察通信工具的发展而得出结论，爱国情怀的体验不够深入，可以后续让学生亲自动手制作国旗或者画一画，或者在世界地图上填一填你所知道的城市和国家等，来加深学生的体验。

第四部分 专家点评

案例中挖掘祖国美景、中国国旗、我国巨大通信科技成就等元素，为课程思政的融入与开展创设了较为丰富的载体。

案例围绕“Weather”组织单词、句子、对话等语言学习，坚守外语学科教学特色，同时采用浏览祖国美景、观看“升旗仪式”、感受中国的通信工具的发展和变化，激发学生民族自信心、自豪感，培养学生的爱国主义情怀，坚持价值性与知识性相统一，努力实现课程思政与学科教学相融合。

案例创设的教学情境和教学环节，调动了学生学习兴趣，推动了英语学科教学的顺利开展，是成功的；但从课程思政角度而言，从激发和培养学生的爱国主义情感来说，是有遗憾的，因为光“看”显然是不够的，给不了学生足够的体验和感悟。在学科教学中渗透课程思政，需要有充分的体验，也需要有必要的深度。

◉ 小小“指南针”蕴藏大智慧

第一部分 教学设计

“课程思政”设计书

学科名称	小学科学
微课所在章节名称	教科版二年级下册《磁铁》单元第五课《做一个指南针》
授课对象	小学二年级学生
教学设计	
切入课程思政的课程知识点	了解指南针在历史发展中的“前世今生”，学习古人设计制作一个指南针。以“指南针”为切入点感受中国的智慧。 切入课程思政的知识点如下： 1. 四大发明的发展历程。 2. 指南针是利用磁铁指示方向的仪器，是我国古代四大发明之一。 3. 制作指南针的原理与方法。
思政教育的课程目标	1. 了解我国古代四大发明的发展历程以及对世界发展的作用，体会我国古代在指南针的研究与应用上所作的贡献，意识到科学技术对人类社会的促进作用，增加民族自豪感。 2. 亲自动手做一个指南针，在制作过程中感受古人的智慧。 3. 拓展罗盘的用途以及现代信息技术发达的今天“指南针”在生活等方面的应用，感受科技魅力。
知识点与思政教育结合的教学设计	1. 创设趣味情境，融入辉煌历史 引导学生从指南针回顾古代四大发明，并以“穿越回古代”这一趣味情景贯穿整节课，在了解“造纸术、印刷术、火药和指南针”发展历程的过程中认识到它们在推动世界经济、文化、军事和海航中的重要作用，弘扬中国传统文化，激发民族自豪感。 2. 学做主人翁，感受古人的智慧 “假如你是古人”你想要怎么改进司南从而更方便使用呢？学生以主人翁的角色出发思考问题，以设计制作一个水浮式指南针为本节课主要任务，在制作和测试过程中发现问题，小组合作解决问题，亲身经历设计→制作→测试→改进→展示的探究过程。 3. 拓展实际应用，感悟科技强国 围绕“指南针还有哪些应用”这一问题，介绍罗盘在郑和下西洋中的重要作用，增加民族自信心。了解当下生活中“数字罗盘”的应用和北斗导航系统等例子，体会现代科学技术的强大。同时呈现“疫情”背景下我们经常需要出示的健康码其实也应用到了定位等功能，深刻感悟科技强国。

续表

特色及创新 （300字左右）	1. 创设趣味情景，感受光耀足迹 本课在设计时充分考虑到二年级学生的年龄特点，以穿越历史的趣味情景介绍四大发明的发展历程，让学生身临其境。同时向学生传递四大发明是中国古代人们为世界留下的一串光耀的足迹。 2. 设计制作指南针，培养爱国情怀 在制作指南针的过程中，学生自己设计指南针形状，并在制作和检测的过程中发现问题、解决问题，同时也在这个过程中感受我国先人在发明和改进指南针的心路历程，培养学生的爱国情怀。 3. 从古望今，感悟科技强国 本课在最后以视频的形式展示了科技发展的今天，指南针多种不同的形式，同时结合当下疫情，从健康码中导航定位的应用了解当下不一样的指南针。在这个过程中学生体会到随着科技的发展，指南针也在不断地改进，科技的力量无处不在。

第二部分　课堂实录（部分）

《做一个指南针》实录

师：小朋友们，大家好！欢迎走进今天的科学探索之旅。今天我们将穿越回古代，一起来感受我国古人的智慧，感受古人的伟大。

大家看，看似毫不起眼的指南针是我国的四大发明之一，它造福全人类，推动了时代的进步。小朋友，你知道我国古代的四大发明是哪些吗?

生：我国的四大发明是造纸术、印刷术、火药和指南针。

师：正如习总书记所说，科技创新是人类社会发展的重要引擎。古代中国的科学技术发展水平远超同时代世界其他各国。

生：哇，我们国家真了不起！

师：老师也感到非常骄傲！那你想不想知道古人是怎么发明它们的呢?那就跟着老师一起穿越历史，一起来认识它们吧！

首先我们来到了距今2000多年的西汉，当时的人们已经发明了造纸术。看，这件纸地图于1986年在放马滩汉墓出土，是迄今所知最早的纸绘地图，也是迄今所知最早的纸。时间来到了公元105年，这位是东汉的蔡伦他正在制造纸，他制作出来的这种纸和以前的纸相比原料更容易找到，价格更加便宜，质量更加好。为纪念蔡伦的功绩，后人把这种纸叫作“蔡侯纸”。

师：造纸术是书写材料的一次伟大的革命，它不仅先后取代埃及纸草，印度树叶，欧洲羊皮，还推动了文化传播、交流，为世界文明发展、交流作出巨大贡献。

生：纸的发明对我们帮助真大！

师：对啊！这就是科技造福人类。

了解了造纸术后，我们再一起穿越回到距今1000多年前的隋唐时期，在这个时期出现了雕版印刷。看，这卷868年印制的《金刚经》就是世界上现存最早的雕版印刷品。时间飞逝，我们来到了11世纪初的北宋，这位就是发明活字印刷术的平民毕昇。毕昇发明的活字印刷术比欧洲发明早了四个多世纪。后来印刷术广泛传播，向东传至朝鲜、日本，向西传至埃及、欧洲。印刷术的发明，对人类文化的传播和保存，是一个重大贡献。

生：老师，毕昇作为一介平民，能够发明活字印刷真了不起！

师：是的！创新不问“出身”。说不定，你就是下一个小小的发明家呢。

火药的发明大大地推进了历史发展的进程。我们穿越回到唐代中期就能从书籍中找到记录的制成火药的方法。唐代末期将火药运用于军事上。南宋时人们发明了“突火枪”，13世纪火药传入阿拉伯和欧洲。火药的发明和传播，改变了中世纪的战争模式，是军事上划时代的一件大事。

生：现在应用的枪弹就是从火药演变而来的吧！

师：你的课外知识真丰富。指南针的发展历程又是怎样的呢？我们一起探究指南针的发明之旅吧！

看，这是战国时期的“指南针”，在古时候叫司南，它由青铜盘和天然磁石做成的，勺子样的磁石可以灵活转动，静止后勺柄就会指向南方。仔细观察的小朋友有什么发现吗？

生：虽然司南可以指示方向，但是它非常大，携带非常不方便。

师：因此人们对它进行了改进，用磁针制作成了指南针。北宋时期指南针被运用到了航海上。13 世纪指南针传入阿拉伯和欧洲。指南针的发明和传播，为欧洲航海家探索新航路提供了重要条件。

指南针改进后一开始并不像我们现在看到的一样，在发展的过程中出现了很多类型，例如：水浮式指南针，悬挂式指南针等。仔细观察它们的结构，它们有什么相同的地方吗？

生：都有一根磁针。

师：小朋友们果然是火眼金睛。确实，指南针的最重要的结构就是中间可以指示南北的磁针。除了磁针，看，中间有一个可以浮起来的灯草，还有一个装水的盘子。那你想不想也像我们聪明的古人一样，自己动手来做一个指南针呢？那就让我们一起来动手吧！

我们可以用哪些材料来制作指南针呢？看，这是老师给大家准备的材料：钢针、条形磁铁、吹塑纸、塑料水盆。

生：哇，材料真齐全！这里并没有磁针啊，怎么指示方向呢？

师：请仔细观看视频，看看视频中是怎么做的呢？

（教师播放钢针磁化视频）

师：瞧，钢针已经磁化了，有了磁性。接下去要让钢针浮在水面上，就要把吹塑纸派上用场了。想一想，磁针要如何安装到吹塑纸上呢？小朋友们肯定有很多方法，老师是把钢针穿过吹塑纸两次就可以了。小朋友学会了上面的方法，现在请你像古人一样来设计制作吧。

学生做一做：在吹塑纸上画一画你想设计的图案，把磁化的钢针插在减下来的吹塑纸上放入水盆中，与指南针进行比对。

师：今天我们学习了水浮式指南针，其实指南针除了我们经常看到的样子，随着历史和科技的发展，它的功能和样子也发生了很多变化。让我们一起来看一段视频，了解指南针在航海史中的地位。

观看视频：郑和下西洋期间使用海道针经（24/48 方位指南针导航）结合过洋牵星术（天文导航），在当时是最先进的航海导航技术。郑和的船队，白天用指南针导航，夜间则用观看星斗和水罗盘定向的方法保持航向。

生：郑和下西洋中，指南针更是起到了重要作用。

师：真棒！你不仅是科技小达人，更是小小智多星。指南针在航海事业中意义巨大。随着技术的进步，现代社会将指南针改进成电子罗盘，仍用于导航定向。

现代人制作了各种电子指南针，智能手机普遍有这个软件，电子罗盘也叫数字罗盘，是利用地磁场来定北极的一种方法，应用到手机上，其实就是电子指南针。由中国自行研制的全球卫星导航系统北斗卫星导航系统也有着精确的导航和定位功能。在疫情期间，我们使用的健康码也需要定位大家的位置，同时结合当地的"疫情"程度给予红码、黄码和绿码。

师：小朋友们！一个小小的指南针却藏着大大的用途，不禁要为我们伟大的先贤点赞同时为我们伟大的祖国点赞。

生：竖起大拇指！

师：老师最后将习近平爷爷的一段话送给大家——"从小学习做人，从小学习立志，从小学习创造。让我们行动起来，从小就要立志向、有梦想，爱学习、爱劳动、爱祖国，德智体美全面发展，长大后做对祖国建设有用的人才。"

我们下次科学探索之旅再见。

第三部分　案例分析

本案例是教科版小学科学二年级下册《磁铁》单元的第 5 课，是学生在学习了磁铁的特点之后对它性质的一种应用。一般这节课我们很容易上成让学生跟着老师一起做的动手操作课，而忽略了其中对指南针发展历程的了解和它在现代社会中的应用。本次关于"做一个指南针"的微课案例就是围绕着"指南针"以及其他三大发明"造纸术、印刷术、火药"的发展历程展开，不仅拓展了学生的知识面，让学生在课堂上感受有关四大发明在世界历史发展中的促进作用，更能够培养学生的民族自豪感，这个点就是本微课在原有制作一个指南针基础上的课程思政知识点。

在教学过程中，由于二年级学生年龄较小，如果以讲述的方式向他们介绍中国古代四大发明的发展历史他们会觉得非常枯燥，不能很好地激发他们学习的兴趣。本案例通过穿越历史的趣味情景呈现了四大发明的发明和改进过程，学生作为主人翁走进历史长河，感受璀璨历史长河中四大发明留下的辉煌足迹。

在介绍完发展历程后，学生的焦点回到“制作指南针”上，在观察指南针的发展过程中的各种类型时发现了它们的共同特点就是“磁针”。那没有天然磁石的情况下如何制作“磁针”？带着问题学生学习钢针磁化的方法，设计自己的指南针形状，制作和测试指南针，在这个过程中学生也在经历古人改进“指南针”的历程。

同时如果只沉浸在“过去”的历史辉煌中，就会使得“民族骄傲”不具有可持续性，因此，回顾“过去”的同时也要着眼“当下”。在课例的“从古望今，感悟科技强国”这一环节中，教师以视频方式介绍罗盘在郑和下西洋中的重要作用，了解当下生活中应用的“数字罗盘”的应用和北斗导航系统等例子，同时呈现“疫情”背景下我们经常需要出示的健康码其实也应用到了定位等功能。可能这些孩子们经常看到但是并不知道它其实就是指南针在当今科技日益发展下的产物。从古至今，指南针一直都在历史的长河中发挥着非常重要的作用，学生体会到这一点后，更加认识到科技才能强国，为自己不懈学习找到了更多的动力。

根据上述的设计以及实施，笔者以为，本次课例在“小小指南针蕴藏大智慧”这一核心主题下，一方面达成了本节课的教学目标，同时也通过“历史”和“当下”这两大板块的素材，激发了学生的民族自豪感和自信心。虽然本课一开始花了比较多的时间介绍古代四大发明的发展历程，但是我觉得这个环节是必要的，只有在真正感受这份伟大、感受古人的智慧才能在后续的自己制作和改进指南针时全情投入。后续的拓展也很必要只有认识到所学内容在当下生活中广泛应用才能产生学习的共鸣，学习动力才会大大被激发。这些思政材料与本节课的科学四维教学目标衔接合理，既有历史的纵深度，又有现实的时代感，体现了课程思政的教育性特点，最终实现了“科学”与“思政”的有机结合，培育了学生的家国情怀。

第四部分 专家点评

本案例以凸显“中国智慧”为主线，贯通过去与当下，以中国古代四大发明的发展历程、指南针的制作原理与方法等为课程思政的知识载体，以感悟科技的巨大作用与魅力、感受“中国智慧”及增强民族自豪感为育人目标，找准了小学科学课程思政的切入点，有助于在知识传授中实现价值认同。

针对小学二年级学生的认知储备及身心发展规律，设计“穿越回古代”的趣味情境，既贯穿起整个教学过程，又让学生在身临其境中感悟科技强国，惊叹“中国智慧”，培养爱国情怀。

但就设计制作水浮式指南针的学科任务而言，更需要发挥教师的指导作用，适时做到主导性与主体性的统一。

◉ 探宇宙奥秘，激爱国热情

第一部分　教学设计

“课程思政”设计书

学科名称	小学科学
微课所在章节名称	教科版六年级下册《探索宇宙》第三板块“人类对宇宙的探索”
授课对象	小学六年级学生
教学设计	
切入课程思政的课程知识点	了解人类在探索宇宙进程中的“中国元素”，知道我国人民在探索宇宙方面取得的巨大成就，增强民族自豪感。 切入课程思政的知识点如下： 1. 我国是世界上最早开展宇宙观察记录的国家之一。 2. 我国在宇宙探索事业中取得的成就，并广泛开展了国际航天技术的合作。
思政教育的课程目标	1. 了解我国探索宇宙的历史，珍视宇宙探索史发展过程中形成的中华民族优秀文化，具有中华民族的归属感和自豪感； 2. 了解我国人民在宇宙探索方面所取得的成果，感受社会主义建设的伟大成就，初步形成开放的国际视野。
知识点与思政教育结合的教学设计	1. 了解我国古人认识宇宙的历程，激发民族自信心，感受科技领先的自豪。 引导学生认识我国远古的神话故事中有关宇宙的传说，体现了我国古人对宇宙的原始认识。进一步了解我国近两千年来对宇宙天象的观察和记录，引导学生了解我国天文历法的传统文化，让学生明白我国有很多关于宇宙天象的观察记录都要早于世界上其他国家，激发民族自豪感。 2. 学习宇宙探索历程，增强合作意识 让学生知道在世界上对于宇宙的研究有一些著名的理论，这些理论的取得是人们不断搜集、整理各种数据得到的。了解到人们使用更加先进的观察工具，加快了人类探索宇宙的脚步，从中渗透国际合作意识。 3. 了解我国现代航天事业成就，体会祖国的强大 让学生知道经过我国科技工作者的艰苦奋斗，使我国的很多宇宙探索成就走在了国际先进行列，在世界上占有相当重要的位置，从而让学生体会到祖国的强大，不断增强民族自信心。

续表

特色及创新 （300 字左右）	1. 贯穿古今，培植民族自豪感 我国对宇宙的观察和记录有着悠久的历史，在古代世界天文史上也处于领先地位。在古代，有代表性的古籍有《山海经》等；也曾涌现一大批我们耳熟能详的天文学家，如张衡等。通过对这些我国古代优秀的天文传统文化的学习，让学生知道在古代世界天文史上，我国一直处于领先地位，从而增强民族自豪感和民族自信心。 2. 了解中外，具有国际合作意识 通过当前世界各国对宇宙的探索历程的学习，教育学生要秉持开放的态度，加强全人类的携手合作，摒弃陋见，求同存异，共同开发利用宇宙资源，共同维护太空的环境，形成开放的国际合作意识。 3. 畅想未来，增强学习自信心 让学生领悟人类探索宇宙的意义，增强为祖国未来宇宙探索事业发展、为人类合理利用宇宙资源的学习动力，培养学生的家国情怀。

第二部分 课堂实录（部分）

《人类对宇宙的探索》实录

师：同学们，大家好，欢迎进入科学探究的殿堂。这节课中，我们来了解人类对宇宙的探索历程！

师：自古以来，人类就充满了对宇宙的幻想，向往着飞向太空。特别是我国古代，很早就对无垠的宇宙进行观察和浪漫的想象，你们知道我国古人关于宇宙的认识有哪些记录呢？

生：我知道我国有很多关于宇宙的民间传说，比如“盘古开天辟地”“夸父逐日”“女娲补天”“后羿射日”等。

师：是的，这些古代的传说故事大多记录在一本叫作《山海经》的古书里，这本书所反映的文化现象包罗万象，书中明确记录了一些关于天文、地理等方面的我国远古神话传说，反映了我国古代人们改造自然和对现实世界的朴素的想象，其中也反映了我国古人对宇宙一些浅显的认识。

生：我读过一篇课文叫《数星星的孩子》，讲述了我国古代一位叫张衡的天文学家小时候的故事，他长大后提出了“浑天说”，认为地球不是孤零零地悬在空中的，而是浮在气中，而日月星辰则分布于“天球”上运行，这跟我们现在看到的现象基本上差不多。

师：你读书很认真呀！东汉张衡的“浑天说”的确与现代天文学的天球概念十分接近，并根据此理论发明了浑天仪，开创了中国天文、地理研究之先河。还有其他同学所了解的我国古人关于探索宇宙的事例吗？

生 1：元朝的郭守敬也是一位了不起的天文学家，他编订的《授时历》采用大约 365 日作为一年的时间，比欧洲同样的历法早了 300 年。

生 2：还有一位叫万户的人，他尝试利用“火箭”飞向太空，并为此付出了自己宝贵的生命。

师：确实是这样，在我国古代有不少伟大的人物对宇宙进行观察与探索，而早在几千年前，我国古人对太阳、月亮以及日食和月食、太阳黑子、流星雨、彗星等罕见天象，都有着悠久而丰富的记载，这些记载至今仍具有很高的科学价值。

师：同学们，你们了解了我国古人的这些探索宇宙的做法和成果，有怎样的感想？

生 1：我国古人在宇宙探索方面取得了这么大的成就，我感到很自豪。

生 2：我们要向古人学习，现在刻苦努力，学好本领，长大后为祖国建设贡献自己的力量。

师：其实在古代的其他国家，人们对于宇宙也有不少的研究，在五年级时我们学过，对于地球的形状和运动方式当时有两种学说，我们回忆一下，主要是哪两种观点？

生：第一种是托勒密提出的“地心说”，第二种是波兰天文学家哥白尼提出的“日心说”。

师：是的，哥白尼的“日心说”严重冲击了“地心说”的统治地位，没有获得当时人们的普遍认可，直到 1609 年，意大利科学家伽利略利用自制的望远镜观察了月球、金星、木星等天体后，向人们展示了“日心说”所描绘的天文现象，人们才相信了“日心说”。所以人类对宇宙认识的每一次进步都离不开科学技术的发展，自从伽利略发明望远镜以来，人们不断地改进观察工具，才使人类探索宇宙的步伐进入了快车道。请阅读资料，说一说现代在国外有哪些主要的探索宇宙的成就？

生 1：1957 年，苏联用火箭把第一颗人造地球卫星送上了天，宣告着人类进入到一个空间探索的新时代。

生 2：1961 年，苏联航天员加加林乘坐人类第一艘载人飞船“东方 1 号”进入太空。这是人类历史上第一次载人航天飞行，加加林也成为人类造访太空的第一人。

生 3：1969 年 7 月，美国的“阿波罗 11 号”载人飞船成功地在月球表面着陆，人类探索的脚印终于印在了月球的表面。登上月球的宇航员阿姆斯特朗说：“我迈出了一小步，但人类迈出了一大步。”

生 4：2010 年，由美国、英国、俄罗斯等多个国家合作建设的国际空间站建成，为人类在太空中长时间开展科学研究和太空探索提供了实验平台，为人类的宇宙探索开启了新的里程。

师：确实，进入 20 世纪后，人类对宇宙的探索事业有突飞猛进的发展，取得了很大的成就，这些成就的取得，离不开人类走向太空的运载工具——火箭。而我国是世界上公认的火箭发源地，早在距今 1700 多年前的三国时代的古籍中就出现了“火箭”的名称，那么，你知道目前我国在探索宇宙方面又有哪些主要的成就呢？

生 1：我知道 1970 年我国第一颗人造卫星发射成功。

生 2：2003 年 10 月，中国自行研制的“神舟”五号载人飞船，在酒泉卫星发射中心发射升空后，准确进入预定轨道，中国首位航天员杨利伟被顺利送上太空，圆了中国人飞天的梦想。

师：是呀，这真是一件震撼国人的大事件，让我们一起来回顾一下这个庄严的时刻。（播放视频）

生 3：我还知道从 2004 年开始，我国开始实施探月工程，被命名为“嫦娥工程”，在2019年我国的月球探测器在月球背面着陆，这也是人类的第一次。

生4：2020年11月，我国用“长征”五号运载火箭成功发射探月工程“嫦娥”五号探测器，在月球表面着陆后采集了月球样品，并成功返回了地球。

师：是的，这次月球采样的成功，使我国成为继美国、俄罗斯之后第三个完成这一壮举的国家，你有什么感想呢？

生：我们祖国真的太了不起了，我为祖国取得的科技成就感到自豪！

师：我们不但实施了探月工程，还开展了首次火星探测任务，你们了解过吗？

生：前段时间，我刚从电视上看到过，我国首次火星探测任务“天问一号”探测器成功着陆于火星表面，随机携带的“祝融号”火星车来到火星表面，开始巡视探测，至此，我国首次火星探测任务着陆火星取得圆满成功。

师：是呀，我们不但要认真学习，也要关心国家大事。随着我国航天技术的发展，我们不仅局限于把各类航天器送入太空，我们还要像国际空间站那样建立自己的空间站，能让我国的航天员长期在太空中做实验、搞科研。请结合你搜集的资料，说说我国在空间实验室建设方面的主要成果。

生：我国的空间站叫“天宫”，主要有一个核心舱和两个实验舱组成，预计2022年建成。

师：是的，前面提到过，2010年国际空间站建立至今，由于设备老化，预计该空间站于2024年停止运行，到时候，太空中只有我国的“天宫”空间站了，对于世界各国提出申请想与我国合作在“天宫”中共同实验探究，你们说行吗？

生1：我觉得应该同意他们的合作申请，宇宙是我们全人类的，我们要一起探索。

生2：不行，我查过资料，当初国际空间站建设的时候，我们国家也想与他们合作，但是他们就是不同意，这一次，我们也不同意。

生3：我们中华民族历来是友好的，热爱和平的，我们大人不记小人过，所以我也认为应该同意他们的合作申请。

师：这两位同学说得对，人类科学技术的发展和进步，不是靠某位科学家或某个国家努力就能取得的，我们要积极响应习爷爷倡导的“构建人类命运共同体”的理念，摒弃成见，积极合作、共同开发利用宇宙资源。

师：同学们，通过今天这节课的学习，相信你们对世界和我国的宇航事业的发展有了一定的了解，我想你也一定体会到了我们中国的航天事业在当今世界上占有相当重要的位置，也一定会为我国航天事业取得的巨大成就感到自豪。但是我们现在对宇宙的探索还只是起步阶段，还有更多的宇宙奥秘等着我们去发现，宇宙的未来是属于你们的。

师：今天的科学课就上到这里了。同学们，再见！

第三部分　案例分析

当今世界，科学发现与技术创新不断涌现，为人类在更大范围、更深层次上认识并合理利用自然提供了可能。小学科学是一门基础性、实践性和综合性的课程，她承载着向学生传授与人们的生活和生产息息相关的科学知识的重任，如果我们只局限于课本知识的教授，未免会导致学生眼界的“狭隘化”，会影响学生对科学知识的获取量。所以，我们有必要对部分科学教材内容进行一定程度的改编，使科学知识的内涵和外延更加丰满，赋予科学知识更多的人文素养。

本课例教学的内容为教科版小学科学六年级下册第三单元第八课《探索宇宙》的第三部分“人类对宇宙的探索”。本课例以“人类探索宇宙的历程”为主线，融贯古今，对照中外，以大量的人类探索宇宙的重大事件为素材，向学生讲述人类认识、探索宇宙的艰难道路，不仅丰富了学生的知识面，而且体悟了中华民族的优秀文化，初步形成开放的国际视野。为达成这一目标，我们拓展了科学课本的文本资料，充分挖掘科学知识中蕴含的人文教育因素，唤起学生的民族认同感和爱国情怀，使学生具有高尚的道德情操，这就是“家国情怀”的培养。这个点就是本课例所切入的课程思政知识点。

本微课课程思政知识点具体落实在以下三个环节中：

首先，案例呈现了我国古代关于宇宙的一些遐想、观察和记录，了解一些有宇宙天象记录的古籍，知道一批有名的天文家，认识到在古代世界天文史上，我国古人对于宇宙的探索一直处于领先地位，从而体验我国悠久、优秀的历史文化积淀，激发学生的民族自豪感。

随后，引导学生通过对国外的人们进行宇宙探索历程的学习，了解人类在宇宙探索中已经取得了巨大的成就。一方面使学生明白先进观察工具的使用，能大大拓展我们的视野，延伸我们的脚步；另一方面也告诉学生，做事要有开放精神，要加强携手合作，实现资源共享，共同开发利用人类共同的资源。

最后，学习我国现代开展太空探索事业所取得的成就："长征"系列运载火箭的顺利发射；载人飞船"神舟"号圆了中国人飞天的梦想；探月工程"嫦娥"五号在月球表面成功着陆并采集了月球样品；"天问一号"探测器成功着陆于火星表面等，发现我国航天技术在世界上占有相当重要的位置，使第一环节中被激发的民族自豪感再次增强，民族自信心油然而生。

根据上述三个环节的设计以及实施，笔者以为，本次课例紧紧围绕"人类对宇宙的探索"这一主题，既达成了科学教材设定的教学目标，也让学生充分了解了我国在探索宇宙方面取得的巨大成就，激发了学生的民族自豪感和自信心。本课例的实施，使课程思政的施教内容有机融入科学教学之中，学生在学习科学知识的同时，潜移默化地受到爱祖国、爱人民的人文教育，体现了课程思政的教育性特点，最终实现"科学"与"思政"的有机结合，培育了学生的家国情怀。

第四部分　专家点评

本案例以"人类对宇宙的探索"为课程思政载体，在探索科学知识的同时，感受世界各国宇航事业的发展以及我国航天事业的巨大成就，激发学生的民族自豪感和自信心，体现知识点与价值性统一 。

通过师生交流，了解国内外古人对宇宙探索的做法和成果，感受我国现代航天事业的巨大成就，不仅学习人类探索宇宙的科学知识和理性精神，而且体悟中国优秀传统文化和开放的国际视野，增强文化自信，构建人类命运共同体、共同开发利用宇宙资源的理念。在引领学生看一看视频，讲一讲想法的过程中，注重学生学习体验，教学设计符合学生认知规律，实现渗透思政与学习科学知识的双落实。

建议本案例中教师可以引领学生以小组为单位，在课末说一说或写一写关于今后宇宙探索的创新做法，在畅想未来的行动中更好地体悟家国情怀。

◉ 装扮花果山 感受中华文化魅力

第一部分 教学设计

"课程思政"设计书

<table>
<tr><td>学科名称</td><td>小学信息技术</td></tr>
<tr><td>微课所在章节名称</td><td>浙摄版三年级上册第七课《复制与变换》</td></tr>
<tr><td>授课对象</td><td>小学三年级学生</td></tr>
<tr><td colspan="2">教学设计</td></tr>
<tr><td>切入课程思政的课程知识点</td><td>1. 利用选择工具对图块进行选择；能较够将选中的图块进行移动；对图块按要求进行翻转、旋转等相关的操作。
2. 了解计算机中复制和粘贴功能，并能够进行复制和粘贴操作。</td></tr>
<tr><td>思政教育的课程目标</td><td>1. 通过教材重构，将中华传统文化的标志性人物——孙悟空融入本节课中，将孙悟空身上的本领与本堂课所学的技能进行融合，在落实课程教学目标的同时，使学生能够感受孙悟空这个中华传统文化标志性人物的魅力，初步体会中华传统文化的博大精深，提升文化自信。
2. 通过本堂课的学习，激发学生们了解和学习中华传统文化的热情，培养民族自豪感。</td></tr>
<tr><td>知识点与思政教育结合的教学设计</td><td>1. 介绍孙悟空，初步感受中华传统文化魅力
用课件出示孙悟空的图片，初步介绍一下孙悟空
2. 图块的选择、移动、变换，初识传统文化人物
①教师布置自主探究的任务：请同学们把电脑上孙悟空的分身图进行合并。
②请学生进行简单图片合并操作。（突出学生的主动性）并且着重强调在选择的时候，一定要全选相应的图块，而且要"透明选择"。
③学习旋转与变换。引导学生质疑，并且解决图块 4 的操作，完成合并。
3. 复制粘贴图片，深入感受传统文化魅力
①激趣引入，孙悟空一根猴毛能变出一个分身，画图中也有相应的功能（直观理解复制和粘贴的功能）。
②学生自学探究，教师随机点拨、指导。
③抽生示范操作，关注操作要点。
4. 装扮花果山，深化文化自信
①动脑想一想，设计花果山。
②动手做一做，创造花果山。
③动嘴说一说，介绍花果山。</td></tr>
</table>

续表

特色及创新（300 字左右）	1. 寻一个人物，感受传统文化魅力 中华传统文化元素浩如烟海，如何才能让学生直观地感受其魅力是摆在我们面前的一个问题。寻找一个标志性的，学生们比较熟悉的人物无疑是最好的破题方式。以人物破题，将人物作为一条学生感受传统文化魅力的桥梁和纽带。 2. 搭一堂好课，树立传统文化自信 孙悟空的本领和本堂课的教学内容的契合度非常高，最能够激发学生的学习兴趣。重构内容，将整堂课分为“分身合并”“变化多端”“装扮花果山”这三块内容。通过中华传统文化的融合，使原本枯燥的学习操作技能的过程变成了和孙悟空一起学本领的过程，既提高了学习的效果，还对学生进行了一次中华传统文化的推广和宣传，提升了民族自豪感和文化自信。 3. 找一方沃土，重铸课程文化精魄 信息技术课与其他学科相比，技术性十分强，而相对于其他学科而言文化内涵相对单薄。在课堂上引入传统文化中的精华元素，在激发学生兴趣，更好地完成教学目标的同时，也让我们的信息技术课堂的文化内涵更加丰盈。

第二部分　课堂实录（部分）

《复制与变换》实录

师：同学们，你们看谁来了？（课件出示孙悟空的图片）

生：孙悟空。

师：真不错，孙悟空我们十分熟悉。老师来考一考大家，你们对孙悟空了解多少呢？能不能向大家做一个简单的介绍呢？

生 1：孙悟空有如意金箍棒，有七十二般变化，本领很高强。

生 2：孙悟空和猪八戒、沙和尚、白龙马一起护送唐僧去西天取经。

师：真棒！看来同学们课外知识十分丰富。孙悟空是我国四大古典名著中的人物，他呀，本领十分高强。今天他也来到了我们的课堂上，大家欢迎吗？

生：欢迎！（同学们用十分期盼的眼神看着老师）

师：但是，想要让他出现，还需要我们同学自己努力噢。请大家打开桌面上的“分身合并”这个文件，将文件中的四个图块合并一下。

（学生自己打开桌面上的文件，并尝试合并）

师：同学们，上面的两幅图能合并吗？

生：（上台演示并进行讲解）用选择工具选择图块，然后移动图块进行合并。

师：这位同学真了不起，能够将上面的图块进行合并。那刚才在合并的过程中，大家遇到什么困难了吗？

生：图块 4 的方向不对，不能直接和其他图片合并。

师：那怎么办呢？让我们翻开书本第 23 页，自学第七课内容，试着来解决这个问题。

（学生自学书本的内容，并尝试解决操作中遇到的问题）

师：找到方法了吗？找到的同学能不能帮大家来解决这个问题呢？

生：（示范并讲述操作过程）用选择工具将图块 4 选中，然后单击主页—选择—旋转，然后选择“向左旋转”，再合并就可以了。

师：同学们，大家也是和这位同学一样的操作吗？为全班同学点赞，大家真有探究的精神。原来在我们的画图软件中，还藏着那么多神奇的功能啊，接下来，请大家将四个图块进行合并。

（学生运用所学的知识进行合并）

师：看来同学们都掌握了利用画图中的翻转和旋转功能，对图片进行相关的操作，真了不起啊。大家都知道，孙悟空本领高强，有七十二般变化，看看我们能不能利用画图软件，也对图片进行七十二变化呢？

师：请打开桌面上的“变化多端”这张图片，然后按要求进行操作吧。

（学生按要求打开图片，然后进行相关的操作）

师：哪些同学完成了任务二中的前面几项呢？谁来给大家示范一下？

生 1：（示范并讲解放大和缩小操作）只要选中图片，然后拖动图片边缘的几个控制点就可以实现放大和缩小的操作了。

生 2：（示范并讲解改变孙悟空朝向的操作）选中图片，然后利用刚才我们学过的翻转和旋转操作就能实现了。

师：同学们，最后一个小任务：将一个孙悟空分解成三个孙悟空，这该如何操作呢？请大家边从书中找一找方法，边自己在电脑上尝试一下吧。

生：（尝试后回答）这里我们要用到复制和粘贴的操作，选中图片进行复制，然后粘贴，就能“变”出一个一模一样的孙悟空。

师：噢？画图软件有那么强的功能？你能给大家示范一下吗？

（学生上台示范操作）

师：（质疑）同学们，那要是要变出许多个孙悟空该怎么办？是不是要复制许多次呢？请你自己去试一试吧。

生：要变出多个孙悟空，只要粘贴多次就行了，而复制只要复制一次。

师：所以复制和粘贴的操作一定要注意复制一次之后，计算机这个小助手就会帮我们把它“记住”，你要变出多个的时候，只要多粘贴几次就行了，不用再进行复制。大家学会了吗？请大家完成任务二吧。

师：同学们，经过大家的努力，我们学会了利用画图软件对图片进行翻转和旋转，还学会了复制和粘贴的相关操作，让一个孙悟空变化出了多个孙悟空。接下来，要利用我们所学的知识一起帮孙悟空来装扮花果山。（出示任务三：装扮花果山）

（学生打开桌面上的“装扮花果山”这个文件，按要求进行操作）

师：（作品点评）哪位同学帮孙悟空把花果山装扮好了啊？

生 1：（广播屏幕并讲解）我把花果山上的许多的草都种了上去，而且利用复制和粘贴的功能，变化出了许多的小猴子，还放上了花和草。

生 2：（广播屏幕并讲解）我觉得花果山有点小，孙悟空是齐天大圣，本领那么强，所以我想办法把山石变大了一些，还自己画了一些花，再进行了复制操作。

师：同学们的想象力真是丰富啊！孙悟空如果看到我们把花果山装扮得如此漂亮，一定会非常开心的。

第三部分 案例分析

在小学信息技术学科教学中融入传统文化，教师是落实的先行者和主导者。教师要有这样的意识，只有教师有了这方面的意识，才能够引领我们的教学过程。当然教师不但要对小学信息技术学科的相关内容了然于胸，也要对中国传统文化有相应的积累和沉淀。只有这样才能够在设计的过程中“长袖善舞”“信手拈来”。

将中国传统文化融入小学信息技术学科的过程中，势必会对信息技术课进行重构。在重构的过程中，要做到以下几点：首先，重构之后的内容，必定是学生十分感兴趣的，因为兴趣是最好的老师，如果重构之后的内容比原课的内容更加枯燥乏味，那重构必定是失败的。其次，重构必须是自然的，不能为了感受中国传统文化这一点，而忽视了教学内容本身在知识上和技能上的教学目标，绝对不允许出现“两张皮”的情况，或者是重构之后的中国传统文化的内容与课堂本身貌合神离，为了加个中国传统文化元素，对课本身的协调性不管不顾、生搬硬套。再者，利用中国传统文化中的精华，融入小学信息技术课堂教学之中，必定是对小学信息技术课堂起到内容的丰富、精神的丰盈作用，它能够促进孩子更好地学习，使学习的效果更加显著。

习近平总书记提道：“中华优秀传统文化是中华民族的文化根脉，其蕴含的思想观念、人文精神、道德规范，不仅是我们中国人思想和精神的内核，对解决人类问题也有重要价值。要把优秀传统文化的精神标识提炼出来、展示出来，把优秀传统文化中具有当代价值、世界意义的文化精髓提炼出来、展示出来。”①

我们中华民族有几千年的灿烂文化，这是前人留给我们的一笔巨大的财富。作为教育工作者，应该旗帜鲜明地落实文化自信这一方针。尤其是在日常教学过程中，我们应该担任“传统文化布道者”的角色，将传统文化中的

① 习近平出席全国宣传思想工作会议并发表重要讲话 . 滚动新闻 . 中国政府网 .[DB/OL]. http://www.gov.cn/xinwen/2018-08/22/content_5315723.htm.

精华创造性地融入我们的教学过程中。作为一线教师的我们，应该积极投身于坚持文化自信的教学实践中，自觉践行文化自信，也要坚守用传统文化来立德树人的初心。

基于案例的思考：

1. 小学信息技术学科作为一个十分“潮”，十分“年轻”的学科，能否将我国的优秀传统文化的相关内容整合进来？

2. 如果将我国的优秀传统文化的相关内容整合进来，在整合的过程中，具体采取怎么样的策略呢？

3. 在将中国传统文化融入小学信息技术教学的过程中，教师应该具备怎么样的素质？

第四部分　专家点评

孙悟空这个角色与“复制与变换”这部分知识具有较高契合度，通过将孙悟空融入课堂教学中，增强了趣味性和生动性，也更能让学生理解本课内容。

孙悟空是中华传统文化中的标志性人物，可谓家喻户晓。孙悟空具有超凡的智慧、卓绝的才能、洞察一切的眼力和清醒的头脑，尤其可贵的是他爱憎分明，对受苦受难的群众和善良的人们有着浓厚的感情。选取这一人物形象，将中国传统文化融入小学信息技术学科，既有助于学生了解中华传统文化，培育文化自信，同时也有机会把中华传统文化中有价值的思想观念、人文精神、道德规范加以宣传和继承，兼顾价值性与知识性。

本节课在引入孙悟空这个人物时，如果能通过一两个故事深入介绍一下他的“济困扶危，恤孤念寡”等品质，课程思政的效果会更好一些。

◉《窗外的风景》中的家国情怀

第一部分　教学设计

“课程思政”设计书

学科名称	小学美术
微课所在章节名称	浙人美版六年级上册《窗外的风景》
授课对象	小学六年级学生
教学设计	
切入课程思政的课程知识点	1. 风景写生。 2. 设计隔扇窗。
思政教育的课程目标	1. 联系新冠疫情、即将毕业等时事，感受传统文化中“家”与“国”之间的关系，增强文化理解。 2. 通过美术创作过程，感受窗内“小家”与窗外校园、家乡等“大家”之间同呼吸共命运的联系，并尝试用语言表达家国情怀。
知识点与思政教育结合的教学设计	一、紧扣时代脉搏　感悟家国情怀 结合即将毕业、疫情停课后重返校园的现实事件，进行有针对性的写生。结合新冠疫情之下的中国态度，感受传统文化中“隔而不断”的家国情怀。 二、体味文化之美　建立民族自信 通过欣赏探究、结合自己小家、校园、家乡及祖国山河美景尝试设计制作的美术学习过程，体味中国传统的隔扇窗文化寓意美、剪纸的镂刻美、隔扇窗的“借景”视觉美，建立文化自信。 三、思政回归生活　“家”“国”以小见大 通过作品展示交流，传递孩子们对窗内“小家”与窗外“大家”的祝福，表达国家情怀。
特色及创新（300字左右）	一、紧扣时代脉搏　感悟家国情怀 结合新冠疫情、即将毕业、学校将异地新建等学生真实感受的实际情况进行的校园写生，更有生活体验。 二、体味文化之美　建立民族自信 体会中国传统的隔扇窗文化的视觉美、寓意美，抓住与隔扇窗文化与新冠疫情之下“隔而不断”的家国之情之间的关联，以及传统文化美好的象征寓意，为母校风景设计的隔扇窗，寄托爱校如家的家国情怀，建立民族自豪感。

续表

特色及创新（300 字左右）	三、思政回归生活、“家”“国”以小见大 新冠疫情暴发、武汉封城的情境历历在目；八方支援、持援武汉的豪情我们不曾忘却！“隔而不断”的精神就如这“隔扇窗”的寓意一般澄清。孩子们祝福国家平安、校园生机勃勃、家庭和美的愿望体现在小小的隔扇窗上，这便是他们的家国情怀。

第二部分　课堂实录（部分）

《窗外的风景》实录

一、情境导入，欣赏交流

师：（播放课件，出示校园各个角度的风景照）同学们，你们知道这是哪里吗？校园哪些地方是你印象最深刻的？为什么呢？

生：校园的广场、走廊、池塘、操场、果树……我们曾在那里读书、嬉戏、写生、运动……

师：是啊，校园是我们那么熟悉而美丽的地方，处处充满着我们的回忆，可是有个小朋友却画了这样一幅校园（出示图片）。你知道她是在什么情况下画的吗？

生：新冠疫情期间居家隔离时在家里的阳台看到的校园夜景。

师：对！同学们，2020 年是不同寻常的一年，受新冠疫情的影响，我们度过了一个漫长的寒假。你们在居家隔离期间是不是也和这个同学一样想念校园啊？今天，我们也来画一画久别重逢的校园。

二、欣赏取景知识，写生示范

师：刚才那个同学画的是透过阳台的窗子看到的校园夜景，你透过什么窗子看过校园呢？

生：教室的窗、四楼走廊上的窗、有些同学也能透过自己家的窗看到校园。

师：是的，这些窗大多是方形的，如果我们今天写生时把窗户变成这样，会不会更好看呢？（出示图片，欣赏空窗）

1. 欣赏

师:(课件演示中国园林中的空窗照片,感受“借景”之美)这些窗只有形状,没有窗扇,我们叫它们“空窗”。空窗多是古代园林的云墙上镂空的形状。它能让外来之景如画一般镶嵌“画框”之中,观赏的角度不同,画框中的画与人也不同,感觉非常美妙。今天就选择你喜欢的空窗形状作为取景框,来画一画你心中的美丽校园。

2. 取景

师:(课件展示校园图片,用各种形状的取景框遮挡)你感觉到画面有什么不同?

生:好像比直接看到更有层次感,窗子的外形也会让画面感觉不一样。

教师小结:观察景物时,选取的景物错落有致、主次分明。画面要处理好近景、中景、远景的关系,有层次感。在作画时要学会取舍。

3. 写生示范

师:(微课展示)下面我们来学习写生的步骤。

生:(分组寻找喜欢的校园一角进行速写)

师:(对学生进行写生指导)

三、设计隔扇窗。

师:同学们,我们上次画的校园风景是透过窗框看到的,你设想过要为这个窗框加上什么样的窗扇吗?

生:我想设计百叶窗……我想设计有花纹的窗扇……

1. 欣赏探究

师:我们看看这些窗,它们跟我们平时看到的窗有什么不同?给你带来什么样的感受呢?

生:有花纹!

师:对,窗在建筑上起到透光的作用,还有“隔而不断”的意义。格心图案不仅让窗子变美了,还有了意义,你们能猜出这些纹饰有什么意思吗?

生:“一马三箭”可以避邪消灾、收获满满;“回字纹”又叫步步锦;“风车纹”寓意财源滚滚；“万字纹”寓意延绵不绝；“海棠花”寓意花开富贵；“套方”寓意为人方正；“冰裂纹”寓意大地回春、生意盎然……

师：对呀，我们从这些隔扇窗的寓意中，可以看出中国古代人民对家庭美满幸福的渴望。小小隔扇窗，隔断的是空间，但隔不断人与人之间的交流。在新冠疫情暴发之初，武汉人民为了全国人民封城，而我们则“一方有难，八方支援”。八十四岁的钟南山爷爷，不畏病毒、逆行而上；除夕之夜，白衣天使们放弃与家人团聚的机会奔赴武汉；我们每一个人都在对抗病毒，在家进行线上学习和工作。封城，隔断的是病毒，隔不断的是中华民族的家国之情。

2. 设计体验

师：同学们，你对学校或是自己的家有什么美好的祝愿呢？运用我们学过的吉祥纹饰，设计一扇有寓意的隔扇窗吧！（微视频示范制作步骤）

生：（设计制作）

师：（过程指导）

四、评一评，展一展

生：（带着作品到校园的走廊上交流作品）

师：说说你的“窗内”是哪里？“窗外”是什么？窗的寓意是什么？你在创作中遇到了哪些问题？又是如何解决的？你又发现了什么？

生：我的作品中窗内是我家的阳台，窗前放着一排花盆，打开窗子看到的是我们的校园，窗上的纹饰是冰裂纹，象征家庭和美、校园生意盎然，中间我设计了一个“学”字，激励自己要努力学习。我不想把字断开，所以设计了单扇窗扇，打开的时候是向上翻的……

师：她说得太好了！

生：老师，我把窗户打开，看到“窗子”的影子落在纸上，很像真的隔扇窗！

师：是的！试想古人，窗外亭台楼榭，窗内隔扇窗的影子随着阳光拉长、变短，感受日出日落、时光流转，这是多么宁静而美好啊！

教师总结：看我们的作品：窗内，是小家；窗外是校园。窗上的格心传递的是我们对小家的情意、校园的情意、同学和师生的情意，还有对家乡的情意……正是这隔而不断的民族精神，中国成为全球最安全的国家。我们用自己的作品祝愿小家平安和美，祖国繁荣昌盛！

第三部分　案例分析

《窗内窗外》这节课的内容是由六上《窗外的风景》改编的，教材中属于造型表现领域，教学目标是通过画“窗外的风景”来学习取景构图的方法，感受窗外之景的美。（如图 1）

图 1

而孩子是否还应该在本课中感受什么呢？中国传统文化中，人们赋予隔扇窗“隔而不断”“平安合美”等寓意。如果结合孩子们即将毕业、母校即将异地新建、2020 年新冠疫情的停课等生活体验，对学生进行多方位引导，让学生在轻松愉快的氛围中，发展美术构思与创作能力，传递自己的真情实感，增加对传统文化的理解。应该在完成美术知识技能目标的同时，又让孩子们得到比较好的思政教育。

从某种角度来说，这样的改变无疑是将简单的内容复杂化了，一个作业分解成两个作业，作业难度增加，则需要学生有创新实践的意识。设计如何表达自我意识？制作过程中窗扇如何固定、如何开合的问题则让学生到生活中寻找答案。总的来说，教学过程处处体现课程思政，学生的作业呈现多样而且体现学生的情感表达，还是让人欣喜的。总结成功之处有三点：

（一）紧扣时代脉搏　感悟家国情怀

2020 年是特殊的一年，由于新冠疫情的影响，孩子们好不容易等到重返校园的一天，对校园生活的向往可想而知。而对于北海小学这届六年级的学生来说，刚听说学校将要异地重建，这意味着他们毕业后很难回到“母校”！因此对学校的眷恋之情很难表达。第一层次的作业看上去是画画校园风景，要解决取景、绘画的问题，但事实上，更多的学生找的是最熟悉、最喜欢的地方。他们会在毕业多年以后依稀记得曾经在哪个角落玩耍，哪个地方读书，哪棵树结的果子好吃，哪种花最香。我们游走校园，画尽校园的春夏秋冬。甚至有学生说，他要画遍学校的角角落落，以后编一本名为“北海旧址”的画册，肯定是“稀世之宝”。

而在讲隔扇窗文化时，孩子们理解疫情之下“隔而不断”的爱国之情，建立民族自豪感。并结合传统文化美好的象征寓意，为母校风景设计一扇隔扇窗，寄托爱校如家的家国情怀。

（二）体味文化之美　建立民族自信

在整个教学设计中，处处注重孩子对传统文化的理解和感悟。

1. 寓意美

如果说写生校园风景是现实，中国传统的隔扇窗文化就是值得我们骄傲的文化自信。“一马三箭”“万字纹”“海棠富贵”“套方”“冰裂纹”……无不表现出古代人民对家庭美满幸福的渴望。

孩子们也将自己的愿望赋予这扇小小的窗：身体健康、同学情谊、家庭和美、国泰民安……这些精神向往无疑是一种情怀。

2. 视觉美

窗设计好之后，孩子用剪纸的方法镂刻，并尝试用多种方法让窗子可以打开，体会古代隔扇窗的“借景”之美。室内简单的布置，也赋予了自己对“小家”的愿望。

作品完成后，孩子们欣喜地发现，活动的窗在阳光下投射的影子非常漂亮，这就是剪纸的空灵之美。他们不禁想到，古人是不是住在这样的房间里，每天看着窗子的影子拉长变短，感受日升日落、生生不息？这个瞬间，他们似乎触摸到历史长河，感受岁月轮回，奇妙的文化共情产生了。

（三）思政回归生活，“家”“国”以小见大

新冠疫情暴发，武汉封城的情境我们历历在目，八方支援、驰援武汉的豪情我们不曾忘却！“隔而不断”的精神就如这“隔扇窗”的寓意一般澄清。我们在讲无数抗疫英雄的感人事迹之时，孩子们的小小愿望也一一体现在这扇小小的窗上，没有国哪有家，此时国家平安、校园生机勃勃、家庭和美即是孩子们的家国情怀。

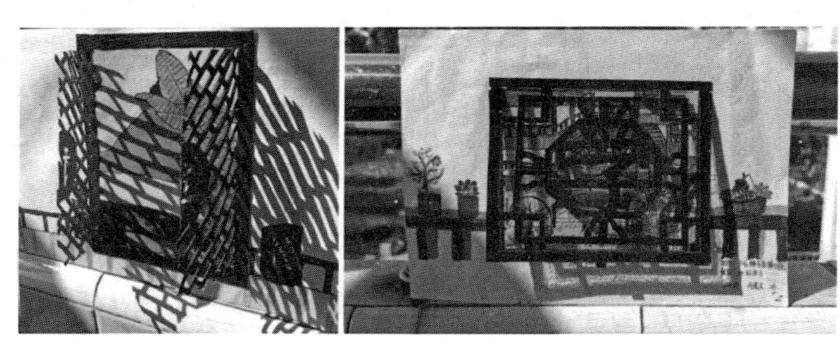

通过这次教学实践，我们发现，联系生活、强调体验的美术教学，对于全面促进学生的和谐发展有很大的好处，如：

1. 促进学生表现能力和主动求新求变的创新能力

通过改编后的教材学习，孩子们的图像识读、美术表现、审美判断、创意实践和文化理解等五大核心素养都有所提升，他们学习了构图方法、了解了隔扇窗文化，锻炼了动手能力。

在整个学习过程中，我们评价作品的等级从：完成—美观—创意--运用一文字表达，逐步提高要求，提倡作品表达的完整性，欣赏精致美观的作品，更鼓励原创。一段时间下来，孩子们享受那些奇思妙想和意外的“将错就错”。

比如，这扇移窗。再比如，这扇《聪明》。

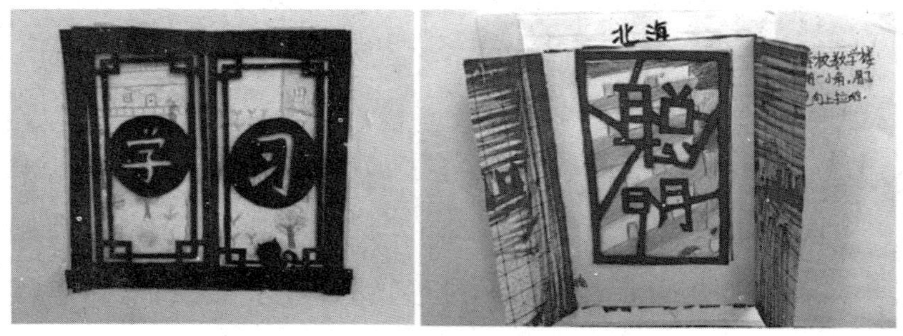

2. 增强学生自主探究和互助协作的学习意识

凡事爱问“为什么”“怎么做”是孩子们的天性，但如果先不告诉他们会怎么样？通常会更好。一来会增强他们自主探究的欲望，二是“先破后立”的事件层出不穷。

谁说圆形的窗子不能打开？如何解决窗扇弹开的小问题？ N 个孩子就有 N 个答案告诉你！

3. 提升表达情感态度、建立文化自信的情感意识

如果说一步步的作业设计只是按老师的要求做，那么一张张文字介绍就可以看到学生们的情感态度。

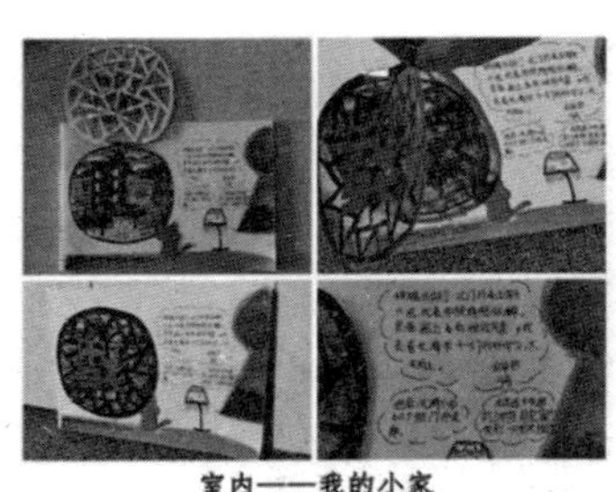

室内——我的小家
室外——我的校园

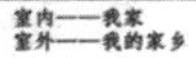

室内——我家
室外——我的家乡

室内——我的小家
室外——祖国山河

本次教学设计的改变，从对校园的依依不舍，到对水乡之美、祖国山河之眷恋，不得不说，孩子们的作品在一次又一次的欣赏交流中碰撞出新的火花。

当然，由于练习由原来的单纯绘画变为画、剪、贴等综合练习，其过程变得复杂，在时间把控上还需改进。另外，在全世界人民的努力下，新冠疫情必然好转，教学内容应不断注入新的时事切合点。

第四部分　专家点评

从《窗内窗外》的美术教学中，感悟自己的小家、校园、家乡及祖国山河的美景，进而通过教师的引导和升华，提升学生的情感与情怀，学科知识学习与思政教育的对接富有创意。

本节课从“新冠疫情期间居家隔离时在家里的阳台看到的校园夜景”作为导入，让学生画一画久别重逢的校园，在取景的过程中，重新认识了校园，特别是即将离开校园的准毕业生们，心底里会萌发出特别的情感。通过设计隔扇窗，进一步了解了中华优秀传统文化中的美好寓意，增强了对自身文化的喜爱和认同。通过老师的引导，学生们观察生活、关注社会、关心国家，通过艺术与文字表达出了内心的感受和家国情怀。本节课的亮点，就是学生体验充分，并实现了显性教育和隐性教育的统一，思政教育在潜移默化中自然而然地完成了。

在以小见大的过程中，从小家、学校到国家的跨度比较大，需要老师再增加一些过渡的语言或环节，以免突兀。

第五章　初中课程思政实践

第一节　初中课程思政实践概述

在初中课程思政的实践与案例的梳理中，课程思政的主题是丰富多彩的，主要围绕使命担当、人民至上、爱国奉献、爱岗敬业、匠心精神、技术强国、健康中国、文化自信、民族自豪等主题展开，而这些主题鲜明指向使命担当和科学精神。

“使命初心”是近年高频使用的一个词，已知“不忘初心”一词最早出自唐代白居易《画弥勒上生帧记》：“所以表不忘初心，而必果本愿也。”意思是说时时不忘记最初的发心，最终一定能实现其本来的愿望。这里告诉我们一个简朴的道理：初心会决定使命，只有我们坚守初心才能善始善终、如愿以偿，如果丢掉了初心必将有始无终、前功尽弃。习近平总书记在党的十九大报告中庄严宣告：“中国共产党人的初心和使命，就是为中国人民谋幸福，为中华民族谋复兴。”[①] 中国共产党因初心而生、为使命而行，崇高的使命始终是激励一代代中华儿女坚守初心、顽强奋斗的不竭动力。

当代青少年，是实现“两个一百年”奋斗目标的担当者与生力军，时代赋予了他们重任。青年兴则国家兴，青年强则国家强。每个青少年，都应有一颗初心的种子，去寻找初心、牢记初心、保持初心，逐梦在朝露与星光中，守望成长的花开，为实现自己的小目标努力奋斗，为实现中国梦添砖加瓦，为实现中华民族伟大复兴扛起应有的责任和使命。

科学精神是使人摆脱愚昧盲目的有效武器，是推动社会进步的强大力量。从 1919 年至今的百年奋斗历程中，中华民族经历了从科学救国、科教兴

① 舒国增 . 深入理解践行中国共产党人的初心和使命 [N]. 人民日报，2019-07-04（09）.

国到科技强国的过程，实现了从站起来、富起来到强起来的伟大飞跃，科学技术的快速发展不断推动着中国的发展，而对科学精神的认识也达到了新的更高境界。

1986 年 9 月 28 日通过的《中共中央关于社会主义精神文明建设指导方针的决议》中特别指出:“社会主义道德建设的基本要求，是爱祖国、爱人民、爱劳动、爱科学、爱社会主义。”“五爱”是我国人民社会公德的重要组成部分，是社会主义道德教育的基本内容。

如今中国特色社会主义进入新时代，科学精神已融入社会主义核心价值观中。习总书记指出:“坚持把创新作为引领发展的第一动力！”当代中国正经历广泛而深刻的社会变革，正进行宏大而独特的实践创新，这过程中也存在着诸多繁重任务与风险挑战，应当看到当前我国科学精神的发展程度与经济社会的发展还不完全匹配，社会上一些违背科学精神的现象还时有出现。这就更加需要在全社会传播弘扬科学精神，尤其要加强青年学生的科学精神培育。青少年的健康成长关乎国家民族未来的命运，对于青年学生不仅要加强人文素养教育，更需要从科学知识、科学思维、科学素养的角度涵育青少年的科学精神素养，唯有让科学精神在青少年中深入人心，自觉以科学精神为引导，坚持实事求是、求真务实，才能为时代更好的发展接续能量。

如何将“使命初心”“科学精神”等思政元素融入专业课程内容之中，不是简单地课程 + 思政。我们建议可以从三个方面着手：一重在严谨贴切。将“使命初心”“科学精神”等思政元素融入具体课程教学中，需要教师在确定教学任务时，将相关符合“使命初心”“科学精神”等思政理念吃透拿准，因为并不是所有学科课程内容都适合与“使命初心”“科学精神”元素相结合，这就需要教师本着“严谨贴切”的原则对学科课程知识与这一思政教育的结合点、切入口进行适切性分析选择，避免模棱两可或“两张皮”的情况发生。二妙在画龙点睛。任何知识的教学都离不开一定的方法和教学时机的选择。现实生活中，使命担当、爱国奉献、科学思维、理性思维等元素无时无处不在，许多都能跟学科育人联系起来，但并非越多越好，妙在得当。不仅如此，还需要采用学生愿意接受也符合学科教学主题的方式进行教授，才能在紧要处起到画龙点睛的作用，才能达到理想的效果。三贵在锦上添花。要让课程思政“使命初心”“科学精神”等育人理念落实到课堂教学中，变成教师日常思维自觉和行为自觉，就需要通过建立科学合理的评价机制进行激励和引导，可以根据具体学科课程的不同情况进行选择，总之评价方式不可能千篇一律，但适时且适合的评价机制确可以使我们课程思政与学科教学的融合锦上添花。

本章课程思政案例所涉及的学科内容包括初中语文、数学、科学、体育、综合实践、历史与社会等学科，展现不同学科如何把包括初心使命、爱国情怀、文化自信、科学精神、伟大复兴等课程思政目标与学科教学有机融合，值得一阅。

《“人民至上”理念下的传染病预防》以感冒和新冠肺炎的对比、由病毒引入传染病及其防治为背景，感悟医护人员的大爱无疆，体会到共产党“人民至上、生命至上”的执政理念，科技工作者的不畏艰难、勇于探索的精神，从而增进学生热爱祖国、热爱人民的情感，体会科技力量的重大作用。

《创编托举动作　践行健康中国》以京剧为背景音乐，创编出具有中国文化的健美操套路，并与同伴间相互配合创编托举动作，从而了解到我们身边存在的“健康中国”文化。课堂在学生浓厚的兴趣下，自主学习、合作学习、探究学习，促进了创新能力的提高，增强了团队合作意识和集体荣誉感，从中感悟了“健康中国”文化。

《画写古诗词　唱赞真英雄》以情入境，让学生去感知英雄人物，把本次抗疫中涌现的抗疫英雄、戍边英雄与课本内词中虚拟人物形象地结合起来，从而感知解读《词四首》背后的精神力量，再通过谱曲吟唱、仿写创作，感知词之美，触发文化认同，增强文化自信。

《“文物”中的红色基因》以“半条棉被”“一把小提琴”等红色文物为背景，回顾红军长征的艰辛，感悟中国共产党的初心与使命；通过回顾抗日战争时期的英勇人物，激发强国富民的使命担当，并且延伸学习全国脱贫攻坚楷模张桂梅、黄文秀等感人事迹，从而引导初中生如何在新时代弘扬光荣传统、赓续红色血脉、担当时代使命。

《勾股定理的中国智慧》以面积法验证勾股定理及勾股定理的实际应用为“科学精神”育人载体，采用目前流行的微视频方式引领学生感受古人对勾股定理的应用，并通过“编一编勾股定理的现实应用”的课堂活动，体会勾股定理在现实生活中的使用，不仅让学科知识“落地”，也帮助学生树立学生科技强国的信念。

《敬业——竹韵工坊的搭建》通过设计多个项目探究活动如搭建竹韵工坊、制作竹叶书签等活动，让学生在活动中进行团队合作、动手操作，培养学生精益求精的“科学精神”，又通过小导游和销售竹叶书签等体验式活动，培养学生敬业爱岗的精神。

《杂交水稻中的科技强国》以袁隆平生前的经历为背景材料，指导学生了解传记写作的方法并进行写作实践，学习袁隆平的科学精神。学生在聚焦袁隆平培养杂交水稻的过程中，既掌握了细节描写之要领，又感悟了袁隆平身上优秀的品质。课堂教学在完成了语文学科教学基本任务的基础上，做到了学理性与政治性、知识性与价值性的统一。

第二节　初中课程思政实践与思考

◉ 画写古诗词　唱赞真英雄

第一部分　教学设计

“课程思政”设计书

学科名称	初中语文
微课所在章节名称	部编版九年级下册第三单元 12 课《词四首》
授课对象	初中九年级学生
教学设计	
切入课程思政的课程知识点	1. 词的形式和抒情特点，词在节奏、韵律上的美感。 2. 词的艺术表现规律以及词的思想内涵和情感基调。 3. 不同词人在创作风格上的差异。
思政教育的课程目标	1. 感知词之美，触发文化认同，增强文化自信。 2. 学习词的思想内涵，激发爱国主义情感，增强民族自豪感。 3. 根据相同主题不同词人创作风格，认识古今英雄，体会责任与担当。
知识点与思政教育结合的教学设计	1. 情境导入，感知英雄人物 呈现这次疫情中，日本捐赠的抗疫物资上的绵绵诗句触动国人诗心的情境，引导学生关注中华诗词，感知解读《词四首》背后的精神力量。引导学生了解我国传统诗词文化，让学生明白作为中国人，我们的底色是诗词浸润的，所以在国家与民族危难之际，诗词能迸发出极大的独特的力量。并再次搭建本次抗疫中涌现的英雄人物与课本内词人形象勾连的虚拟情境，引导学生思考人物形象上的一致性。 2. 小组合作，项目走进英雄 设计项目化学习活动，小组合作形式开展插图设计、插图解说、谱曲吟唱及词的创作等任务。以“画—说—吟—写”为路径，引导学生感知“思政点”，学科思维逐步走向深入，增强对中华民族精神的认识和激发民族自豪感。

续表

知识点与思政教育结合的教学设计	3. 内化英雄，植根民族自信 围绕本课的问题②——读了这些诗，特别借助疫情中充满“家国之思”的人物事迹，你对于家国英雄有何思考？引导学生对于当代社会和现实生活的充满热情的关注和思考。由诗词荡开去，引导学生由生发的思想情感去写作，思考人生志向。让学生在此过程中将爱国主义固化在心中，不断增强民族自信心。
特色及创新（300 字左右）	1. 关注时政，以真实情境引导思考生活。 结合时下最为热点的“疫情”问题，通过疫情中的英雄人物事迹，在对“家国情怀”的理解过程中，体会中华民族精神。情境链接当下疫情中的英雄和古诗词中英雄，通过感知古今英雄形象的重合，引导学生认识体会古今英雄身上的共性：英雄情怀，家国之思。让学生在学习语文古诗词知识的同时，增强民族自信和民族自豪感。 2. 项目推进，以丰富形式实现古今英雄对话。 通过“画—说—吟—写”项目活动链接古今，冲破时空之隔，实现对话。以图画、解说词、歌曲、诗词仿作等学生喜闻乐见的形式，勾勒出古今英雄形象，随着形式上的梯度设计，主题也逐步深入挖掘，将“英雄”内化于心，深植民族自信与爱国决心。 3. 传统德育元素的再挖掘。 家国情怀都在讲，但本微课有创新。本次微课课例，并非只关注古诗词翻译后字面里的诗人情感，而是让学生贯穿“古今”，挖掘时政，对比联结，培养学生的家国情怀。

第二部分　课堂实录（部分）

《词四首》实录

师：同学们，大家好，“青山共云雨，明月是一乡”，这是疫情期间日本捐赠的抗疫物资上写的绵绵诗句。作为中国人，我们的底色是诗词浸润的，所以在国家与民族危难之际，诗词更迸发出极大的独特力量。

师：词之美，是塞下的长烟落日与孤城，是千骑卷平冈的西北扬尘，是醉里梦回军营的剑影，是篱下黄花中流淌的不屑蛾眉……刚才老师和同学们一起通过诵读课文体会了词在节奏韵律上的美感，落实字词翻译词篇的基础上把握了每首词的大意，并大致对词人所抒发的情感有了一定了解，接下来我们分小组完成一些项目活动。

师：2020—2021 年是中国经历历史大考的年份，这一年里涌现出了无数的人民英雄，是这些人，让中国能屹立东方璀璨如昔，他们是抗疫英雄，戍边英雄……大家看，老师手中有 3 张照片，他们分别是陈祥榕、钟南山、陈薇，请同学们思考，如果将《词四首》的诗歌内容与他们的形象对应的话，他们分别对应的是哪一首词？

生：陈祥榕在范仲淹《渔家傲 · 秋思》里，钟南山在苏轼的《江城子 · 密州出猎》和辛弃疾的《破阵子 · 为陈同甫赋壮词以寄之》里，陈薇在秋瑾的《满江红》里。

师：是的，同学们对应得非常准确。我们可以把他们的形象分别安排进不同的词里，因为在古今英雄身上我们都读到了四个字：家国之思。接下来我们分四个小组完成不同项目任务。

小组一：戍边战士篇——《渔家傲 · 秋思》插图设计

师：同学们，那个喊出"清澈的爱，只为中国"的戍边英雄，我们在千年以前的文字里找到了与他贴合的形象。在初中语文教材中，古诗词往往配备了各种情景式插图,《词四首》在教材设计上，其他三首词都配有一幅插图，唯独《渔家傲 · 秋思》是空白，正好可以利用教材为我们留下的这个空间，大家在提炼词的内容和精神的基础上，结合词的特点，设计插图。

（小组一学生根据老师任务要求，合作完成项目任务）

师：小组一的同学们用画面人物、环境以及色彩运用，让我们看到戍边战士都是铮铮铁骨的男儿，保家卫国、建功立业义不容辞，但在这些外表强悍的将士的内心也有一份无处安放的思念，也会孤独流泪，只是他们选择用自己的肩膀默默担起这份家国的责任，将眼泪留给自己。

小组二：老骥伏枥篇——《江城子·密州出猎》《破阵子·为陈同甫赋壮词以寄之》插图解说

师：同学们，新冠疫情暴发初期，84 岁的钟南山临危受命，连夜赶往武汉抗疫最前线。人民的英雄是无论年华老去多久，时刻都在期盼报国，我们要学习的词四首中同样有这样两位年华老去却依然有着拳拳报国心的英雄，他们是苏轼和辛弃疾。请小组二的同学结合课本给出的两幅插图设计两则插图解说词。

（小组二学生根据老师任务要求，合作完成项目任务）

生：老师，我们发现小组二的任务是小组一的反向活动，小组一是根据内容设计插图，小组二是根据教材给我们已经配好的插图来解读内容。《江城子·密州出猎》《破阵子·为陈同甫赋壮词以寄之》这两首词的作者所抒豪情相似，所叹苦闷相仿，教材配的插图都看起来极为相似，画面元素有重叠，但是我们在解读的过程中会很容易发现，同样一个“白发”“老夫”，同样的壮志未酬意欲报国，两人所身处的环境和情感的积极态度上，却还是有很大差别。

师：是的，这个小组的发现特别棒，我们设计这样一个观察比较型的插图解说，希望同学们在人物绘画，颜色选择，画面布局等选择上更加深刻理解“国”在苏轼和辛弃疾心中的地位。

生：通过词的解说，我们也更加深刻理解了他们具有的爱国主义精神，感受到了他们愿为国“战死沙场”的豪情壮志。

小组三：巾帼英雄篇——《满江红》谱曲吟唱

师：匡扶天下，救民于水火，“除了胜利，别无选择”这是此次疫情中陈薇院士给自己的使命信念。我国完成新冠疫苗全程接种人数已经超 11 亿，这道安全的屏障就出自巾帼女英雄之手，而百年以前同样拥有凌云壮志的秋瑾亦发出过“身不得，男儿列。心却比，男儿烈”这样的豪壮之声。

同学们，汉语在语音方面的独特之处是有声调。声调带来了高低错落的韵感，把腔调一拉长，就可以吟唱起来。大家想一想，我们除了上面的画画与解说，还可以用怎样的形式更加直观地来感受英雄情怀和家国之思？

生：我们可以唱出来啊！

师：真是一个好主意，那么请小组三的同学原创旋律，创作歌曲。可以清唱，也可以自加伴奏。有困难的同学也可以借用喜欢歌曲的曲调，把《满江红》的歌词代入，让我们从唱腔里去感受这个刚烈女性身上特有的英雄气质。

（小组三学生根据老师任务要求，合作完成项目任务，提交音频、现场演唱等）

生：老师，经过旋律创作和自己哼唱，我对这些词的内涵才有了更深的理解，也更加懂得了英雄们忠心爱国的脉脉深情和浩然正气。

小组四：英雄赞歌篇——《词四首》仿写创作

师：同学们，疫情在今日依旧未完全退去，英雄们以满腔家国情怀舍生忘死，请大家以“疫情”为主题仿写《词四首》中你最喜欢的那首诗文。

（小组四学生根据老师任务要求，合作完成项目任务，展示仿写作品）

师：这样的仿写练习，你有什么收获吗？

生：我们创作仿写小古诗，重点不是培养音韵平仄素养，而是培养诗情，表达诗意，领会诗歌语言文字组合之美。文言中，或者古诗文中自有一种美，韵律美、语言美、形式美，还有中华民族文化积淀的美。这种美可以让人沉浸其中并为之陶醉，其次，这样仿写还可以巩固文言积累，加强诗文理解。通过仿写古诗文，我们更好地理解与传承文言古诗表达中的精神与思想，实现中华优秀文化的传承与繁荣，有利于树立民族文化的自信心。

（学生仿写作品展示）

定风波

宋·苏轼

三月七日，沙湖道中遇雨。雨具先去，同行皆狼狈，余独不觉，已而遂晴，故作此词。

莫听穿林打叶声，何妨吟啸且徐行。竹杖芒鞋轻胜马，谁怕？一蓑烟雨任平生。

料峭春风吹酒醒，微冷，山头斜照却相迎。回首向来萧瑟处，归去，也无风雨也无晴。

定风波

九二班·丁嘉玲

庚子初年，冠疫猖獗，九州罹难。医者赴疫，富者遗所需，士者谓心忧。余感其情谊，故作此词。

欲把仓皇乱九州，一城寒意半城忧。钟鼎山林国尚在，谁怕？应是人间破春愁。

锦城芳菲次第开，渐暖，剧哉悬壶亡己求。与子相偕众同仇，春来，收取乾坤少年游。

江城子·拨云见日

九二·白芳

雾吐遮日心高悬，前闭户，后拒客。珍馐甘醴，馋口锁隆中。长夜逆行踏凛月，被白褂，济悬壶。

众志凌云担国难，江风寒，又何妨！弦歌不辍，何时当与归？鼓荡九州破囚谷，白虹贯，满日出。

江城子·密州出猎

北宋·苏轼

老夫聊发少年狂，左牵黄，右擎苍，锦帽貂裘，千骑卷平冈。为报倾城随太守，亲射虎，看孙郎。

酒酣胸胆尚开张，鬓微霜，又何妨！持节云中，何日遣冯唐？会挽雕弓如满月，西北望，射天狼。

满江红

秋瑾

小住京华，早又是中秋佳节，为篱下黄花开遍，秋容如拭。四面歌残终破楚，八年风味徒思浙。苦作依强派作娥眉，殊未屑！

身不得，男儿列。心却比，男儿烈。算平生肝胆，因人常热。俗子胸襟谁识我？英雄末路当磨折，莽红尘何处觅知音？青衫湿！

满江红

张梦想

满心欢，早又至元日。帘外梨花开遍，旁得香气。四面歌残祸终来，三月囚家徒思鹊。苦将痛惜派作忘忧，未曾屑！

身不得，岐黄列。但却比，无赖烈。今国有难，吾必同心。俗子胸襟谁识我？石以砥焉，拨云见日，樱花现！

西江月·遣兴 辛弃疾

醉里且贪欢笑，要愁那得工夫。近来始觉古人书。信著全无是处。昨夜松边醉倒，问松我醉何如。只疑松动要来扶。以手推松曰去。

西江月 ·抗肺炎 蒋琳娜

疠来伺机作乱，病毒感染疯狂。恰逢春运更嚣张，来势汹汹谁曾睹。一刹罹患难数，只可别亲登程。只恐上天惩诫后，世人无奈忘何。

总结全课，引发深思

师：好了，通过今天这节课，相信同学们对古诗词中的“家国之思”一定也有了新的认识，我想你也一定体会到了我们中国人身上的民族精神，是几代人的家国情怀共同铸就的，诗词在代代传承，这样的家国之思同样在代代传承。对于诗词里的“家国之思”“古今英雄”，或许你还有自己的思考，也许你还想有更深入的了解，那么就请你在课后，在平时的生活中，继续保持思考。

今天的语文课，就上到这里了。同学们，再见！

第三部分　案例分析

该案例讲述了面对当代某些中学生对传统古诗文无感及对其背后内涵理解不深刻的现象，语文老师若不利用教材进行及时的创新教育和思政渗透，语文也就失去了育人功能，只会成为知识的机器。笔者采用了颠覆课堂的一种全新的方式进行语文教学，既激发学生学习兴趣，又引导学生从古诗文中汲取“德”的能量，既有语文素养的提升，又有思政教育的成果。

从语文素养提升层面看，本次项目化学习围绕疫情生活中的真实事件为出发点，学生利用认知工具进行资料查阅收集、分析研究、自主思考，最终展示自己的项目学习成果。在此过程中，学生通过自主探索在实践中构建对旧知识新的认知，并且在实践的过程中锻炼了创新能力，同时培养了自己自主学习，合作学习与发现问题、解决问题的能力。依托于 QQ、微信等信息平台，组内和组间的合作与交流讨论培养了学生之间的合作与表达能力。教师在教学过程中关注学生的活动进程，并对学生做相应的指导，发挥教师在教学中的助学者作用。这次以“家国之思”为主题的课程思政教学模式探索，使学生在情境中激发学习动力，在实践中走向知识融通，在小组合作中进行深度学习。

从思政教育成果层面看，笔者能意识到统编语文课程具有较强意识形态属性，能十分适切地在课程、教材中找到古诗文这一价值导向鲜明的课程思政内容载体。在古诗文“项目化学习+课程思政”课堂形式转型过程中，以中华优秀传统文化为载体，培养了学生的文化认同；以忠君报国诗文篇章为载体，培养了学生的爱国主义情感；以行为品德教育内容为载体，培养学生的责任与担当；以理想信念教育内容为载体，帮助学生树立远大人生理想。

总的来看，笔者上述语文课程古诗文教学课程思政实践探索活动基本上是创新而实用的，是让课程思政理念在课堂、在教材、在课文真正落地的“接地气”的形式。

语文学科教学立德，一定要遵循语文学科特质，结合课堂具体内容，融合德育元素，自然地在课堂教学融合立德，这个过程明线是学科素养提升的过程，暗线是德育素养潜滋暗长的过程。这样二者才能并行不悖，水乳交融，达到文以载道，以文化人的目标。

第四部分　专家点评

本案例以统编教材九年级下册第三单元12课《词四首》为教学内容，紧扣诗词形式、艺术表现规律、抒情特点、创作风格等学科知识，瞄准文化认同、文化自信、民族自豪感等育人目标，在知识传授中追求情感认同，在项目化学习中提升责任担当。

在育人目标及活动设计中，创设抗疫相关的诗词及英雄人物，在感知词之美中触发文化认同与自信，在学习词的思想内涵过程中增强民族自豪感，从词中描绘的古今英雄身上体会责任担当，层层递进，既遵循了学生身心发展特点，又顺应了价值观培育的一般规律。在项目化学习环节中，以“画—说—吟—写”的实践路径，有效激发学生的学科思维，实现情感认同。

本案例以“家国之思”为主题，在词教学中能充分汲取爱国志、报国行，但在辩证认识与处理“家国”矛盾方面，略显不足，有待补充与完善。

◉ 杂交水稻中的科技强国

第一部分　教学设计

“课程思政”设计书

学科名称	初中语文
微课所在章节名称	部编版八年级上册第二单元写作专题“学写传记”
授课对象	八年级学生
教学设计	
切入课程思政的课程知识点	在大单元视域下，统整课文篇目，了解传记写作的方法并进行写作实践，学习袁隆平的科学精神。 切入课程思政的知识点如下： 1. 搜集并整理体现袁隆平科学精神的资料，了解传记写作的方法之一——选典型事例。 2. 关联教材内容，了解传记写作的方法之一——抓细节描写。通过合理想象，关注细节描写。
思政教育的课程目标	1. 学习袁隆平的科学精神，感受科技强国的魅力。 2. 引导学生树立并弘扬科学精神。
知识点与思政教育结合的教学设计	1. 创真实情境，了解杰出人物的优秀品质 各班将组织开展“接力禾下乘凉梦——缅怀袁隆平爷爷”的主题班会。请你搜集有关袁隆平爷爷科学精神的资料，撰写一篇袁爷爷的小传，在班会课上介绍交流。 创设真实情境，激发学习兴趣。从“小传”这个概念入手把握传记的特点，即内容真实，典型事例，细节描写等，引导学生关注了解袁隆平爷爷的生平，初步唤醒他们学习杰出人物优秀精神品质的意识。 2. 理袁老生平，学习人物的科学精神 小传比较简略，因此更要集中写一个人的主要经历，将笔墨着重放在一些典型的，特别能体现人物精神风貌的事件上。通过梳理袁隆平爷爷的生平事迹，学生了解并学习他执着、怀疑、创新、协作、奉献等科学精神。 3. 抓细节描写，表现优秀人物品质 传记不是枯燥的履历表，学生可以合理发挥想象，关注细节描写，刻画人物形象。通过挖掘教材内容，如《美丽的颜色》中居里夫人的细节描写，表现她对科学工作的热忱。如《邓稼先》中的细节描写，表现邓稼先坚韧不拔的精神。教师引导学生学以致用，在细节描写时，可以适当发挥想象，从细微处表现人物的优秀品质。

续表

知识点与思政教育结合的教学设计	4. 写人物小传，弘扬科学精神 让学生撰写袁隆平爷爷的小传，在写作实践中，再次感受袁爷爷的优秀精神品质，引导他们树立并弘扬科学精神。
特色及创新（300 字左右）	1. 结合热点时政，贴近日常生活 以“缅怀袁隆平爷爷”这一时政为背景，创设“主题班会”这一真实的情境，捕捉生活中的热点问题，贴近学生的生活，引导学生学习杰出人物的优秀精神品质。 2. 挖掘思政元素，学习科学精神 袁隆平爷爷身上有很多优秀的精神品质值得我们学习，本案例从科学精神这一角度着手，化泛为细，挖掘德育的激发点。同时，勾连教材中的思政元素，如以居里夫人和邓稼先的科学精神为例，让学生明白科学精神的内涵，引导他们学习科学精神。 3. 丰富语言实践，突出立德树人 本案例通过资料搜集整合、小组合作探究、撰写习作片段、同伴点评等丰富多样的语言实践活动，潜移默化中使学生的思想受到熏陶，感受到袁隆平爷爷执着、怀疑、创新、协作、实践等科学精神，鼓励学生学习并弘扬，起到立德树人的作用。

第二部分　课堂实录（部分）

《杂交水稻中的科技强国》实录

师：同学们，大家好，欢迎走进今天的语文课堂。这节课我们一起来交流写作专题：学写传记。

2021 年 5 月 22 日，“中国杂交水稻之父”袁隆平爷爷与世长辞。他在从事杂交水稻研究的四十个春秋里，经历了无数的坎坷和挫折，正是他的科学精神引领着我们从饥荒走向营养充足的世界，带领着我们用科技强国。学校将组织开展“接力禾下乘凉梦——缅怀袁隆平爷爷”的主题班会。请你搜集并整理体现袁隆平爷爷科学精神的资料，撰写一篇人物小传，在班会课上介绍交流。

从教材的单元目标中，我们了解了小传的特点，即内容真实、事件典型、注重细节描写等。

首先，传记的内容要真实，必须全面搜集、占有丰富翔实的资料，使传记所反映的人物生平事迹准确无误。

其次，选典型事例，梳理袁老生平。典型事例要能够展现人物的精神世界，这是传记写作的方法之一。

课前，老师让同学们查阅了袁爷爷的资料。现在，请小组内合作交流，完成人物的生平表。（稍做停顿）

下面，请 A 组同学向我们展示他们合作交流的成果。

人物生平表

人物	袁隆平	籍贯	江西省九江市德安县
年龄	91 岁	职业	杂交水稻专家
主要经历	1930 年出生于北京协和医院，长大后跟随父母辗转多地。1949 年考入西南农学院（现西南大学），学习农作物专业。毕业后被分配到农校当老师。此后经过不断钻研和试验，培育出具有稳定的遗传性状的人工杂交水稻。		
典型事例 1	为了找到天然雄性不孕株，在田间地头，袁隆平忍受着酷暑和密密匝匝稻叶的切肌之痛，一头扎进稻田里寻找。从 1964 年到 1965 年两年中，他踏遍了安江农校实习农场和附近生产队的所有稻田，前后共检查了 14000 余个稻穗，终于找到了 6 株天然雄性不育株。		
典型事例 2	当时的传统观念是“水稻等自花授粉作物无杂种优势”，这一观点作为当时农学界的主流思想见著于中外遗传学经典著作，袁隆平不盲从权威，提出与之相悖的“水稻杂交理论”。在当时，大多数人等着看他的笑话，几乎没有人加入研究中。袁隆平根据自己的观察，坚定地提出了自己的结论，对经典遗传学进行了大胆的怀疑。		
典型事例 3	袁隆平提出三系配套理论后，始终没有找到理想的保持系和恢复系。他大胆提出“跳出常规水稻范围，利用远缘野生稻”的创新科研思路，使杂交水稻的研究出现了重大转折。1973 年，实现了三系配套，第一个具有较强优势的杂交组合“南优 2 号”获得成功，单产比常规稻增产 20%左右。		
典型事例 4	袁隆平和他的助手把他们“独家”发现的最新试验材料之一“野败”无私奉献出来，分送给有关单位，开展协作攻关。来自全国几十个科研单位近百名科研人员一起研究，才有了中国籼型杂交水稻“三系”配套成功，由理论变为现实。		
精神品质	执着、怀疑、创新、协作、奉献等科学精神。		

生：（投影展示人物生平表）科学精神是指坚持以科学的态度看待问题、评价问题，反映科学发展内在要求并体现在科学工作者身上的一种精神状态。课前我们搜集了表现袁隆平爷爷科学精神的事例，经过小组成员间的讨论，选取了4个典型事例。通过这几个事例，反映出袁隆平爷爷执着、怀疑、创新、协作、奉献等科学精神。

师：感谢你的交流分享，这组同学通过搜集整理资料，发现了袁隆平爷爷身上的闪光点，正是这些科学精神，成就了杂交水稻事业，造福了人类。

人们常说："没有细节就没有艺术作品。"选取事件、环境和场面中细微而具体之处，进行细致传神的描写，能使人物形象更加丰满。所以，抓细节描写，这也是传记写作的方法之一。

那么，在小传中，可以运用哪些细节描写呢？让我们不妨向课文要方法，请同学们根据下面两段话，回答问题。

①她小心翼翼地走向前去找，找到一张有草垫的椅子，坐下了，在黑暗中，在寂静中，两个人的脸都转向这些微光，转向这射线的神秘来源，转向镭，转向他们的镭！玛丽身体前倾，热切地望着，她此时的姿势，就像一小时前在她睡着了的孩子床头看着孩子一样。——《美丽的颜色》

②戈壁滩上常常风沙呼啸，气温往往在零下三十多摄氏度。核武器试验时大大小小突发的问题必层出不穷。稼先虽有"福将"之称，意外总是不能完全避免。1982年，他做了核武器研究院院长以后，一次井下突然有一个信号测不到了，大家十分焦虑，人们劝他回去，他只说了一句话："我不能走。"——《邓稼先》

生：①句中，加点字词描绘了居里夫人的动作和神态，生动形象地表现了她对镭的迷恋，执着于科学研究。

师：是的，细节描写可以是对人物的外貌、神态、动作、语言、心理等描写，能反映出人物的优秀品质，使人物有血有肉，形象鲜明。

生：②句加点句是环境描写，衬托出邓稼先工作环境的艰苦，体现他不怕吃苦、坚持不懈的科学精神。

师：是的，细节描写也可以是环境的描写，起到侧面烘托人物精神品质的作用。当然，除此之外，我们还可以发挥想象，以填补事实的空隙。

下面，我们就要来学以致用，请同学们根据选取的袁隆平爷爷的典型事例，发挥合理的想象，进行细节描写。（稍做停顿）请同学来分享你的习作片段。

生：在杂交水稻攻关的岁月里，袁隆平爷爷长期在田间劳作，日晒雨淋，俨然一个“非洲黑人”。他俯身观察稻子，像触摸婴儿般深情地抚摸着，似与禾苗喃喃细语。他宽阔的额头在阳光的照射下透着黑陶般的釉光。那犀利的眼神，依然透彻着内心的明亮，这是一个农学家特有的形象。虽已高龄，他还是经常骑着摩托车在田间转。他经常对学生说：“电脑里长不出水稻，书本里也长不出水稻，要种出好水稻必须得下田。”正是他的这种执着实践精神，让一个个梦想变成了现实。

师：感谢分享，请其他同学点评一下这位同学的习作。

生：这位同学抓住了袁隆平爷爷的外貌、动作和语言的描写，发挥想象，运用修辞，表现了袁爷爷的实践精神，对水稻事业的热爱。

师：你的点评非常到位。同学们，选取典型事例，抓住细节描写，能够表现出人物的精神品质。课后请大家用今天所学的方法撰写袁隆平爷爷的小传。

（总结全课，引发深思）通过这节课，相信大家对传记写作方法有所了解。同学们，杂交水稻中蕴含着袁隆平爷爷的科学精神，用科技强国，引领我们走向一个营养充足的世界。希望你们学习袁爷爷的科学精神，不断努力奋斗！好，这节课就上到这里，同学们，再见。

第三部分　案例分析

课程思政是将思想政治教育元素，包括思想政治教育的理论知识、价值理念以及精神追求等融入各门课程中，潜移默化地对学生的思想意识、行为举止产生影响。它的本质是为了实现“立德树人”，它的理念是实现各类课程与思想政治理论课同向同行，将知识传授、价值塑造和能力培养多元统一，实现协同育人。部编版语文教材认真落实党的十八大提出的“立德树人”的根本任务，采用“人文主题”和“语文要素”双线组织单元的结构，既保证了语文核心素养的提升，又强调了主流文化与传统文化的渗透，促进学生形成正确的价值观、人生观。所以，部编语文教材为课程思政提供了很好的素材。

本案例为八年级上册第二单元的写作课。写作课，不是单纯的为写而写，而是根据学科特点承载更多的任务，达成更多的目的。本次关于“杂交水稻中的科技强国”的微课案例，以写作方法为支架，结合时政，通过为袁隆平爷爷撰写小传这一任务，学生不仅掌握了小传的写作方法，而且还学习了袁隆平爷爷的科学精神，感受了科技强国的魅力。这一点就是本微课结合的思政点。

本微课的思政点具体落实在以下几个方面：

首先，创设了真实的情境。案例结合时事，呈现了“缅怀袁爷爷”，撰写人物小传这一真实情境。学生在网络和新闻里对袁隆平爷爷生平的查询，初步唤醒了他们学习杰出人物的优秀精神品质的意识。

而后，当教师引导学生将目光聚焦在“选典型事例”和“抓细节描写”上时，学生通过搜集整理袁隆平爷爷的资料，以科学精神这一切入点着手，发现袁爷爷身上的闪光点。如从搜集的资料中，学生们发现了袁爷爷求真务实的实践精神、不盲从权威的怀疑精神、破旧立新的创新精神、孜孜不倦的探索精神、顾全大局的协作精神等。同时，通过自己的文字，发挥合理的想象，用细节描写的手法表现出来，更能够引起学生的共鸣，崇敬之情油然而生。在这些优秀精神的熏陶下，学生的思想得到了进一步的提升。

最后，以课后作业的形式，学生撰写袁隆平爷爷的小传，是对传记写法的学以致用，也是对袁爷爷优秀精神品质的高度赞美，更是对科学精神的弘扬。在写作的过程中，学生的思想流淌于文字间，学生的心灵得到了启迪。

根据上述环节的设计以及实施，笔者认为，本次案例一方面达成了写作教学的目标，另一方面也达成了思政教育的目标。将思政教育与语文素养有机融合，相互促进，协调发展，将“立德树人”贯彻到课堂教学之中，构建育人的大格局，实现“如盐化水”般润物无声的效果。

第四部分　专家点评

本案例以语文学科的写作方法为支架，聚焦典例人物的细节描写，让学生在撰写“袁隆平小传”中了解杰出人物的优秀品质，学习科学精神，弘扬并践行科学精神，充分挖掘了学科教学的思政元素，坚持立德树人的根本任务，做到了学理性与政治性、知识性与价值性的统一。

从教学设计的角度而言，本案例结合时政热点，选取学生感兴趣的伟大人物，紧扣弘扬践行科学精神的育人目标，化泛为细，由远及近，将育人内化于学科教学之中，实现“如盐化水”般润物无声的效果。

但从大单元的视域来看，用典型人物引领学生践行科学精神，应突破细节描写的局限，系统运用传记写作之法，用更宏观的视角引领学生感悟袁隆平爷爷所践行的科学精神，感受科技强国的魅力。

◉“勾股定理”中的中国智慧

第一部分　教学设计

“课程思政”设计书

学科名称	初中数学
微课所在章节名称	浙教版八年级上册“探索勾股定理”
授课对象	初中八年级学生
教学设计	
切入课程思政的课程知识点	切入课程思政的知识点如下： 1. 用面积法验证勾股定理。 2. 勾股定理的实际应用。
思政教育的课程目标	1. 了解中国勾股定理探索的历史文化，增强民族自豪感。 2. 培育科技强国的理念，弘扬科学精神。
知识点与思政教育结合的教学设计	1. 验证勾股定理，感悟数学文化 引导学生以小组为单位利用四个全等的直角三角形在 A4 纸上拼一个正方形。（允许中间为空心）各小组得出典型的两种拼图结果，即外弦图和内弦图，如图 2 所示。 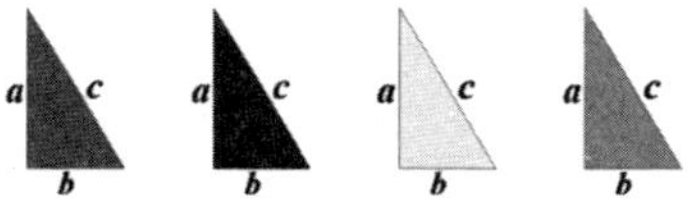 图 1 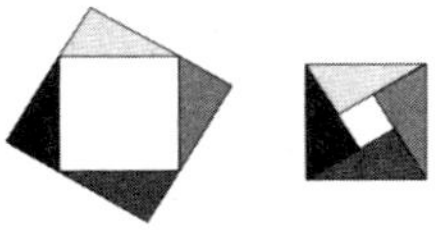　　图 2 教师因势利导，让学生明白内弦图就是三国时期数学家赵爽用来发现直角三角形三边关系的图形，继商高定理发现以后，他和毕达哥拉斯是世界上最早用不同的方法论证直角三角形三边关系的科学家。从而弘扬中国数学传统文化，激发民族自豪感，培养爱国主义精神。同时引领学生通过探索，得到用面积法论证直角三角形三边关系（勾股定理），培养数学理性精神。 2. 应用勾股定理，创新中国智慧 微视频展示商高定理和三国时期数学家赵爽论证勾股定理的方法、三国时期数学家刘徽所撰写的《九章算术》中对勾股定理的初步应用，引领学生感悟祖先的中国智慧； 学生通过对课中例题和练习的解答，说一说勾股定理在生活中的应用，体会应用并创新祖先的智慧进行科技强国； 课后引领学生编制渗透思想政治教育的勾股定理应用题。以小组为单位进行研究、编题，并上传课后作业云平台。引领学生主动发现生活中的真善美，体悟良好的家国情怀。

续表

特色及创新 （300 字左右）	1.“数学探究与思政教育”双落实 勾股定理探索是本节课的教学重难点，设置拼图活动，教师在学生的拼图成果中（内弦图、外弦图）自然引出赵爽弦图，引领学生用数学家的方法和其他方法验证勾股定理。学生在主动探索中不仅学会数形结合的思想方法，而且积极感悟勾股定理的文化，增强民族自豪感，弘扬爱国主义精神。 2.“数学应用和思政教育”双落实 引领学生编制渗透思想政治教育的勾股定理应用题，学生在生活中寻找包含真善美的问题，不仅培育学生数学建模（方程）、数学运算等核心素养，而且引领学生把良好的家国情怀渗透于数学学习之中。

第二部分　课堂实录（部分）

《勾股定理探索》实录

师出示问题 1

拼一拼：请各小组利用四个全等的直角三角形纸片（如图 1），在 A4 纸上通过拼图（允许中间为空心），验证一般直角三角形三边之间的关系。

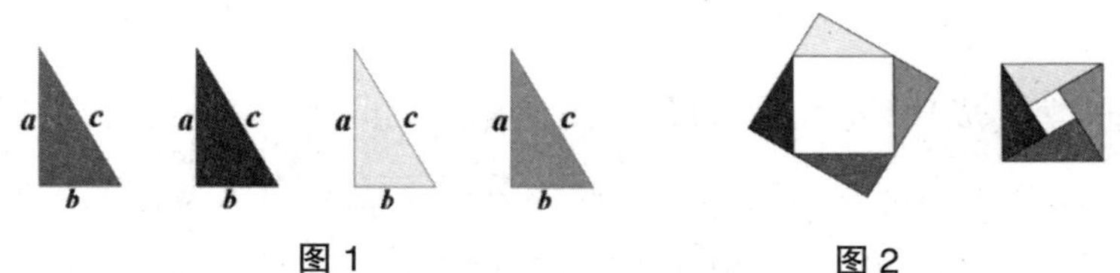

图 1　　图 2

要求：以小组为单位，限时 5 分钟，平板上传拼图结果。

师：对于格点图中特殊的直角三角形，我们已验证得到了这些直角三角形的三边关系，即斜边的平方等于两条直角边的平方和；那么对于一般的直角三角形，还存在斜边的平方等于两条直角边的平方和吗？

生众：对于一般的直角三角形，也存在斜边的平方等于两条直角边的平方和。

师：那么如何验证呢？

生 1：把一般的直角三角形放置于格点图中，利用格点图中特殊的直角三角形的探究方法验证。

生 2：把一般的直角三角形放置于格点图中，直角三角形的三个顶点有可能不会全落在格点上，那么用生 1 的探究方法进行验证会比较困难。

师：在格点图中，探究特殊的直角三角形三边关系时，我们用到了构造正方形的一般性方法，根据这个解题小心得，试着通过实践操作，验证一般直角三角形的三边关系。

通过小组合作，得到两种典型的拼图结果（如图 2）。

师出示问题 2：你能利用图 2，验证直角三角形三边之间的关系的猜想吗?

生 3：图 2 中大正方形的面积等于小正方形的面积加上四个直角三角形的面积，即 $S_{大正方形}=S_{小正方形}+4S_{直角三角形}$。

生 4：针对图 2 左边的图形，可得到等式：$(a+b)^2=\frac{1}{2}ab\times4+c^2$，化简得 $a^2+b^2=c^2$。

生 5：针对图 2 右边的图形，可得到等式：$c^2=\frac{1}{2}ab\times4+(a-b)^2$，化简得 $a^2+b^2=c^2$。

师：同学们成功地验证了直角三角形三边之间关系的猜想，发现了伟大的“勾股定理”，图 2 右边的图形是赵爽弦图，也称内弦图，数学家赵爽在三国时期用同样的方法论证勾股定理。我们不仅能像数学家一样研究思考问题，而且在此基础上，我们也用图 2 左边的图形，也称外弦图，论证勾股定理，很好继承和发展了我国古代数学家的数学思想方法，同学们有智慧!

师：下面让我们一起欣赏“勾股定理在中国的历史进展”微视频。

学生观看视频。

师：观看微视频后，谈谈你的学习感受。

生 6：我国是最早发现勾股定理的国家之一，我国古代有辉煌的数学成就。

生 7：早在三千年前，周朝数学家商高提出将一根直尺折成一个直角，

“勾等于三，股等于四，弦就等于五”。在《周髀算经》中，赵爽发明了弦图来证明“商高”定理，赵爽创造性地改良商高的方法，说明时代在不断地更新，我们定能继承和发展古人的研究智慧，变得更有智慧！

生 8：三国时期的数学家刘徽撰写的《九章算术》中的《海岛算经》列举了勾股定理的初步应用，用勾股定理去验证直角问题，用数形结合的思想解决测量的误差问题。

生 9：通过看视频，我为勾股定理中的中国智慧感到自豪，同时也感受到各国数学家的智慧和不屈不挠的研究精神，我决心继承古人遗志，做一个勤钻研、肯动脑，为振兴中华而努力读书的好少年！

……

师：中国古代数学家们对于勾股定理的发现和证明，在世界数学史上具有独特的贡献和地位。尤其是其中体现出来的“数形统一”的思想方法，更具有科学创新的重大意义。不仅如此，他们还将勾股定理应用到实际生活，探究许多有趣的问题。我们要学习古人的研究智慧，积极学以致用，为祖国的科技创新而努力！

师：下面请同学们观察生活，查阅资料，说一说勾股定理在生活中的应用。

生 10：要判断房屋的一个墙角是否是直角，可以分别在另外两个墙角量出 30cm、40cm，并标记一个点，然后测量这两点间的距离是否为 50cm，如果超出一定的误差，说明这个墙角不是直角。

生 11：建筑物高度无法测量时，可用勾股定理进行计算得到。

生 12：设计工程图纸需要用到勾股定理。

生 13：房屋、桥梁的设计需要用到勾股定理。

生 14：物理学中力的分解需要用到勾股定理，可见，一些航空航天等高科技设备设计时需要用到勾股定理。

……

师：同学们观察分析很到位，我们要学以致用，继承、发扬古人的研究智慧，增强科技强国的理念，为中华振兴而努力读书！

师：接下来进行相关例题和练习的解答。（略）

……

师：通过对例题和练习的解答，我们积累了勾股定理应用的相关解题经验，你能否在课后编制具有幸福生活理念的勾股定理应用题？（可适当参考网上资源）

以小组为单位进行研究、编题，并上传课后作业云平台。

以下是云平台上传的小组合作编制的一道渗透人文气息的勾股定理应用题。

（来源于四川成都曾波老师网上公开课中一道应用题的改编）

如图3，在2020年全国最具幸福感城市排名前十榜单中，成都和宁波榜上有名，如果把成都、宁波在地图上的点看作幸福点，这两座城市的连线成为幸福线，我们在谷歌地图上把表示成都、宁波和上海三个点（分别为 A、B、C 三点）连线起来，把这个三角形称为幸福三角形，并且这个三角形近似于一个直角三角形，上海所在的点C是直角顶点。将此图按比例缩小，幸福线 AB 比 AC 多1cm，幸福线 CB 为 $\sqrt{21}$ cm. 求右图成都与宁波的幸福线 AB 的长度。

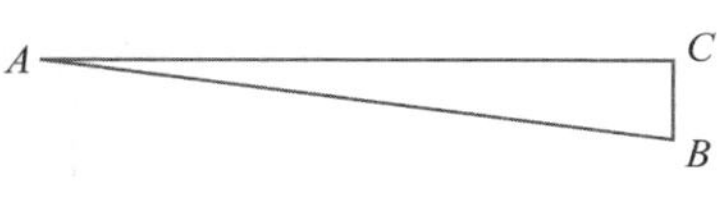

图3

第三部分　案例分析

苏霍姆林斯基曾说："智育的目标不仅在于发展和充实智能，而且也在于形成高尚的道德和优美的品质。"本案例尝试思想政治教育与数学教学的有机融合，具体分析如下：

一、有基础、能生长的数学探究是渗透思想政治教育的保证

跳一跳摘到桃子是人们进一步认识事物的前提，数学教学也是如此。设置切合于教学主题的有基础、能生长的问题，学生在自主思考、合作交流中，培育数学转化、类比等数学思维品质，同时适时沐浴思政教育的春风。如勾股定理验证环节的数学探究，是基于以往整式乘法公式推导中，学生经历拼图、用面积法验证的认知基础上的。因此同学们通过拼图操作，在经历独立思考、小组群学和班级共学后，能较好地生成两种拼图结果（内弦图、外弦图），内弦图即为赵爽弦图，当然学生也能在已有认知基础上探索得到用面积法论证勾股定理。因此学生不仅能用赵爽弦图推导出勾股定理，而且能用外弦图证明勾股定理。学生在充分享受数学探究之趣的同时，不仅为中国古代数学文明感到自豪，而且学会用创造性方法超越古人。良好的学习体验激励学生更加努力读书，坚定报效祖国的决心。

二、有情怀、能激励的数学文化是渗透思想政治教育的支柱

历史文化是社会进一步发展的支柱，数学教学也是如此。设置切合于教学主题的有情怀、能激励的数学文化，是渗透思想政治教育的支柱。如在勾股定理的欣赏环节，微视频声形并茂展示各国典型的勾股定理文化，学生身临其境科学家的时代，感同身受数学家们的研究热情和爱国热情。良好的情绪体验，较好地激发非智力因素，使学生精神百倍，激励学生继承和发展古人的研究思路，积极学习国内外历代数学家的顽强的探索精神，并努力付诸行动。此时，教师适时让学生畅所欲言，在你说我说中，积极发表自身的观点。科学家的榜样作用，生生、师生正能量的引领示范，较好地渗透思想政治教育，激发学生树立为振兴中华而努力读书的爱国情怀。

三、有应用、能发展的探究延伸点是渗透思想政治教育的源泉

生活中的真善美是人们进一步创新事物的源泉，数学教学也是如此。如在勾股定理的应用环节，学生仔细观察、用心体会生活，感悟数学与生活的紧密联系；学生进一步寻找生活中的真善美，学会发现美好的生活问题；学生研究美好的生活问题，并融入思想政治教育理念进行数学编题，对勾股定理应用进一步探究延伸；学生学会用数学方法解决所编的实际问题，如应用方程思想、勾股定理等；学生在解题中，不仅提升了数学建模（方程）、几何直观等核心素养，而且能主动地把生活中的真善美和数学问题的解决融为一体。如本案例中，学生把幸福城市的理念渗透到数学编题之中，学生主动设计思想政治教育与数学教学融合的问题，并进行解答和反思，积极主动的应用与探究成为思想政治教育与数学学科深度融合的不竭源泉，这一股清泉必定能让学生的学习目标更为清晰，为祖国为人民学习的决心更为坚定！

第四部分　专家点评

本案例以面积法验证勾股定理及勾股定理的实际应用为课程思政载体，感受中国勾股定理探索的悠久历史，用不同方法验证勾股定理，为中国古人的智慧而感到自豪，增进中华文化自信。

通过微视频引领学生欣赏古人对勾股定理的应用，通过说一说、编一编勾股定理的现实应用，体会数学与生活的紧密联系，不仅培育数学建模、数学欣赏等核心素养，而且树立学生科技强国的理念，弘扬科学精神。

本案例的教学设计符合学生的思维逻辑，特别是现代教育技术运用娴熟，充分调动学生学习的主动性和创造性，较好地实现了情境创设与评价应用的统一，教学设计合情合理。

本案例如果能引领学生写一写学习体会，课程思政的渗透将会更加深入。

◉“人民至上”理念下的传染病预防

第一部分 教学设计

“课程思政”设计书

学科名称	初中科学
微课所在章节名称	浙教版九年级下册第 3 章第 2 节《来自微生物的威胁》
授课对象	九年级学生
教学设计	
切入课程思政的课程知识点	1. 病毒来源。 2. 传染病流行性、免疫性特点。 3. 预防传染病措施。
思政教育的课程目标	1. 通过中外新冠肺炎防治措施、患病率和死亡率的对比，感悟共产党“人民至上、生命至上”的执政理念，充分认识社会主义制度的优越性。 2. 通过了解疫苗研制、逆行武汉的感人事迹，增强热爱祖国、热爱人民的情感。 3. 通过“新冠肺炎防治我该做什么”的深度思考和课外实践，形成从我做起、从小事做起、奉献社会的责任感。
知识点与思政教育结合的教学设计	1. 比较发病数据，感受人民至上 通过呈现全球各个国家新冠肺炎发病率以及死亡率的有关数据，并与我国数据开展比较，让学生真切体会到共产党“人民至上、生命至上”的执政理念，充分认识到社会主义制度的优越性。 2. 显现科学神奇，激发探索精神 通过介绍钟南山、陈薇院士在新冠肺炎方面的一些研究成果，培养学生热爱科学的情感，激发学生不畏艰险、勇于实践的探索精神。 3. 联系疫苗研制，体现科技力量 通过运用“流行性”特点解释武汉封城的重大意义，由“免疫性”特点引申出我国疫苗研制的显著成绩。由此增进学生热爱祖国、热爱人民的情感，体会科技力量的重大作用。
特色及创新（300 字左右）	1. 融入热点素材，开展责任教学 新冠肺炎是一种新发的传染病，它给世界各国人民带来了深重的灾难。关于“来自病毒的威胁”，教材以感冒为例介绍了症状、概况、原因、传播途径等，并提供了在世界范围内流行的历史。

续表

特色及创新（300字左右）	对于这部分教材进行了创新处理，即在分析感冒案例的基础上，通过比较的方式，增补了新冠肺炎案例，有机融入一些热点思政素材，加深了学生对新冠肺炎的认识，培养了学生科学态度与社会责任感的核心素养。 2. 结合疾病特点，体现科技力量 对于"传染病"这部分内容的学习，也是以新冠肺炎为例开展分析，用"流行性"的特点解释了武汉封城的重大意义，用"免疫性"的特点引出了疫苗研制，介绍我国在新冠研究和疫苗研制的突出成绩。以此来凸显我国政府的坚决果断和科技发展，培养学生的民族自豪感。

第二部分　课堂实录（部分）

《来自微生物的威胁》实录

一、来自病毒的威胁

1. 新课导入

播放《致敬！逆行者！》防疫事迹视频。

师：同学们看了视频之后有什么感受？

生：在国家危难时刻，广大科学家、医务工作者、人民群众迎难而上的大无畏精神。

2. 了解感冒和新冠肺炎

教师在屏幕上呈现下表。

项目	感冒	新冠肺炎
症状		
概况		
原因		
阅读资料		
传播方式		

（1）症状

师：感冒有哪些症状？

生：喉咙发痒、鼻子塞住、全身肌肉酸痛、打喷嚏等。

用视频展现新冠肺炎患者的表现。

师：请同学归纳一下新冠肺炎患者有哪些症状？

生 1：普通型新冠肺炎患者具有发热、乏力、干咳等主要症状。

生 2：还有鼻塞、流鼻涕等上呼吸道症状，影像学可见肺炎表现。

生 3：重症患者多在发病一周后出现呼吸困难、低氧血症，严重者可快速进展为急性呼吸窘迫综合征、休克、代谢性酸中毒、出凝血功能障碍、多器官功能衰竭等。

生 4：也有部分患者为无症状感染者。

师：一旦发现自己有类似症状，一定要及时去大医院发热门诊就医，不能去小诊所。发现他人有该症状，要及时报告。

（2）概况

师：请同学们阅读教材，回答感冒分为哪两类。

生：感冒可分为病毒性感冒和细菌性感冒，或者普通感冒（有病毒性和细菌性）和流行性感冒（简称流感）。

提供材料，让学生阅读。

材料：新型冠状病毒肺炎，简称新冠肺炎，是指 2019 年新型冠状病毒感染导致的一种急性感染性肺炎，新型冠状病毒是此前人类从未发现过的冠状病毒。2020 年 2 月 11 日，世界卫生组织将新型冠状病毒感染的肺炎命名为 COVID-19。强调指出，新冠肺炎溯源是一个严肃的科学问题，它只是在武汉被最早发现，研究表明，2019 年在美国等国家已出现了新冠肺炎，更早时候，美国已出现电子烟肺炎、白肺病等不明肺炎，德特里克堡的临时关闭也有待科学家深入研究。

师：读了这则材料，同学们有什么想法？

生 1：新冠肺炎尚不熟悉，许多方面还有待研究。

生 2：新冠溯源是严肃的科学问题，不能政治化。

（3）原因

播放介绍病毒特点的视频。

师：病毒有什么特点？

生：病毒是比细菌还小的一类生物，它们没有细胞结构不能独立生活，只能寄生在其他生物的活细胞内，并在寄主细胞内迅速繁殖，使寄主细胞破裂，同时释放出新病毒，以同样的方式感染和破坏其他细胞。

师：病毒会来自野生动物吗？

生：会。

教师：我们应该怎样对待野生动物？

生：保护自然，保护野生动物。

（4）阅读资料

安排学生自主阅读教材“流行性感冒”阅读栏目，了解流感曾经在全世界发生流行的情况。

呈现全球各个国家新冠肺炎发病率以及死亡率的有关数据，与我国数据进行对比。

师：看了我国和国外新冠肺炎发病率以及死亡率的有关数据，你有什么感想？

生 1：说明我国是把人民的生命健康放在第一位的。

生 2：说明我们国家的社会制度好。

（5）传播方式

出示图 1 介绍流感病毒的传播过程，让学生习得病原体、传染源、传播途径、易感人群等概念。提供有关新冠肺炎和科学研究资料，组织学生阅读。

师：新冠肺炎有哪些传播途径？

生：目前可以确定新冠肺炎传播途径主要为直接传播、气溶胶传播和接触传播。其中，经飞沫和密切接触是主要的传播途径。教师让学生模拟演示这几种传播方式。

师：从钟南山、陈薇院士身上你学到了什么？

生：热爱科学、不畏艰险的科学探索精神。

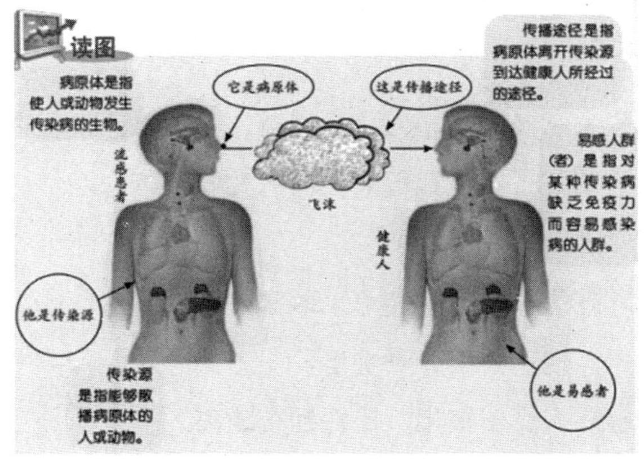

图 1

二、传染病

1. 传染病的概念及特点

师：新冠肺炎的病原体可以经过一定的途径，从病人、其他动物或带有病原体的物体传给健康人。这说明传染病具有什么特点？

生：传染性特点。

师：新冠肺炎的病原体在适宜条件下可广泛传播，使一定地域内同时出现较多的病人，这说明传染病具有什么特点？

生：流行性特点。

师：你能解释为什么要武汉封城吗？

生：就是为了防止传染病从武汉向全国流行。

师：人体在患过某种传染病痊愈后，常会对该病产生不同程度的抵抗力，如人们患过麻疹和甲型肝炎等传染病后，很少第二次再患这种病。由此说明传染病具有什么特点？

生：免疫性特点。

师：根据免疫性特点可制作什么？

生：疫苗。

师：我国国药集团北京生物新冠疫苗、北京科兴新冠疫苗获世卫组织紧急使用认证，截至 7 月 15 日，全国新冠疫苗接种超 14 亿剂次，已向近 100

个国家提供超过 4.5 亿剂疫苗。这些事例说明了什么？

生 1：说明我国科技的发展快速。

生 2：我们国家已经这么多人接种疫苗，我为自己是一个中国人而自豪。

生 3：帮助外国人，真正践行人类命运共同体理念。

2. 常见的传染病

师：说说预防新冠肺炎传染病可采取哪些具体措施？

生 1：戴口罩，使用公筷，勤洗手。

生 2：不接触病人，不聚集，保持社交距离。

生 3：及时医治病人。

生 4：接种疫苗。

师：传染病的流行必须具备传染源、传播途径和易感人群三个环节。当传染病流行时，切断其中任何一环节，流行即可终止。

第三部分 案例分析

一、理论依据

习近平主席指出，办好思想政治理论课，最根本的是要解决好培养什么人、怎样培养人、为谁培养人这个根本问题。要用好课堂教学主渠道，其他各门课要守好一段渠、种好责任田，使各类课程与思想政治理论课同向而行，形成协同效应。习主席的讲话为思政教育的实施指明了方向，也即思想政治课是实施思政教育的主阵地，各类专业学科也是开展思政教育的重要途径。

课程思政对初中教育而言是一种全新的教学理念，其核心要义是将思政教育渗透到学科课程教学之中。在《中国学生发展核心素养》颁布后，社会责任的培养已成为发展学生核心素养的主要内容。课程思政是大学教学中率先提出的一种新时代的教育理念，若迁移运用到初中科学教学之中，势必是初中学生核心素养培养的一大创新举措，有利于培养学生适应社会发展和终生发展需要的必备品格。

二、课堂例析

初中科学教学，过去一直强调德育渗透教育，并制定了学科情感、态度、价值观教学目标，初中科学课程标准指出，培养学生对科学的积极情感，引导学生形成正确的科学态度和价值观，这是当今科学教育界所倡导的教育理念，也是本课程的基本目标之一。在“传染病”课堂教学中，全面渗透了思政教学元素。

在新课导入中，通过播放《致敬！逆行者！》动人的防疫事迹视频，既顺利导入新课，激发学生兴趣，又使学生深刻领悟到在国家危难时刻，广大科学家、医务工作者、人民群众迎难而上的大无畏精神，他们是最可爱的人。

在学习“来自病毒的威胁”内容时，教材以感冒为例介绍了症状、概况、原因、传播途径等，并提供了曾在世界范围内流行的历史。对于这部分内容处理，教学时在分析感冒案例的基础上，通过比较的方式，增补了新冠肺炎作为案例，有机融入一些热点思政素材，如在学生归纳了新冠肺炎症状之后，适时提出当自己出现或发现他人类似症状时，我们该怎么办？促进学生养成正确科学处理问题的习惯，培养学生及时解决问题的能力。在介绍新冠肺炎概况时，注重培养学生求真务实的科学态度。在介绍一些常见传染病的病毒来自野生动物时，注重引导学生树立保护自然、保护野生动物的意识。通过全球各个国家新冠肺炎发病率以及死亡率的有关数据与我国数据进行对比，让学生真切体会到共产党“人民至上、生命至上”的执政理念，充分认识到社会主义制度的优越性。在介绍传播方式时，介绍了钟南山、陈薇院士在新冠肺炎方面的一些研究成果，有助于培养学生热爱科学，不畏艰险的科学探索精神。

第 2 部分学习内容为“传染病”，在学习流行性特点时，解释了武汉封城的重要意义，就是为了阻挡传播途径环节，防止传染病在全国流行。体现了党中央的英明决策，体现了以人为本、尊重科学的执政理念。

在学习传染病的“免疫性”特点时，通过联系新冠肺炎，既有助于学生加深对该特点的理解，又引申出国产疫苗，凸显我国科技的快速发展。有助于培养学生热爱祖国、热爱人民的情感，增强学生的民族自豪感，以及对人类命运共同体的深入理解。

三、反思与建议

在初中科学教学中渗透思政教育，教师要避免生搬硬套，为思政而思政，淡化核心概念的学习，而是要与教材内容紧密结合，与学生学情密切联系。通过课程思政，不仅能促进学生对科学概念的认知，也能切实发展学生的思想品质。

对于思政素材的收集，教师不仅要自己积极挖掘思政教育元素，而且更应该引导学生去挖掘或拓展思政素材，鼓励学生说出自己的思政感悟，适时予以点评提炼，不断提升学生思政水平，培养学生核心素养。

第四部分　专家点评

本案例以病毒、传染病为课程思政载体，通过学习病毒、传染病及新冠肺炎的知识、了解我国疫苗研制的显著成绩，感受中国共产党的“人民至上”的执政理念，体会科技强国理念和民族自豪感，体现坚持政治性与学理相统一。

学生归纳出现类似新冠肺炎症状时的应对措施，培养科学解决问题的能力；教师展示各国新冠肺炎发病率、死亡率的数据的对比，学生体会社会主义制度的优越性；学生了解我国专家在新冠肺炎方面的研究成果，培育不畏艰险的科学探索精神；学生学习病毒流行性知识，感悟武汉封城的重要意义，体会“以人为本、尊重科学”的理念；学生学习传染病免疫特点、感受先进的国产疫苗，树立科技强国理念，并促进对人类命运共同体的理解。教学设计合理，注重学生体验，思政目标有效落实。

本案例思政知识点较多，如能着重于某一个思政知识点并深入挖掘研究，思政渗透效果会更好。

◉“文物”中的红色基因

第一部分　教学设计

“课程思政”设计书

学科名称	初中历史与社会
微课所在章节名称	部编版九年级上册第二单元第四课《开辟革命新道路的艰难历程》
授课对象	九年级学生
教学设计	
切入课程思政的课程知识点	通过红色文物的学习，感悟中国共产党的初心和使命，传承红色基因，争做时代先锋。切入课程思政的知识点如下： 1. 整合新民主主义革命时期的史实，证明“人民群众是力量的源泉”，探寻百年党史力量之源。 2. 以一把聂耳生前用过的小提琴为载体，展现我国无产阶级革命音乐事业的先驱——聂耳的短暂一生。体会文物背后的鲜活人物形象和高尚的精神境界。
思政教育的课程目标	1. 回顾红军长征的艰辛，感悟中国共产党的初心与使命。 2. 回顾抗日战争时期的英勇人物，激发强国富民的使命担当。 3. 学习“半条棉被”发生地湖南汝城县沙洲村的脱贫现状，延伸学习全国脱贫攻坚楷模张桂梅、黄文秀等感人事迹，让学生领悟百年党史，一代又一代共产党人不懈奋斗形成了一系列伟大精神，如：长征精神、伟大抗疫精神、脱贫攻坚精神等，成了中国共产党人的信仰之基、精神之钙。
知识点与思政教育结合的教学设计	一、半条棉被——探寻百年党史力量之源 观看长征途中的红军女战士路过湖南汝城县沙洲村时，在缺吃少穿的情况下，只有一条棉被也要剪下半条棉被送村民的感人故事的视频，探寻百年党史力量之源。请用新民主主义革命时期的史实，证明“人民群众是力量的源泉”。（四人小组讨论完成）讨论议题：请运用解放战争时期的史实，从正反两方面对比说明“人民是力量的源泉”。 二、一把小提琴——激发强国富民的使命担当 以一把聂耳生前用过的小提琴为载体，展现我国无产阶级革命音乐事业的先驱——聂耳的短暂一生。《义勇军进行曲》一经诞生，就像插上了翅膀，在祖国大地上到处传唱，奏响了挽救民族危机的时代最强音。辨析观点：新时代国歌用“中华民族到了最危险的时候”这样的歌词不合时宜，请亮出你的观点并阐述理由。

续表

知识点与思政教育结合的教学设计	三、一颗红心——传承百年党史红色基因 从向死而生的长征远行到艰苦卓绝的“半条棉被”发生地湖南汝城县沙洲村的反贫困斗争，共产党人始终以热血赴梦想，以行动践诺言，不忘为中国人民谋幸福、为中华民族谋复兴的初心和使命，奋勇向前。教师通过介绍全国脱贫攻坚楷模张桂梅、黄文秀等感人事迹，让学生领悟经过全党全国各族人民共同努力，我国脱贫攻坚战取得了全面胜利。百年党史，一代又一代共产党人不懈奋斗形成了一系列伟大精神，如：长征精神、伟大抗疫精神、脱贫攻坚精神等，成了中国共产党人的信仰之基、精神之钙。
特色及创新（300 字左右）	1. 关注意蕴 课堂导入部分，展示了不同历史时期的文物：如 1922 年第一部《中国共产党章程》、空军首届英雄模范功臣代表大会纪念章、开国大典的五星红旗、第一个五年国民经济计划草案图表等等。让学生感知文物，它们承载着党和人民英勇奋斗的光荣历史，记载着中国革命和建设的伟大历程和感人事迹。从 1921 年到 2021 年，中国共产党走过了百年历程。这是用鲜血、汗水、泪水、勇气、智慧、力量写就的百年。精选“半条棉被”与“一把小提琴”作为解读重点，从物质到精神追求，复习相关的党史。 2. 关注价值引领 在整合文物相关史实的基础上，我们更深度挖掘文物承载的价值引领，解读文物中让学生真切感受在百年党史，中国共产党的先驱们形成了坚持真理、坚守理想、践行初心、担当使命、不怕牺牲、英勇斗争，对党忠诚、不负人民的伟大建党精神，这是中国共产党的精神之源。

第二部分　课堂实录（部分）

《跟着文物学党史》实录

师：从 1921 年到 2021 年，中国共产党走过了百年历程。这是矢志践行初心使命的百年；是创造辉煌开辟未来的百年。文物，承载着中国共产党和人民英勇奋斗的光荣历史。今天，让我们一起跟着文物学党史，铭记光辉历史，传承红色基因，争做时代先锋。

一、半条棉被——探寻百年党史力量之源

师：今天的第一件文物是半条棉被，这是一个怎样的故事呢？请观看视频《半条棉被》并思考回答：“什么是红军？什么中国共产党？”

生：中国共产党是一心为人民的政党。

师：请用新民主主义革命时期的史实，证明“人民群众是力量的源泉”。（四人小组讨论完成）

生：北伐战争时期：工农群众组织运输、侦察敌情、担任向导，配合北伐军作战。

土地革命战争时期：建立农村革命根据地，进行土地革命，革命根据地得到不断巩固和发展。

抗日战争时期：全体中华儿女万众一心、众志成城，奋起反抗侵略者，实行全民族的抗战。

解放战争时期：①共产党在解放区进行了土地改革。广大农民踊跃参军参战。②在淮海战役中，广大群众踊跃捐献粮食、担架，帮助人民解放军运送物资。

师：请运用解放战争时期的史实，从正反两方面对比说明“人民是力量的源泉”。

生 1：内战爆发后，国统区通货膨胀、物价飞涨，工厂倒闭，人民苦不堪言，掀起“反内战、反饥饿、反迫害”的民主运动，国民党统治失去民心，最终被推翻。

师：1948 年 8 月，《观察》杂志在《7 个月来的中国经济情势》一文中，也给出了相同的数据分析：“8 年多的长期抗战，物价不过涨了 2400 倍，胜利迄今还不满 3 年，上海物价较之民国三十四年（1945 年）却已涨了 1.4 万倍。尤其今年以来，更是惊人。7 月第三周的物价总指数为战前的 478 万倍，较之去年 12 月最后一周上涨 30 倍。纺织、燃料、食品这些主要必需品价格的剧烈上涨，是人民生活负担加重，造成人心恐慌的由来。”

1949 年底，蒋介石和他的国民党政权逃遁台湾。他带走了 277 万两国库黄金和故宫里的大部分国宝，此外，还开出了一张长长的名单，其中包括当时最重要的知识分子和企业家。

以 1948 年 3 月，台湾“中央研究院”选出的第一届 81 位院士为例，他们是当时中国最具标志意义的知识分子和科学家，跟着国民党到台湾去的，只有 9 人，去美国的 12 人，留在大陆迎接解放的达 60 人，如冯友兰、郭沫若、陈寅恪、李四光、马寅初、梁思成等，占院士总数的 74%。许多企业家也选择了留下。

生 2：共产党在解放区进行了土地改革，广大农民的生产积极性和革命积极性得到激发，踊跃参军参战，支援前线，最终取得人民解放战争的胜利。

师：我们一起归纳历史启示：实现中国梦必须凝聚中国力量；人民群众是历史创造者，要紧紧依靠人民群众。

师：2021 年 7 月 1 日，习近平在庆祝中国共产党成立 100 周年大会上指出：我们党的百年历史，就是一部践行党的初心使命的历史，就是一部党与人民心连心、同呼吸、共命运的历史。历史充分证明，江山就是人民，人民就是江山，打江山、守江山，守的是人民的心。中国共产党，根基在人民、血脉在人民，力量在人民。

第三部分　案例分析

红色文物承载着中国共产党的光荣历史，凝聚着党的初心和使命。我在本节课堂中把红色文物当作历史与社会课的“鲜活教材”，引导学生传承红色基因，汲取奋斗力量，发挥其独特的教育价值。

本节历史与社会课运用文物进行党史教育的教学路径如下。

（一）政史结合，实现“知识性”与“价值性”有机结合

为了让学生理解习近平总书记秉持“人民是历史的创造者”这一唯物史

观，本课采用政史结合方式，对文物承载的党史进行解读、挖掘和赋值，坚持以史导论，让学生根据主题归纳、梳理相关的党史，建立史实之间的内在联系，构建知识体系，在学懂弄通党史中更强调价值的引领与导向。

（二）议题式教学，实现“主导性”与“主体性”有机结合

1. 主要采用了辨析与评价类议题，让学生在辨析中培养高阶思维，体会文物背后的鲜活人物形象和高尚的精神境界，坚定共产主义理想信念，将个体的生命与国家的、民族的命运联系在一起，书写生命的价值。

以一把聂耳生前用过的小提琴为载体，展现我国无产阶级革命音乐事业的先驱——聂耳的短暂一生。他创造了 30 多首音乐作品，对激发民众抗日救亡运动起了积极作用，以斗争精神谱写了时代最强音。以议题式教学促进学生对学习内容的深度理解，选择的议题是：有人认为，当今时代国歌用“中华民族到了最危险的时候”这样的歌词不合时宜，请亮出你的观点并阐述理由。学生们各抒己见，有的认为要居安思危，牢记历史，珍惜来之不易的和平生活；有的认为有助于传承和弘扬以爱国主义为核心的伟大民族精神，为实现中国梦提供不竭精神动力；有的分析目前中国面临的各种威胁国家安全的因素与事件。在师生对话中追求思维的灵动开放性，也提升政治认同感。

下次授课还可将聂耳的这把小提琴与目前存留的唯一一件延安鲁艺人自制的乐器——张贞黻自制的小提琴进行体验与联想，对比两位音乐家走过的不平凡的人生道路，探索共同的精神特质。这个属于分类与描述类议题，在对比中实现感性交融、理性赏析，激发学生强国富民的责任担当。

（三）课程设计，实现“时代性”与“实践性”有机结合

1. 发掘文物时代意蕴，凸显党史教育的思想向度

历史与社会课运用文物教学不同于美术学科，重点不是解读文物的材质、艺术手法、形式结构，而是挖掘红色文物的红色教育资源，关联现实让红色基因绽放时代光芒。

例如，在教学中继续挖掘“半条棉被”这一珍贵文物讲述的故事的续篇，关注今天的沙洲村的发展。朱向群——沙洲村党支部书记，“半条棉被”

故事中徐解秀老人的曾孙，接过父辈的接力棒，传承半条被子精神，也扛起了带领村民打赢脱贫攻坚战的使命。从向死而生的远行到艰苦卓绝的反贫困斗争，共产党人始终以热血赴梦想，以行动践诺言，不忘为中国人民谋幸福、为中华民族谋复兴的初心和使命，奋勇向前。教师通过介绍全国脱贫攻坚楷模张桂梅、黄文秀等感人事迹，让学生领悟经过全党全国各族人民共同努力，我国脱贫攻坚战取得了全面胜利，我们实现了第一个百年奋斗目标，在中华大地上全面建成了小康社会，正在意气风发向着全面建成社会主义现代化强国的第二个百年奋斗目标迈进。百年党史，一代又一代共产党人不懈奋斗形成了一系列伟大精神，如：长征精神、大庆精神、伟大抗疫精神、脱贫攻坚精神等，成了中国共产党人的信仰之基、精神之钙。脱贫摘帽不是终点，而是新生活、新奋斗的起点。

2. 发掘本地本校文物资源优势，把握党史教育的实践向度

为把丰富的红色资源转变成学习教育的生动教材，运用“逆向设计”的概念和方法，希望学生通过设计研学路线来理解中国共产党的性质、地位、奋斗目标、初心和使命、根本宗旨等。同学们挖掘绍兴党史资源，自主设计红色研学路线。以“抗日烽火线”研学路线为例，让学生寻访位于孙端街道前小库村浙东游击大队成立地旧址、马青同志生平事迹陈列室、抗日英雄纪念碑。完成研学任务:（1）在陈列室中寻找最能代表马青等中国共产党人精神内涵的一件物品、一张图片或一个景观并现场解说其时代价值;（2）以微视频的方式展示和分享展现革命先烈红色精神的学习成果。学生们开发了微课程群《路遥知马力，岁寒识青松》，厚植爱国情怀，坚定理想信念。

红色文物的价值不在于修复与陈列，而是传承。百年党史浓缩在方寸之间，跟着红色文物学党史为我们营造的坚固精神世界，抵抗俗世的喧嚣，让坚定的共产主义信仰成为师生们的生命底色，这正是教育的意义。

第四部分　专家点评

《历史与社会》学科本身蕴含着丰富的育人元素，知识承载价值比较显

性。因此，如何实现显性教育和隐性教育相统一，丰富育人内涵是《历史与社会》课程思政的关键所在。

本案例以“半条棉被”“一把小提琴”等红色文物为鲜活教材，挖掘其蕴含革命基因与精神内涵，在整合新民主主义革命史实的基础上，引导学生感悟中国共产党的初心与使命，坚定理想信念，做到了知识性与价值性、显性教育与隐性教育的统一。在教学活动的设计中，运用正反对比、辨析评价、合作探究等教学方式将价值引领、信念教育落到实处，坚持了主体性与主导性的统一。

但在课程思政知识点的选择、革命文物与新民主主义革命史实的有机融合、价值引领的自然渗透等方面，有待于改进与完善。

◉ 创编托举动作，践行健康中国

第一部分 教学设计

“课程思政”设计书

学科名称	初中体育与健康
微课所在章节名称	人教版八年级“健美操”
授课对象	八年级学生
教学设计	
切入课程思政的课程知识点	了解“团队合作”在健美操中的重要性，并通过观看视频以及自编托举动作，来了解健美操中的团体项目需要大家的动作做到一致性，并相互配合完成。 切入课程思政的知识点如下： 1. 健美操比赛中的托举动作。 2. 创编托举动作，明确托举动作在健美操中的作用。
思政教育的课程目标	1. 培养学生乐观心态、爱国情怀。 2. 提高对“健康中国”文化内涵的认知水平和践行能力。
知识点与思政教育结合的教学设计	1. 观看健美操比赛视频，初步感受健美操中的中国元素 欣赏健美操比赛视频，并感受其中的中国元素，激发学生文化自信，鼓励学生勇于展现自我，并让学生明白在健美操比赛中团队就是一个整体，所有动作需要大家的合作配合才能完成，初步体会健美操之美。 2. 拓展健美操知识，加深体会“健康中国” 介绍当下生活中“健美操”应用于实际的例子，如广场舞就是健美操中的一种，不断增强着民族自信心。跟随具有中国元素的音乐，结合规定的操化动作创编 4*8 拍的托举动作，分小组进行交流，最后各小组之间相互学习，共同展示。并能利用课余时间开展健美操活动，强化体育意识，带动身边的人体会“健康中国”文化。
特色及创新（300 字左右）	1. 将中国元素融入健美操 健美操虽不是奥运会的比赛项目，但每年都有国际上的比赛举行，如健美操世界锦标赛、世界杯赛、世界冠军赛、世界巡回赛等。那怎样让学生体会到爱国情怀呢？

续表

特色及创新（300字左右）	这一节课，通过观看包含中国的音乐、中国的元素的健美操比赛视频，让学生了解，生活中的点点滴滴其实都能运用到比赛当中去，我国本就是一个多民族国家，也可以将民族元素运用到健美操中去，增强民族自豪感。 2. 体会健美操中的健康文化 以中学生为例，一套成套竞技健美操（除单人操外），需要有操化、难度、托举等，那如何让学生体会健康文化，并践行“健康中国”呢? 本次课就以创编托举动作为主要内容，通过小组合作的方式，创编4*8拍的托举动作，要求这组动作难度较小，利于完成，之后通过小组之间相互学习、相互评价、共同展示来量化结果，体验成功，激活学生不负韶华、激扬自我的自信心以及团结协作的精神，且在课后能够带动其身边的亲朋好友一起学习，共同来践行“健康中国”。

第二部分　课堂实录（部分）

《创编托举动作》实录

片段一：

师：同学们，我们国家有很多中国元素深受外国人的青睐，那你知道有哪些吗?

生：汉服、中国结、书法、脸谱。

师：嗯，老师听到了有脸谱，那从脸谱，你能联想到什么?

生：京剧!

师：对，就是京剧。在健美操比赛中，除了我们平时所接触的流行音乐，也可以将京剧加入音乐中，结合这一特色，创编出具有中国文化特色的健美操套路。接下来，让我们来欣赏一套女单套路。

（观看视频）

师：这个套路中，出现了京剧的音乐、手型、脚步等等，满满的中国化元素。那么除了这当中的京剧元素，你觉得我们还能在健美操中加入哪些和其他国家不一样的东西呢?

（学生思考）

师：老师觉得，我们国家有56个民族，我们能否将其中的一个民族具有代表性的元素融入健美操中呢？

生：能！

师：这么自信！那这个内容就当成今天的课后作业，首先你要去了解这一个民族他们的特点是什么，有哪些元素你觉得是可以加入操化里，然后创编2到4个八拍的操化内容，你们有没有信心？

生：有！（士气很高，眼里也充满了期待）

师：在前几次课，我们学习了两节具有中国元素的操化动作，现在我们先来复习一下。（教师带领学生复习操化8*8拍）

师：说到创编，之前我们学习了健美操的基础知识，知道了健美操的团体项目比赛中，除了操化、难度，还有什么？对，就是托举动作，今天，就让我们一起来学习一个简单的托举动作。

（观看托举视频）

师：（请生示范，讲解动作要领及注意事项，提醒在练习时注意安全）

生：（按小组练习托举动作）（教师巡回指导并提示：注意保护与帮助，按节奏完成动作）

师：同学们都将这个托举动作掌握得非常好，相互之间也配合得很好，之前我们就提到了要自己创新，在这个环节，我们就来创新一下，以小组为单位，发挥自己的想象力，结合我们刚才复习的操化，创编一个简单的托举动作，要求4*8拍，托举的高度不要超过腰腹。给大家3分钟的时间，最后我们分组进行展示。

生：（学生相互讨论，创编托举动作）（教师巡回指导，给予一定的意见）

师：时间到，在刚才的练习中，大家都只关注到了本组的队员，并未关注到其他队员，体育的魅力不仅在于相互竞争，更在于相互欣赏，相互交流，相互尊重，相互促进，接下来我们就分组展示一下。

（在创编的过程中，学生的自主性被推向高潮，他们纷纷勇于表现自己，练习气氛活跃；在学生展示的过程中，各组之间相互鼓励，相互学习。教师通过激励、诱导的方法，让学生不断探索新的托举方法，学生在浓厚兴趣的驱使下，经过自主学习、合作学习、探究学习，促进了创新能力的提高，增强了团队合作意识和集体荣誉感。）

片段二：

师：我们永远也不会忘记2020年的春节，一场“疫情”席卷全球，给人类带来了一场生死考验，健康，是我们的共同追求。

师：生命在于运动，在工作之余，我们更应该享受运动带来的乐趣。那在我们的身边，你还发现了哪些健美操的存在呢？

生：广场舞。

师：很好，广场舞其实就是健美操中的一种，广场舞之所以会受到大家的喜爱，因为它不受场地的限制，只要有空地、有音乐，到处都可以跳起来。而且它的特点是参与者虽然相互不认识，但是动作却能做到整齐划一，节奏鲜明。这就是我们的“健康中国”文化。

师：那接下来，老师想让你们把刚才创编的托举动作传递到你的身边去，现在，就先传递给你们最近的人，对，就是你的同学们。

（学生分组进行教学，学会后大家跟着音乐一起跳，在最后将所有组的动作连接起来，这样既可以加长时间，也能加大强度。）

师：当然，回去后可以将今天所创编的动作教给你的家人、朋友、邻居，他们都可以和你们一起动起来。带动了你身边的人跳起来之后，你可以拍一些视频，发到群里。除了广场舞，浙江省各地市都会举行中小学生健美操比赛，尤其是衢州、台州、杭州等地经济较为发达，这些，都是我们的“健康中国”文化。

总结：

这节课，我们了解了健美操中的中国元素，与同伴间相互配合创编属于你们自己的托举动作，并了解了我们身边存在的“健康中国”文化，我想，你们也一定体会到了健美操中团队合作的力量。对于健美操，你一定还想了解更多，那就行动起来，发挥你的想象，在身边寻找素材，和你的同伴一起，将其融入健美操中，一起创编属于你们自己的健美操。

第三部分　案例分析

教师是教育的主体，也是学生思想教育引导的主体。作为一名体育教师，在体育教学之前，我会认真了解学生的年龄特征和性格特征。在综合考虑不同学生学习特征和性格特点的基础之上，更加有针对性地开展一些体育引导训练活动，这样才能够取得良好的教育效果。

本课例为水平四中八年级的健美操拓展课教学，学生有一定的基础且多为女生，不同于平时的体育课堂，只要求学生记住操化内容，转换方向等，拓展课不仅是培养学生的兴趣，更是为之后的舞台表演或者比赛做好准备，所以，团队的凝聚力尤为重要。

本次课的设计理念是以“立德树人”为指导思想，以健美操教学为载体，通过创编健美操托举动作并带动身边的人一起加入跳健美操中，让他们自然而然在这些环节中体会到团队合作的重要性，发掘“健康中国”。

本微课思政点具体落实在以下两个环节中：

首先，让学生们观看具有中国特色的健美操视频，让学生了解到中国元素在健美操中的运用，从而了解中国文化，乃至要求使用民族元素融入健美操中，能够有效地激发学生的爱国主义情怀，体会团结的力量。

之后，教师为提高团队的凝聚力，以小组为单位自主创编 4*8 拍的托举动作，思路新颖，丰富了体育课的教学内容，利用体育课堂教学积极培养学生勇于尝试、勇于创新的能力以及团结协作的优良品质。

最后拓展延伸到在我们身边的健美操有哪些，让学生观察身边的美，如医患人员的舞蹈，各种短视频的舞蹈教学、广场舞，以及各类中小学生健美操比赛等，也就是健美操能给我们带来些什么？根据这些社会热点，历史事件从而得出健美操不仅能够愉悦身心，还能在舞动的过程中体会积极乐观的心态，缓解身体疲劳，可以展示青春活力，可以跳出属于中国的“最炫民族风”，体会其中的“健康中国”文化，体会祖国的强大；而后，将本次所创编出来的4*8拍托举动作结合操化教给自己的同学来共同学习并集体展示；之后留作业，要求回去后还要教给自己的家人、同伴、朋友，共同体会“健康中国”文化。

根据上述三个环节的设计以及实施，笔者以“创编托举动作”作为整堂课的重点，通过结合中国元素音乐自编托举动作让学生体会到健美操中团队合作的重要性，完成了本次课的教学目标，同时也通过中国元素在健美操中的运用让学生了解“健康中国”的理念。在时间的分配上，课程思政的施教内容有机融入健美操教学之中，并没有占用额外的时间。所选用的思政材料与健美操教学目标无缝衔接，进而在磨砺坚强意志加强团队合作的过程中，能够不断提升自身的素质和能力，为整个团体作出自己的贡献，体会“健康中国”文化，践行“健康中国”。

第四部分　专家点评

案例以健美操为载体，通过融入“京剧”“中国元素”等支点，创设观看、模仿、练习、创编“中国特色”健美操，引领体会“健康中国”文化，培养团结合作意识和创新精神，有力支撑课程思政的实施与开展。

案例以健美操托举动作的练习与创编为主线贯穿课堂，彰显初中体育学科教学的固有特点，又在具体教学环节中有机融入课程思政，坚持灌输性和启发性相统一、显性教育和隐性教育相统一，促使学科教学与课程思政相得益彰。案例设计一系列环节，层层递进，不仅推动学科教学的顺利开展，而且给予了学生充分而又深刻的课程体验。

但是我们也应该看到，课程思政有更加丰富的内涵，案例在培养学生团结合作意识、创新意识上有了一定的探索，但还可以更多一点、更深一点。

◉ 敬业——竹韵工坊的搭建

第一部分 教学设计

"课程思政"设计书

学科名称	初中综合实践
微课所在章节名称	浙教版初中上册第二章《竹韵工坊的搭建之旅》（知识拓展）
授课对象	七年级学生
教学设计	
切入课程思政的课程知识点	切入课程思政的知识点如下： 1. 工程量表的运用。 2. 构建工坊建设的支架、竹叶书签。 3. 导游销售技能。
思政教育的课程目标	1. 通过项目探究活动、竹韵工坊工程量表，搭建竹韵工坊，调整工程进度，进行微调，培养学生工程意识、精益求精的精神。 2. 通过竹叶书签的尝试、制作、失败、再尝试，培养学生的匠人匠心精神。 3. 小导游和销售竹叶书签的体验活动，发展了学生的兴趣专长，提升学生的职业规划能力，培养学生敬业爱岗的精神。
知识点与思政教育结合的教学设计	1. 运用工程量表，学会精益求精 精益求精，学生在岗位上精通业务，具备扎实的岗位基本功，能作出优异成绩，争创一流。工程量表三阶段：项目的准备阶段，开发阶段和验收阶段。有了竹韵工坊工程量表，学生知道自己项目所需的时间，基本上都能预期完工。学生要综合运用科学、技术、工程、艺术、数学的知识，按照工程量表，调整工程进度，完成后再进行微调，精益求精。 2. 制作竹叶书签，体悟工匠精神 工匠精神是指在制作或工作中追求精益求精的态度与品质，是职业道德、职业能力、职业品质的体现，是从业者的一种职业价值取向和行为表现。从材料—勾画—裁剪—塑封—流苏装饰，到竹叶书签的制作，无不凝聚着孩子的心血。竹叶书签的竹叶选择哪种竹叶？如何能保持不褪色？竹叶用热水还是冷水浸泡？泡几分钟？种种问题，学生到山上，到家里，到学校……各个场地寻找竹叶，选择不同材料浸泡，尝试浸泡时间的不同的效果差异在哪里……学生成为一个个小匠人，匠心制作书签。

续表

知识点与思政教育结合的教学设计	3. 模拟职业体验，提升敬业意识 工匠精神是指在制作或工作中追求精益求精的态度与品质，是职业道德、职业能力、职业品质的体现，是从业者的一种职业价值取向和行为表现。小导游向学生、家长、社会人士介绍竹韵工坊，小导游介绍的有模有样，能和其他同学和老师灵活地增加一些互动。小销售销售手段层出不穷，更多的销售后的满足感。通过职业体验活动，让学生热爱自己的工作，热爱自己的学习，热爱自己的岗位。
特色及创新（300 字左右）	1. 结合时代要求，凸显敬业意识 本节课，作为综合实践的成果展示课，凸显了社会主义核心价值观——敬业。通过工程量表，学生搭建竹韵工坊，“竹的民间老物件”“创意制作小作品”“竹微盆景”“竹之科技变脸”“场馆宣传组”五组展示搭建并不断改进过程，体现了敬业课程思政元素。竹叶书签的制作，彰显学生匠人匠心精神； 2. 结合职业体验，回归生活世界 小导游和小销售职业体验，能够提升职业规划能力，体现热爱工作，敬业爱岗精神；整个竹韵工坊的建设基于家乡的竹资源，不断微调整，体现精益求精的精神。整个过程培养了学生爱学校、爱家乡、爱祖国的精神，为中华民族有这样优秀的传统文化而骄傲。

第二部分　课堂实录（部分）

《敬业——竹韵工坊的搭建》实录

实录片段一：

师：同学们，我们学校有丰富的竹资源，我们是否可以利用当地的资源建设场馆，我们讨论确定这个儿童模拟博物馆的名字叫作：竹韵工坊。班级同学分成几个小组，着手建设竹韵工坊。今天这节课呢，我们来展示搭建的成果，感受创建儿童模拟博物馆的点点滴滴，分享给全班同学。

师：（出示图片）竹韵工坊场馆一开始是空荡荡的，怎么建设这个竹韵工坊呢？需要考虑：展览什么物品？物品怎么摆放？介绍要以什么样的形式呈现？经费又是一大难题。同学们学习了工程量表，并对竹韵工坊作了完整的规划，设计了竹韵工坊建设工程量表，表格如下：为了让我们的竹韵工坊建设得到保证，班级同学制作了工程量表。

序号	进度阶段	项目内容	负责人	开始时间	结束时间	工期
	项目准备阶段	资料的搜索	程　佳、郑尹健	12.18	1.18	1个月
2		设计方案征集	周诗瑜、郑李乐	1.3	1.24	2个星期
3		场馆的初步布置	李　彬、夏灵敏	1.25	2.6	2个星期
4	项目开发阶段	竹的民间传统老物件	邱卓颖、杨立峰	2.7	4.6	2个月
5		竹微盆景	陆诗洁、孟子怡	2.7	4.6	2个月
6		竹创意小作品	孙宇杰、朱笑乐	2.7	4.6	2个月
7		竹之科技作品	唐佳和、孙丹颖	2.7	4.6	2个月
8		学生活动瞬间展板设计及宣传	周诗怡、孙顺康	4.10	6.3	2个月
9	项目验收阶段	竹韵工坊整体改进与调整	程　佳、唐佳和	6.3	7.3	1个月

师：首先请竹韵工坊场馆布置小组介绍场馆的建设方案的形成过程。

生：这是我们最初场馆的原生态模样，我们搜集了中国扇博物馆、法国巴黎博物馆等网上资料，获取信息。周末，我们小组去实地考察珠宝店设计。场馆布置小组讨论设计，同时向全校师生征集设计图，筛选出最佳设计。项目准备阶段，确立了五个专题。之后，大家开始着手布置场馆，墙上钉钉子，放台布，挂蓑衣……虽然很多是第一次做，但大家都很专注，比如布局、展台展架使用量以及布置方法，并作预算，保证场馆和谐与简洁，像工匠一样，精益求精。

实录片段二：

师：场馆布置小组为我们搭建了场馆的雏形，各个小组以项目化的形式布置场馆，各个小组各具特色，下面有请小组代表上台展示成果。（小组交流片段）

竹创意小作品小组：（出示图片）这是我们组朱笑乐同学用竹子做的创意小坦克，小组同学创作的竹编画，各种竹制作的小作品，竹叶书签的制作和销售让我们倍有成就感。从材料—勾画—裁剪—塑封—流苏装饰，到竹叶书签的制作，无不凝聚着我们的心血。竹叶书签竹叶选择哪种竹叶？如何能保持不褪色？竹叶用热水还是冷水浸泡？泡几分钟？为解决种种问题，我到山上，到家里，到学校……各个场地寻找竹叶，选择不同材料浸泡，尝试浸泡时间的不同的效果差异在哪里……

师：你们制作了竹叶书签，挑选合适的新鲜竹叶，经过开水泡、晾干、绘图、塑封等步骤，制作了精美的、纯天然的竹叶书签。你们一个个都是竹叶书签制作的小匠人，一张小小的竹叶书签凝聚着尝试错误，重新制作，不怕挫折的精神。

场馆宣传组：我们组作为宣传组，制作了大的展板陈列在竹韵工坊里面，以项目展开的形式呈现我们的整个活动过程。比如：

活动一：春笋的高度实验

我们准备了剪刀、麻绳、透明胶、白纸、彩色笔、刻度尺等工具，给选定做实验的春笋做标签。图片如下：

我们设计的表格，测量单位：CM。

日期＼序号	1	2	3	4	5	6	7	8	9	10
4月2日										
4月3日										
4月4日										
……										

我们在竹园选择刚刚冒出地面的 10 棵春笋作为实验对象，把标签套在春笋上，用刻度尺测量数据，并记录，把测量结果用折线图等形式统计分析，得出结论。

活动二：探究竹子内部结构

挑选粗细相近的竹竿和树干，观察它们的横切面和纵切面，找找它们有什么不同点，说说我们的发现。

	横切面	纵切面
竹竿		
树干		

实录片段三：

师：为了推销效果好，我们做了推销的展板，书签分成三类，分别标价 2 元，3 元，5 元。不要小看我们，推销手段层出不穷，一下子卖出了好多，最后收入 87 元。

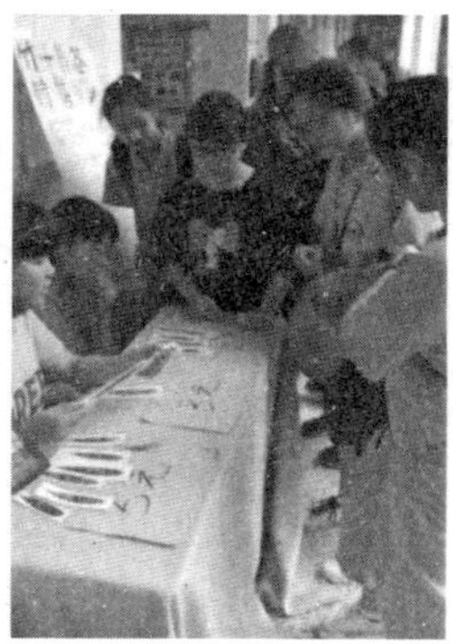

师：你们一个个都是推销达人，连老师们都被你们吸引过来，挑选了不一般的竹叶书签。

同时，为了更好地宣传竹韵工坊，你们上网搜索竹韵工坊的一些竹老物件的功能，以便向游客介绍，还到绍兴的旅游景点实地考察，观察导游如何介绍景点，经过充分的准备，小导游终于能够向班级和其他同学介绍竹韵工坊。在一次区级活动中，同学们介绍得有模有样，也越来越有自信，能和其他同学和老师灵活地增加一些互动。右图就是小导游介绍竹韵工坊。

师：这节课各个小组汇报了小组建设的成果，一座“竹韵工坊”儿童模拟博物馆就这样在我们的校园诞生了，为你们骄傲、自豪。我们用最小的成本，最大的特色，最优的服务得到了认可，你们的敬业爱岗、精益求精、追求完美的工匠精神感动了我，我们要把这个博物馆继续宣传，借助公众号、电视台的力量，让更多的人知道，同时把导游的任务交接给下一届，好吗？

（掌声响起，久久不停）让我们为自己鼓掌，为同伴鼓掌，为将来鼓掌……这节课就上到这里，下课！

第三部分 案例分析

党的十八大报告提出了社会主义核心价值观，社会主义核心价值观概括为“富强、民主、文明、和谐、自由、平等、公正、法治、爱国、敬业、诚信、友善”12个词语。敬业，是一种高尚的品德，是人们对自己所从事的职业充满着热爱、珍惜和敬重，不惜忘我地为之付出和奉献，从而获得一种荣誉感和成就感的思想品质。因此，在综合实践活动课程中，教育工作者要深入贯彻敬业思政教育的内容，培养学生的敬业精神。竹韵工坊课程的实施，在学校及周边有一定的影响力。《竹韵工坊》视频在绍兴电视台《小兰花》节目中播出，学校的校园电视台和腾讯视频播出，微信公众号也进行了宣传。

仅校园电视台就有300多人关注，绍兴电视台节目的关注度更高。

本案例是一堂培养学生敬业精神的综合实践成果展示课。本节课设计中，融合了课程思政和STEAM教育理念，学生建设开发了属于儿童自己的竹韵工坊儿童模拟博物馆，凸显了学生的精益求精、匠人匠心、敬业爱岗精神。

本微课思政点具体落实在以下三个环节中。

（一）工程量表支架，学会精益求精

精益求精，学生在岗位上精通业务，具备扎实的岗位基本功，能作出优异成绩，争创一流。学生借助工程量表三阶段：项目的准备阶段，开发阶段和验收阶段。有了竹韵工坊工程量表，学生也知道了完成自己项目所需的时间，基本上都能按预期完工。学生在从竹园砍竹，到展台的布置、挂窗帘、墙面订东西、竹纤维毛巾折小动物、竹叶书签的制作，都要综合运用科学、技术、工程、艺术、数学的知识，按照工程量表，调整工程进度，完成后再进行微调，出色完成了竹韵工坊的搭建和完善。

（二）竹叶书签制作，体悟匠人匠心

工匠精神是指在制作或工作中追求精益求精的态度与品质，是职业道德、职业能力、职业品质的体现，是从业者的一种职业价值取向和行为表现。从材料—勾画—裁剪—塑封—流苏装饰，到竹叶书签的制作，无不体现了学生的工匠精神。竹叶书签竹叶选择哪种竹叶？如何能保持不褪色？竹叶用热水还是冷水浸泡？泡几分钟？面对种种问题，学生到山上，到家里，到学校……各个场地寻找竹叶，特别是大的竹叶，选择不同材料浸泡，尝试发现浸泡时间的不同的效果差异在哪里……学生成为一个个小匠人，用匠心制作书签。

（三）模拟职业体验，专注敬业爱岗

敬业爱岗体现在学生热爱自己的工作岗位，热爱本职工作。小导游和小销售的职业体验，培养学生的兴趣，热爱岗位，干一行，爱一行，饱含感情去工作，把所从事的工作做到一定高度、一种境界。竹韵工坊实行免费对外开放，除节假日馆休之外，每日中午开放，竹韵工坊配备专业讲解员为参观

者提供热情、周到的讲解服务。

小导游向学生、家长、社会人士介绍竹韵工坊，在一次区级活动中，学生介绍得有模有样，学生也越来越有自信，能和其他同学和老师灵活地增加一些互动，小导游还和学生及外校来参观的老师合影留念。小销售的销售手段层出不穷，获得更多的销售后的满足感。通过职业体验活动，让学生热爱自己的工作，热爱自己的岗位。

根据上述三个环节的设计以及实施效果，笔者认为，此次案例中，竹韵工坊是学生运用手工、技能、创意设计呈现出来的属于学生自己的场馆。竹叶书签的制作，彰显匠人匠心精神；小导游和小销售的职业体验，提升职业规划能力，体现热爱工作，敬业爱岗精神；竹韵工坊工程量表的创建和工坊建设的不断调整，体现了精益求精的精神。整个竹韵工坊的建设基于家乡的竹资源，体现学生爱学校、爱家乡、爱人民的精神。竹韵工坊让学生经历各项活动，在动手做、实验、研究、设计、创作、反思的过程中进行体验、体悟、体认，发展实践创新能力，开展了课程思政的学科实践。

第四部分　专家点评

该案例运用工程量表、制作竹叶书签，让学生体验工匠精神；小导游和销售竹叶书签的体验活动，让学生感受敬业意识，可见，本案例的课程思政有了明确的知识载体。

学生根据教学任务的需求，通过构思、画图、制表以及文字说明设定方案，制作和研究的方法和选择合适的材料和相应的工具，做出实物，或改造原有的实物。整个过程，既有职业的体验，又有精益求精的匠心体验，学科与思政融合适切。每个活动片段的设计侧重不同的课程思政点，让思政的内涵落实、落细、落地，凸显敬业意识，潜移默化地对学生的敬业精神、职业规划等产生影响。可见，学生在整个教学活动中的体验是充分的。

教学内容在一节课内完成，有偏多倾向。让学生汇报交流活动体验可适当加强。

第六章　高中课程思政实践

第一节　高中课程思政实践概述

在高中课程思政的实践与案例的梳理中，课程思政的主题不但丰富多样，而且体现理性之光、辩证思维。主要围绕民族自豪、家国情怀、文化自信、时代担当、社会责任、开拓创新、中国智慧、制度自信、辩证发展观、辩证否定观等主题展开。这些主题不约而同地指向伟大复兴和理性精神。

中华文明源远流长、浩浩汤汤。在五千多年的文明历史中，中国曾长期走在世界前列，创造了丰硕的物质文化财富，改变世界，造福人类。中华文明绵延传承、从未间断。在世界四大文明古国中，唯有中华文明有国有史传承至今。但近代以后，西方列强的入侵和封建统治的腐败让中国这只威武的雄狮卧入病榻，山河破碎、生灵涂炭，复兴成了这个创造过辉煌而又经历过苦难的民族最深切的渴望。

2012 年 11 月 29 日，习近平总书记带领新一届中央政治局常委参观中国国家博物馆举办的《复兴之路》展览时指出："现在，大家都在讨论中国梦，我以为，实现中华民族伟大复兴，就是中华民族近代以来最伟大的梦想"。中国共产党自成立以来，就义无反顾地将实现伟大复兴作为自己的历史使命，并团结带领中国人民历经了二十八年的浴血奋战实现了"站起来"的奋斗目标，历经了新中国成立以来尤其是改革开放以来的探索实现了"富起来"的奋斗目标。党的十九大报告指出，今天，中国人民比历史上任何时期都更接近、更有信心和能力实现中华民族伟大复兴的目标。

伟大复兴这一主题在初中社会、高中政治教材中，都有重点论述的篇目，但要展现我国在物质文明、政治文明、精神文明、社会文明和生态文明方面取得的辉煌成就，提升对学生的引领力、感召力，仅凭借思政课程一己之力，效果欠佳。因此，通过课程思政理念让全员、全程、全课程协同而行，相互补足，才能更好地完成“立德树人”的教育根本任务。

“理性精神”是指我国公民在认识世界和改造世界的过程中表现出来的一种精神取向，即坚持马克思主义的科学世界观和方法论，能够对个人成长、社会进步、国家发展和人类文明作出正确的价值判断和行为选择。它要求我们的高中生能学会坚持用辩证唯物主义和历史唯物主义基本观点，领会习近平新时代中国特色社会主义思想，认清社会发展规律和阶段性特征，解放思想、实事求是、与时俱进、求真务实，在全面深化改革的进程中，把握发展机遇，应对各种挑战。

习近平总书记在学校思想政治理论课教师座谈会上指出：“要坚持显性教育和隐性教育相统一，挖掘其他课程和教学方式中蕴含的思想政治教育资源，实现全员全程全方位育人。”在总书记的论述中，我们获得了开启课程思政的金钥匙。

本章课程思政案例所涉及的学科内容包括高中语文、数学、英语、物理、化学、生物、历史、地理、中职部分学科，把包括伟大复兴、爱国情怀、初心使命、文化自信、科学精神等课程思政目标融入各门学科的教学中，对学生树立正确的世界观、人生观、价值观产生潜移默化的正面影响。

《“铁”的使命与担当》从“生活中的铁”走向“经济建设中的铁”，再走到时下热点“疫情中的铁”，让学生体验中国悠久又优秀的历史文化，体会我国强大的实力和世界地位。换个角度看“知识”，学生在学习化学时，不仅能获得民族自豪感，更能培养爱国情怀。

《寻名人足迹　育家国情怀》以绍兴“名士乡”为切入口，用访谈调研的方式，设计“访”名人居、“读”万卷书、“书”家国志三个活动，带领学生了解家乡名人、读懂家乡文化，明确个体命运必须与国家命运紧密结合，激发为建设美丽家乡、报效祖国而努力的源动力。

《“硅”中有价值“材料”现发展》以单质硅和常见硅酸盐材料的相关知识为课程思政的载体，通过了解“芯片事件”、学习“芯片制备”、研讨“芯片事件”促进学生在科学探究过程中感受硅材料在信息科技革命和国家发展中的巨大作用，升华学生的民族责任感，学会在实践创新中增长才干。

《生物变异的辩证观》以基因序列改变可能会影响其编码的蛋白质、基因突变可应用于诱变育种的相关知识为课程思政载体。通过设计对基因突变的原因及特点的逻辑论证过程分析的学生活动，促进学生辩证的理性思维，学会科学分析的态度；通过列举我国利用该技术已培育的水稻、小麦、大豆等优良品种的农作物和“神舟十号”的太空育种，以及在微生物方面的成效，让学生体会到科技作为一种革命力量，对经济发展、国家复兴的重大作用。

《汽车工业发展见证国力强盛》以中国汽车的发展之路为主线，既讲明讲透“光伏 + 风能”“特高压技术”“新能源汽车生产线”等中职汽修的专业学科知识，又通过讲述故事、观看视频、展开讨论等方式，展现了我国的汽车工业从一无所有，到产量第一，再到领航新能源开发使用这一弯道超车的过程，让学生充分感受到中国速度、中国力量、中国智慧，培养学生的政治认同、爱国情感、报国志向，为中华民族伟大复兴添砖加瓦。

《从三起三落看制度自信》以傻子瓜子创始人年广久创业经历的三落三起，讲述改革开放四十年来中国共产党对计划与市场政策的摸索、调整，展现了中国共产党人勇于纠错、实事求是、开拓创新、以人为本的精神。学生通过对历史人物年广久的“神入”，充分认同中国共产党是人民的政党，全心全意为人民服务是中国共产党的宗旨。在小人物、大历史的历史叙事中，学生充分认识到人民群众是社会历史的主体，从而引导学生成为社会主义合格建设者和可靠接班人，参与到中华民族伟大复兴的历史伟业当中。

《千年飞天梦圆 致敬中国航天》将科学精神与哲学思维渗透于高中物理教学中，并通过介绍中华民族千年梦圆的经过，结合我国“嫦娥”号探测器发射实例，激发学生对我国航天事业的自豪感，增强对中华优秀传统文化的自信。在课中，学生通过畅所欲言、角色扮演、聆听微课、诗歌朗诵等一系列活动，感悟物理学科中的科学美、人文美和艺术美，在感悟美的过程中，激发学生探究寰宇的热情、奉献航天事业的激情、投身伟大复兴的真情。

《筑江河大坝 梦伟大复兴》以中国在雅鲁藏布江上的大型工程项目建设战略为例，结合中国在区域发展中的战略布局，既让学生论证掌握流域开发与治理的相关地理知识，又让学生在欣赏祖国壮美河山中，理解支持国家政策，厚植家国情怀，向中华民族伟大复兴的目标进军。

《非遗汇匠心，润物细无声》结合绍兴花雕工艺作品制作工艺和非遗传人介绍，在“我为‘非遗文旅商品’代言”核心主题下，一方面达成了商品介绍的被动句语言运用的教学目标，同时也通过“非遗”这大板块的素材，激发学生的民族自豪感和自信心，引导学生学精专业的责任感与使命感。

《用英语讲好中国故事 坚定文化自信》案例以中国汉字为依托开展“语篇分析”“词汇学习”等教学，用英语讲述“中国汉字故事”，让学生理解、体会了汉字书写系统在世界文明发展历史上的“connecting”（连接人类与文化、现在与未来、语言与艺术、中国与世界）的独特作用，课堂充满了独特的中外文化相互交融的味道，坚定“让世界了解中国，让世界懂得中国”的文化自信。

参考文献：

中共中央、国务院于2019年11月印发实施的《新时代爱国主义教育实施纲要》

第二节　高中课程思政实践与思考

◉ 寻名人足迹　育家国情怀

第一部分　教学设计

“课程思政”设计书

学科名称	高中语文
微课所在章节名称	人教版（新教材）高一上册第四单元《家乡文化生活》
授课对象	高一年级学生
教学设计	
切入课程思政的课程知识点	一方水土养一方人，家乡文化既是中国文化的重要组成部分，也是我们个体精神生活的重要依托。了解家乡文化生活，是培养学生乡土认同感，树立民族自信心的重要基石。 切入课程思政的知识点如下： 1. 学习调查研究的方法，通过寻访、问卷调查、上网查阅等方式了解名人故事，这些故事中有着他们的家国情怀，也映衬着家乡文化孕育下他们富有魅力的人格底色。 2. 结合前期的资料收集，学习撰写家乡“人物志”。“人物志”是一种通过记录人物的生平、主要事迹，突出他的贡献或影响的文体。“人物志”以准确、平实、简明的语言为前提，以记述中自然而然地融入作者对国家的思考和情感为要。
思政教育的课程目标	1. 了解家乡名人，激发学生热爱家乡、建设家乡的情感。 2. 培植学生的家国情怀，提升文化认同，坚定文化自信。
知识点与思政教育结合的教学设计	1.“访”名人居，育家国情 学生以小组为单位探访名人故居，通过访问、考察了解名人的事迹，做好“家乡名人访谈表”相应的记录。在活动之前笔者利用课堂先向学生介绍了访谈的要义，学习王思斌《访谈法》、《费孝通访谈录》、央视《第一访谈》节目脚本等资料，帮助学生明确访谈的概念、厘清访谈思路，并指导制作完成“家乡名人访谈记录表”。 通过查阅相关图书资料或网站资料，了解采访对象，为后期实地考察、人物访谈打好基础。确定访谈的主题，拟定好访谈的提纲，避免在访谈过程中出现笼统、含糊、无边际的现象。（调查表 1）

续表

<table>
<tr>
<td>知识点与思政教育结合的教学设计</td>
<td>
家乡名人访谈记录表
<table>
<tr><td>名人</td><td></td><td>年龄</td><td></td></tr>
<tr><td>主要成就</td><td colspan="3"></td></tr>
<tr><td>考察地点</td><td></td><td>考察时间</td><td></td></tr>
<tr><td>地点特征</td><td></td><td>信息来源</td><td></td></tr>
<tr><td>价值描述</td><td colspan="3"></td></tr>
<tr><td>访谈对象</td><td></td><td>访谈时间</td><td></td></tr>
<tr><td>访谈提纲</td><td></td><td>访谈记录</td><td></td></tr>
<tr><td>价值描述</td><td colspan="3"></td></tr>
</table>
2.“读”万卷书，品爱国心
指导学生通过查阅家乡名人传记、名人作品、查阅相关学术著作，进一步了解名人的生平事迹、研究领域，对家乡的主要贡献等。笔者在这一过程中起到组织引导作用，把调查结果汇总起来以小组为单位进行交流，通过交流形成互补使学生对调查对象有更加深入的了解，为下一步“志”的编写打下基础。（调查表 2）
家乡名人资料汇总表
<table>
<tr><td>书名（报刊、文章）</td><td></td><td>作者</td><td></td></tr>
<tr><td>发布时间</td><td></td><td>研究方向</td><td></td></tr>
<tr><td>具体内容</td><td colspan="3"></td></tr>
<tr><td>价值描述</td><td colspan="3"></td></tr>
</table>
3.“书”家国志，践爱国行
这里的“志”有两层含义：第一层含义是精神层面的“志向”，前两个板块通过对家乡名人的探究，了解、获得了家乡人文底蕴。如何通过书写让学生建立起乡土知识基础上更高的乡土自信与自觉，这是第三板块“书志”的重要议题，也是本案例结合思政的集中体现。
第二层含义是技术层面的“人物志”的撰写，以记叙和说明的方式，记叙人物的生平、主要事迹，突出他对家乡的贡献和影响。透过准确、平实、简明的语言在记述中自然而然的融入对家乡的思考和情感。在书写之前，学习了《袁隆平：用一粒种子改变世界的人》、新华网的《陶文铨：在国际热学研究领域前沿镌刻“中国身影”》等文章。
</td>
</tr>
</table>

续表

知识点与思政教育结合的教学设计	选择撰写较好的文章编辑成册，陈列于教室“读书角”供大家参读，也让学生体会到活动的成就感。
特色及创新（300字左右）	1. 走出课堂，体验家国情怀 加强对学生认知规律和接受特点的研究是课程有效开展的前提。在信息发达，价值多元化的社会大背景下，在明确课程价值目标的基础上，摈弃传统的说教，尝试以组合活动的形式，让学生在自主探索中，认识家乡文化、认同家乡文化、热爱家乡文化。 2. 学以致用，践行家国情怀 《“当代文化参与”教学的三个维度》一文中指出，“当代文化”任务群的学习过程，看重的是学习过程中产生的获得感，而不再强调“学会”了哪些内容，“掌握”了哪些具体的知识点。在课程的设计中，笔者改变传统的教学角色以“教学组织者”代替“知识传输者”，通过自主选择调查对象，确定调查问题，编制调查提纲，调研采访、自主梳理材料，完成人物志撰写，将主动权交给学生。在很大程度上刺激学生学习的积极性、主动性，努力提升学生在学习过程中的获得感。

第二部分　课堂实录（部分）

《家乡文化生活》实录

师：长城的宏伟壮丽，离不开每一块搭建的砖石；大海的波涛汹涌，离不开每一条汇聚的溪流；家乡文化的传承与发展，同样也离不开那些印刻在时代丰碑上的名人。天地钟灵，山川毓秀，非常之境，培育非常之人。拥有2500年建城史的绍兴，是历史上许多名人们的故乡，更是他们的精神自留地，它一点一点地渲染着名人成长的足迹，成了他们无法磨灭的人格底色。

我们之前在课堂上学习了访谈和调查的范例，一起学习了“人物志”写作的方法，明确了写作要求，大家也确定了自己小组调查研究的对象。同时，利用周末布置大家去开展三个实践活动，这周我收到了很多小组撰写的初稿。那我们今天的课堂就分为两个环节，一是用简短的语言介绍你们小组撰写的这位名人身上感动你们的点；二是分享你们的撰写心得。

第一环节有两个思考问题：

思考并小组讨论：1. 什么是家乡文化？ 2. 你为什么选择这位名人作为“人物志”撰写的主人公？

生：我们小组认为想要解释家乡文化，首先要理解“文化”的概念，文化是人类社会相对于经济、政治而言的精神活动及其产物，分为物质文化和非物质文化。所以“家乡文化”就是指某一个特定区域人们的精神活动及其产生的民风民俗。

师：好，这位同学从概念的层面向我们解释了“家乡文化”，比较的抽象。还有没有其他同学从不同角度去解释？

生：我们组认为“家乡文化”是一种代表性的东西，是每个地方人们得以区别的标志，是一个特定地域人们的特色。比如说我们的绍兴话，以及提到我们绍兴人，大家就会联想到的“绍兴师爷”。

师：非常好，这位同学用了几个事例来解释什么叫“家乡文化”。老师认为“家乡文化”与之关联的一个重要的词叫作“传承”。它是一个地区的人们在生活中产生并得到传承的一种物质精神载体，是经过时间的淘拣之后留下来的东西，不一定是独一无二的，但肯定是有着代表性的。

我们进入下一个问题，你们小组为什么选择这位名人，他身上有什么闪光点引起了你们的注意。

生：我们组选择的人物是邵力子。他是我们稽山中学的出资创办人。说到邵力子我们首先想到他是一位“和平老人”，他是为国疾呼的民主人士，他是受人拥戴的爱乡楷模。但是很少有人知道在家里他是一个勤俭质朴，有错必纠的长辈。邵力子的孙女邵黎黎回忆，邵力子不准子女们浪费粮食，家中每盘菜都是用小碟子装的，他打趣的和孩子们说，这样才不会吃厌。他到北京后，和子女们通信，每次来信，信封都是使用过的信封反转糊起来的，就是这么一个克勤克俭的人，对于家乡的教育的事业他一掷千金。创办稽山中学的前身“私立绍兴中学”，并亲书“卧薪尝胆”四字作为校训，以培训爱乡报国之才。

师：从邵力子老人身上你们读出了家乡绍兴什么文化底色？

生：是绍兴人世代相传的淳朴、勤毅、爱国的品质。我在我的祖辈和父辈的身上都读到了这样的品质。这是需要我们不断传承和发扬的品质，不能随着物质生活的改变而改变。

师：很好，还有没有其他组的同学想和大家分享？

生：我们组调研的这位绍兴名人可能在座的同学并不十分了解，他是陈桥驿老人。他是绍兴 2500 年历史的佐证者、历史地理学泰斗、浙江大学地球科学系终身教授。陈桥驿老人有个特点就是“爱读书”，而且“不读正书”，也就是当时的教科书。身为长孙，陈桥驿的读书是由祖父陈质夫包揽的，在他《逆旅》一书中提到自己从小被“关书房”的经历。五岁一首《松下问童子》开蒙，当年就背熟了《唐诗三百首》；七岁熟读《四书》后，开始读《五经》；小学四年级，陈质夫便领着陈桥驿逐篇读《二十四史》，这一年，读完了《史记》。在祖父学生孙伏园的建议下，小学五年级时陈桥驿便开始接触英语，这在当时是极为罕见的。也因此，当时教科书上的“红黄蓝白黑，这是我们的国旗”，对于少年而言，有多寡淡。“不读正书”这看似不靠谱的家庭教育方式，却成了陈家后人读书的习惯。

我们认为“爱读书”这是许多人对绍兴人的一种印象。绍兴人历来重视教育，尊敬崇拜读书人，这和绍兴深厚的文化底蕴和良好的文化氛围有着密不可分的联系，当然“爱读书、读好书、善读书”也是我们需要传承和发扬的一种“家乡文化”。

师：书卷气，是绍兴引以为豪的城市底色。书香氤氲，悦读致远，读书，是一种生活态度，更是一种精神追求。

在同学们上交的初稿当中，老师又发现了一个熟悉的名字——“徐光宪”他不仅是绍兴名人，更是我们的知名校友。这位同学在他的文章最后写了这样一段话，我将它投影到了幻灯片上：

青春是什么？青春是面对困难，执着追求，哪怕一路失落，一路遗失，一路惘然，然而拾起一切，继续上路。青春稍纵即逝，吾辈年轻人应当不负青春，胸怀星辰大海，放出万丈光芒，就像我心中的那棵“院士树”一样。

我想请这位同学谈谈，他在写这段文字时的内心感受？

生：写这段话是因为我最近在各种媒体上看到一个问题“谁才是这个时代的真正的偶像？”我也问自己谁才是我们这一代青年应该去学习，去效仿的真正的偶像，通过对徐光宪院士生平的查阅了解，我心中好像有了答案。

出身贫寒的徐光宪院士，学生时代是靠着半工半读完成学业的。留美期间，他表现突出，美国想用重金留下这位难得的科技人才，但谁也没想到，年轻的徐光宪并不为之所动，他说：“科学无国界，科学家有祖国！”毅然放弃一切选择回国，成为我国当之无愧的“稀土之父”。今天的中国，人民生活富足，但一部分人的思想精神却变得贫瘠，盲目的、无节制的物质追求，甚至有部分人整天做起了“明星梦”“网红梦”。因此将“偶像”的定义重回它的价值本身，十分必要。让偶像成为正能量的化身，让为社会作出杰出贡献的个人获得更多人的赞誉，为社会大众树立正面的精神榜样，更要让年轻人有效仿学习的对象。这就是我在“家乡文化生活”调研寻访活动中的一些感受。

师：今天的分享就到这里，愿大家通过这次实践活动，对自己家乡的了解更进一步，对家乡名人的了解更深一点。当然，老师更希望通过这次活动，我们都能够守住心底的那份“乡愁”，去奔赴更美好的明天。

第三部分　案例分析

部编高中语文教材高一必修上册第四单元《家乡文化生活》是“当代文化参与”任务群课程化的具体体现。《普通高中语文课程标准（2017 年版 2020 年修订）》明确指出，该任务群“旨在引导学生关注参与当代文化生活，学习剖析文化现象，积极参与中国特色社会主义先进文化的传播与交流，增强文化自信。”因此，本单元是一个大视角、小切入的学习模块，既具有以新时代高中学生应具有的“文化自信”为隐性的精神主线，也具有通过探究性实践活动让学生获得实际生活需要的语文应用知识为显性的素养副线。笔者在进行课程设计时，尝试通过打好“组合拳”，实现课程人文主题和学习任务群双线组合的目的。现总结分析如下：

习近平总书记在2020年中央农村工作会议中强调“民族要复兴，乡村必振兴”。乡村的振兴离不开教育来唤醒人们对乡土的那一缕情怀。部编教材将“家乡文化生活”单元设置在第五单元《乡土中国》的整本书阅读之前，从“我们的家乡”拓展到“乡土的中国”，旨在培养学子的家国情怀。《家乡文化生活》单元第一板块“记录家乡的人和物”探寻某个人物留下的动人故事、某幢建筑的不朽价值、某个物件的特殊来历，以此来承载学生对于家乡丰富的记忆和情感。自越国古都至今，已有2500年建城史的绍兴，可以记载的东西很多，根据实际课程开展的时间限制，结合中学生认知规律特征，笔者以绍兴“名士乡”为切入口，用访谈调研的方式，设计三个主题活动形式，带领学生了解家乡名人、读懂家乡文化，悟透“只有把个体命运与国家命运紧密结合起来，才能开拓出人生的大格局”的精神要义，找寻情感归宿，激发为建设美丽家乡、报效祖国而努力的源动力。

“访”名人居，育家国情。这个板块旨在使学生明确访谈要义的基础上，引导他们走向生活、走向社会，通过多种途径，去了解家乡名人的事迹。通过自己的访寻，让他们切实感受，化被动学习为主动探索，让其对家乡名人的崇拜、学习、向往呈现一种自然发生的过程。

“读”万卷书，品爱国心。这一个环节着重培养学生逻辑思维和综合知识运用能力，在材料的收集整合过程中，发现组织研究和运用研究的自主学习方法。查阅资料、收集资料的过程其实也是学生自主对名人精神（家乡人文底蕴）的一种探索发现和再创造。

“书”家国志，践爱国行。学习的真正目的是用所学去指导生活实际。通过人物志的撰写，将实践的成果回归到对理论、思想的指导中。回顾昨天，了解今天，展望明天，寻找情感的归宿，增进对家乡文化的认同，培养家国情怀，发挥语文学习的铸魂培元作用。

通过以上环节将学生的撰写成果编辑成册，以循序渐进的方式打破学生对于语文学习的传统认知，填补学生在“人物志”书写中的知识空白。通过采访、考察、调研和查阅文献等方式重新认识家乡，培养学生交流协作、思考探究的能力，使学生在听、说、读、写中深刻体会“小我”与“大我”的关系、“个人”与“家国”的关系，从而找到归属感、使命感、获得感，让家国情怀落地生根。

第四部分　专家点评

运用家乡名人访谈记录表、家乡名人资料汇总表，让学生走近家乡名人，深入名人生活，深刻感悟家国情怀。以家乡名人的事迹为载体，家国情怀——本案例的课程思政，落地生根、生机盎然。

“家国情怀”与“乡土中国”，有着密切的联系，本案例以绍兴“名士乡”为切入口，用访谈调研的方式，设计三个主题活动形式，既把握语文学科自身特点，引导学生把握“记录家乡的人和物”的学科要求，又凸显了浓浓的思政味道，在活动中渗透“育家国情、品爱国心、践爱国行”，学科与思政浑然一体。

活动分三个环节：“访”名人居，育家国情；“读”万卷书，品爱国心；“书”家国志，践爱国行。三个环节丝丝入扣，既有课外的实地走访调查，也有课堂上的“讲读书”，学生体验充分，能激起学生的家国情怀，思政目标达成有效。

从课堂教学活动安排来看，整个教学活动设计比较合理。例如，将“访”名人居，放在课外，利用周末完成，而课内主要是交流“初稿”，符合语文学科教学实际。采用“选择撰写较好的文章编辑成册，陈列于教室‘读书角’供大家参读”的方式，不仅可以让“学生体会到活动的成就感”，也有利于活动成果沉淀，从而避免课堂、课程思政流于形式。

“家国情怀”是中国优秀传统文化的基本内涵之一，博大精深，它既与行孝尽忠、民族精神、爱国主义、乡土观念、天下为公等传统文化有重要联系，又是对这些传统文化的超越。因此，有两个小建议：一是在课堂教学中，要抓典型注重代表性；二是“践爱国行”，既然是实践，那么成果与形式可以更加丰富多样。

◉ 用英语讲好中国故事 坚定文化自信

第一部分 教学设计

“课程思政”设计书

学科名称	高中英语
微课所在章节名称	人教版（新编）必修第一册第五单元 Reading and Thinking 板块的阅读语篇 The Chinese Writing System：Connecting the past and the Present
授课对象	高中一年级学生
教学设计	
切入课程思政的课程知识点	了解我国汉字书写的发展历史，探索汉字对中华文明数千年的传承起到的积极作用，并积极思考汉字未来的发展方向及其在璀璨的世界文化中起到的作用。 切入课程思政的知识点如下： 1. 通过我国汉字书写体系发展这一条明线的叙述，帮助学生理解说明性语篇的特点及其语言特色。 2. 梳理“连接”（connecting）的一条暗线，引导学生了解汉字书写体系对中华文明传承数千年所起到的四个重要作用。
思政教育的课程目标	1. 感受中国汉字系统的历史变迁和中国汉字文化的博大精深。 2. 了解汉字对我国文化传承和发展的积极意义。 3. 培养学生的中华优秀文化的认同感，增强文化自信。
知识点与思政教育结合的教学设计	1. 呈现主题情境，激发阅读兴趣 呈现教师姓名以及一些常见日用汉字的象形文字，安排一个猜字游戏。图文并茂的导入设计能迅速抓住学生的眼球，使学生感受象形文字的独特魅力，激发他们进一步了解汉字书写系统的兴趣。 2. 剖析主体语篇，理解汉字文化 根据语篇的行文特色，引导学生找出时间定位词并抽取一条连贯整个文本的中国汉字书写体系发展的时间线，并以该时间线为轴设计一个基于小组合作的思维导图活动。这一活动需要学生合作阅读讨论，找出时间轴中与重要的时间节点相对应的主要信息，有助于学生一边感受中国汉字系统的历史变迁，一边思考这些重要事件背后的文化意义，体验汉字的形成历史带给我们中国人的民族自豪感。当然小组的思维导图有可能并不全面，因此教师设计出自己的思维导图，通过追问来引导学生继续关注未获取的信息并引导学生深入思考汉字书写系统历史演变阶段的重要转折点并总结出影响其发展的主要因素。同时，教师提醒学生汉字书写系统的发展也会影响中国的发展并带领学生提取说明文文本的框架，总结说明文的文本特征。

续表

知识点与思政教育结合的教学设计	3. 理解运用语言，唤醒传承意识 在学生了解了汉字书写系统对中国文化传承的积极影响后，设计以下两个问题： Q1 : What does the author think of the CWS' s influence on Chinese civilization in this article?（作者如何看待汉字书写系统对中国文化传承的影响？） Q2 : Can you find some sentences showing the importance of the Chinese writing system directly?（你能从文中直接找出表达汉字书写系统重要性的语言吗？） 这两个提问的问题从语言层面，引导学生关注文本中体现作者观点的句子或表达法；从文化层面，学生在寻找这些关键表达的同时理解汉字书写系统在世界文明发展历史上的“connecting”（连接人类与文化、现在与未来、语言与艺术、中国与世界）的桥梁作用；从故事讲述的角度，这是引导学生从纯粹转述语篇语言向表达自己的观点慢慢过渡的一步。 4. 分享拓展观点，增强文化自信 进入拓展观点分享环节——How will the Chinese Writing System influence the future? 学生自主选择表达汉字书写体系对未来 culture/education/economy/politics/arts and sports 等领域的影响，发表自己的观点。学生在观点交流中不但提升了语言能力和思维能力，而且也为今后在真实的语言运用情境中，向全世界“传播好中国声音”打下坚实的基础。
特色及创新（300 字左右）	1. 挖掘与融入思政元素“点” 课堂不再拘泥于传授语言知识，更多的是挖掘与融入思政元素“点”。在语言学习中有机融入中华文化元素，帮助学生形成正确的价值观，培养其中国情怀，坚定其文化自信。 2. 课程思政之“线”贯穿教学全过程 在课堂主题导入、篇章结构分析、词汇语言运用、拓展观点分享、课后作业等各个教学环节融入思政元素“点”，帮助学生从浅到深了解汉字书写发展历史，探索其对中华文明传承起到的积极作用，并思考汉字未来的发展方向。课程思政之“线”贯穿教学全过程。 3. 形成英语课堂思政教学的生动场“面” 本课鼓励学生用所学的语言知识表达思政观点，通过课堂活动内化为学生自身的思想和行动实际，直至下课全班学生还沉浸于浓浓的民族自豪感中，形成了英语课堂思政教学的生动场“面”。

第二部分 课堂实录（部分）

The Chinese Writing System：Connecting the Past and the Present

学生完成思维导图后，教师邀请其中两组同学上台展示阅读成果，给予特定的场合让他们做中国汉字文化的传播者。以下是几个小组的思维导图呈现：

因为事先有充分的阅读时间，也有阅读成果的牵引，当两位学生上台分享他们的导图时，都能从容地运用英语表达他们对中国传统文化的自信与热爱，精彩的场面引得台下掌声连连。这一环节，不仅锻炼了他们“输出”的能力，也为他们提供了“讲好中国故事”的锻炼机会。

当然，学生自主形成的导图绘制并不全面，在引导学生成为真正精彩的中国故事讲述者，教师还需要是一个有自身文化素养的引导者，在学生呈现自我作品结束以后，是我自己的思维导图展示，如下图：

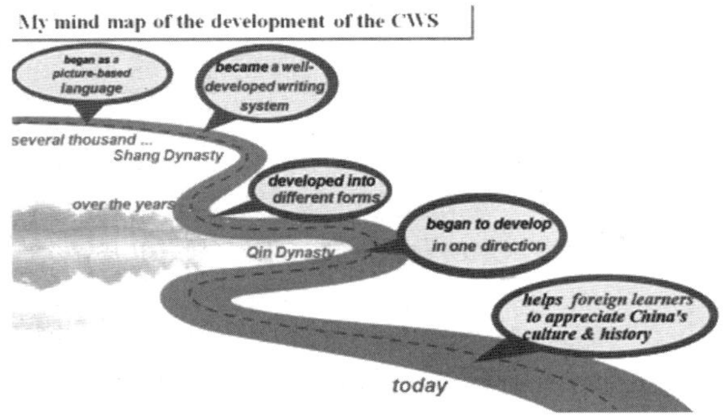

教师展示自己的导图目的有二：一是让学生明白导图应该涵盖的语言及其背后的文化意义；二是通过追问来引导学生继续关注未获取的信息，而这

些追问获得的信息就是文本主题的升华，也是英语课程思政中学生价值观念的引领与提升。对此，我依次提出以下问题：

（1）What is the most important turning point in the development of the Chinese writing system？ Why？（汉字书写系统历史演变阶段的重要转折点是哪个？为什么？）

（2）What contribution did Emperor Qingshihuang make in Chinese history？（秦始皇在中国历史上所做的贡献？）

（3）How did he unite all the languages？（他是如何统一书写体系的？）

（4）Can you conclude the factors that influenced the development of the Chinese writing system？（你能总结出影响汉字书写体系发展的因素吗？）

这四个链状的问题有一定的思维含量，也是学生故事讲述中是否有正确的文化价值观念的基础。问题抛出后，我鼓励学生参与小组活动，引导他们主动深入思考、共同探讨汉字书写系统历史演变阶段的重要转折点并总结出影响其发展的主要因素，并感知国家统一等政治因素对汉字发展重要性的认识，自觉地形成客观、谨慎的文化态度。经过问题追问以后补充形成的思维导图如下：

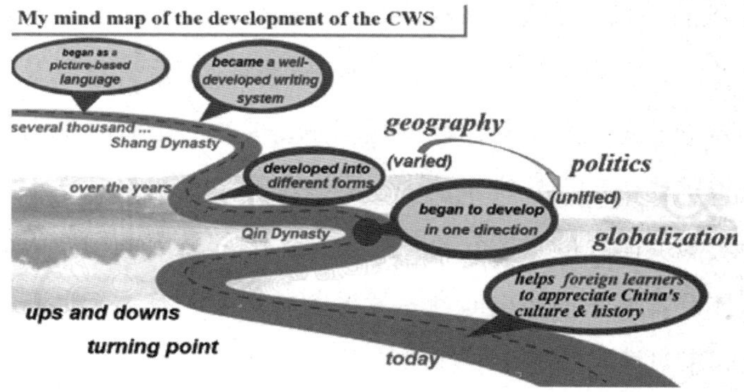

第三部分 案例分析

习近平总书记指出：“把思想政治工作贯穿教育教学的全过程”。高中英语教材富含思政元素，始终坚持民族自信和文化自信，在教学任务中融入中华文化，把英语语言、文化等知识转化为育人平台，培养学生成为具有中国情怀、国际视野、跨文化沟通能力的时代新人。

在本案例中，教师充分发挥了课堂主渠道作用，学生在完成语篇分析、词汇学习、文化内涵提炼等任务学习中，接受思政教育的浸润，逐步推进思政目标的达成。细观这个文本，字里行间有取之不尽的中华文化“融点”，教师将这些“文化融点”通过精心的教学设计，串联成语言课堂思政教学的节点，避免抛弃英语课堂语言学习的学科特点，而将其变成纯粹说理性的思想政治教育课。

（1）文化导入唤醒民族自豪

“工欲善其事，必先利其器”，有效的课堂导入能激活学生的内动力。但英语的思政课堂不能仅仅是活跃课堂气氛，教师在课文导入时要巧妙结合思政主题，这个案例合理巧妙地融入甲骨文，向学生展示了迄今为止中国发现的年代最早的成熟文字系统，让学生领略中国最古老文字的风韵，使学生为中华民族的艺术成就感到骄傲。从中国故事讲述的角度，这应该是讲述者情绪代入的阶段，文化导入能更好地唤醒学生深藏内心的民族自豪感。

（2）价值讨论升华思政主题

教育的目的是培养心智人格各方面健全的人，而不仅仅是掌握知识和技能的人。教师在引导学生理清语篇的整体结构、主旨大意以及重要事实信息，获取语篇语言意义和文化内涵的过程中，要适时融入价值引导，这是英语思政课堂很重要的节点。本案例中，有一个环节是引导学生深入思考汉字书写系统历史演变阶段的重要转折点并总结影响其发展的主要因素。讨论得出汉字书写体系发展中秦始皇时期是发展的转折点，有助于提高学生对国家统一等政治因素对汉字发展重要性的认识。

（3）语言运用融入传播理念

在课堂结束环节，教师组织学生讨论 How will the Chinese writing system influence the future ？（汉字书写体系对未来有何影响？）这一问题，学生在表达观点时都关注了文本中表达“重要性”的语言：of great importance，an important means，the high regards for …以及 still an important part。他们借助这些词汇，表达了自己的观点，认为随着国际间的文化交流日趋密切，汉字书写将继续展示中国魅力，发挥不可估量的重要作用。中华文化元素赋能词汇语言运用，增加了词汇学习的厚度。

（4）课后延伸讲述中国故事

本节课的课后作业是“假设今年你们学校英语周恰逢国外友人团前来进行文化交流活动，英语俱乐部的成员被要求‘设计一张中国传统文化介绍’的海报，请以汉字书写体系的发展与未来为主题合作完成一张英语海报”。课后作业是课堂学习的延伸和巩固，是对所学知识的反馈，使学生能在阅读的基础上将与阅读材料相关的主题内容、所学语言知识结合起来，进行语言输出。形成课内与课外相互补充、相互提升的语言思政学习的格局。让学生设计文化海报，继续体会汉字的艺术魅力，以达到巩固课堂知识和课后延伸在比较真实的语境中讲述中国故事的双重教育效果。

本案例处处隐藏着思政“触点”和“融点”。但是，课程思政并不等于思政课程，虽然在英语课程中强调有机融入中华传统文化，但不能代替英语专业知识的学习，更不能违背英语学科教学逻辑。因此，教师要把握好中华文化融入课堂教学活动中的“度”，不能思政过满，思政过密。课程思政是隐性教育，需要通过学生接受英语知识和技能训练来感触到民族自信，潜移默化地来影响学生的思想、行为和价值取向。

在推动中华文化融入英语教学的工作中，教师始终是主要的助推力。教师个人的文化素养和思想政治素养直接影响着英语文化教学效果。身为高中英语学科教师，平时应该积极参加优秀传统文化素养的培训，养成阅读传统文化经典的习惯。面对英语教学特殊性带来的西方文化冲击时，自身能够做出正确的价值判断，形成对中华文化的认同感，才能引领学生坚定中华文化自信。

第四部分 专家点评

中国汉字，是中华文明一脉相承的重要见证。案例以中国汉字为依托开展“语篇分析”“词汇学习”等学科教学，用英语讲述“中国汉字故事”；让学生理解、体会了汉字书写系统在世界文明发展历史上的“connecting”（连接人类与文化、现在与未来、语言与艺术、中国与世界）的独特作用，实现了英语学科教学与课程思政的完美融合。

教学过程，通过创设听说读写、讨论交流、展示分享等环节，让学生参与深度体验，课堂充满了独特的中外文化相互交融的味道。在中外文化交流中要坚定文化自信，对课程思政的多样性与统一性也有了很好的阐释。“让世界了解中国，让世界懂得中国”，中学阶段就需要更多的外语教师主动担当使命，在学科教学中融合课程思政，坚持价值性与知识性相统一，坚定用世界语言讲述中国故事，用世界语言讲好中国故事。

◉ 非遗汇匠心　润物细无声

第一部分　教学设计

“课程思政”设计书

学科名称	中职英语
微课所在章节名称	高教版中职英语基础模块 2 Unit 9 Language in use（被动句）
授课对象	中职一年级
教学设计	
切入课程思政的课程知识点	了解绍兴花雕工艺品中所蕴含的“匠心元素”，体会中国传统文化的底蕴和工匠精神的魅力。 切入课程思政的知识点： 1. 英语被动句的构成与用法及改写。 2. 运用被动句介绍商品。
思政教育的课程目标	1. 了解非遗文化的传承与创新，增强文化自信。 2. 了解非遗文旅商品背后的匠人匠心，感悟工匠精神。
知识点与思政教育结合的教学设计	1. 被动句例句剖析——匠心初识 回顾花雕工艺品被作为国礼相送的新闻，以被动句形式将新闻进行呈现，分析被动句句法结构，同时引导学生感受这份礼物艺术的价值所在，探寻传承人这份沉甸甸的匠心。 教师呈现绍兴花雕工艺的艺术品实物，再次以被动句句式来描述，学生进一步巩固被动句句法结构，再次真实感受绍兴花雕工艺品的艺术之美和技术之精湛。观察学习花雕工艺品上面的铭文，感受被寄予在这份礼物上的祝福。 2. 被动句小试牛刀——技艺重温 通过观看非遗传承人创作花雕作品的宣传资料，引导学生梳理并掌握关键步骤和关键动词，领略绍兴花雕工艺品生成的艺术之美。 学生掌握了关键核心步骤和动词后，引导学生运用被动语态句式介绍绍兴花雕制作过程，讲好绍兴非遗的文创故事。 3. 被动句灵活运用——非遗传承 提供一组非遗文旅商品图片与英文介绍，布置利用工具查阅信息补充完每件非遗文旅商品的信息卡的任务，内容主要涉及绍兴花雕、国药香囊、手工扎染等。 引导学生利用所呈现的信息以被动句句型输出，巩固被动句运用能力的同时带着学生领略祖国的非遗文化，帮助学生讲好非遗的文创故事。

续表

特色及创新 （300 字左右）	1. 商品主题单元学习，巧借文旅商品宣传非遗，推广乡土文化 结合单元主题商品介绍，引导学生学以致用，学以真用。积极开展非遗文化的传播与教育，培养新一代中职生对中国非遗特色文化产品的喜爱之情与自豪之感，促使学生形成非遗宣传的使命感与责任感。 2. 被动语态句型巩固，巧用主题素材模仿强化，拓宽文化视野 被动句句式巩固，用各地非遗文旅商品主题相关内容呈现关键字词与图文，引导学生模仿巩固句型。这样不仅可以让学生巩固句型，也让他们进一步巩固商品介绍必备句型，最主要是学生在练习巩固时拓宽了他们的知识面，接触到原本在他们认识范围内容各具特色的非遗文旅商品。巧妙运用筛选编排过的新素材来巩固已学句型，拓宽知识面。

第二部分　课堂实录（部分）

《我为‘非遗文旅商品’代言》实录

师：同学们，绍兴花雕集雕、塑、绘、刻于一身，色彩鲜艳、立体感强，具有民族性、艺术性、实用性的特点。1988 年被外交部礼宾司钓鱼台国宾馆列为国宴专用礼品，成为一种富有收藏价值的工艺品。你喜欢绍兴花雕工艺品吗？为什么？

生：喜欢，酒坛外面刻有栩栩如生的图案。酒坛外面的包装很精美，一百个不同字体的福字表达了满满的祝福。

生：我觉得图案绘制如果可以定制就更加好了，送给朋友就更加有意义。

师：正如大家所言，大家喜欢精美的花雕工艺品。不过如今，从传统文化中汲取养分，设计出新产品成为市场新方向。大家观察下这两个描述绍兴花雕的句子，有什么区别？

大家喜欢精美的花雕工艺品。

精美的花雕工艺品被大家所喜爱。

生：主语不同，一个是人，一个是绍兴花雕。

生：动词形式不同。

师：这就是我们即将学习的被动语态。我们将重点学习被动语态的构成、用法以及与主动语态之间的转换。被动语态是由“助动词加及物动词的过去分词”构成的。被动语态，即不知道动作执行者或强调动作承受者的一种语态。在英语中，如果想要避免用含混不清的词（如 someone）做主语，也可以用被动语态。英语的语态是通过动词形式的变化表现出来的。英语中有两种语态：主动语态和被动语态。主动语态表示主语是动作的执行者。被动语态表示主语是动作的承受者，即行为动作的对象。

接下来会给出一些描述绍兴花雕的句子，请大家判断一下是否为被动句，如果是请你画出被动语态部分。

绍兴花雕，以其酒坛外面的五彩雕塑而得名。

绍兴花雕，兴于明，盛行于清。

2007 年 6 月，绍兴花雕制作工艺被列入第二批浙江省非物质文化遗产名录。

G20 期间，“杭州 · 荣耀”绍兴花雕产品得到了国内外友人的一致认可。

古越龙山工艺花雕被认定为浙江省传统工艺美术品种。

古越龙山工艺花雕荣获浙江省最佳城市礼品称号。

古越龙山工艺花雕多次作为国礼赠送外国元首与贵宾。

原文：

Shaoxing flower carving is named for its colorful sculptures outside the wine jar.

Shaoxing flower carving was popular in Ming Dynasty and Qing Dynasty.

In June 2007, Shaoxing flower carving was listed in the second batch of Zhejiang intangible cultural heritage list.

During the G20 period, “Hangzhou glory” Shaoxing flower carving products have been unanimously recognized by friends at home and abroad.

GuyueLongshan flower carving is recognized as a traditional arts and crafts variety in Zhejiang Province.

GuyueLongshan craft flower carving won the title of best city gift in Zhejiang Province.

GuyueLongshan flower carving has been presented as a national gift to foreign heads of state and distinguished guests for many times.

生：被列入、被认可、被认定、被赠送。

师：大家准确划出被动语态部分，大家是否可以对比主动句和被动句发现两者之间转换规律。

生：主动句里的动作接受者在被动句中作为主语，而原句的主语在这里用 by 引出。

师：观察得很仔细，我们在被动句与主动句转换时可以归纳出一个口诀“主宾对调，动词变，注意时态单复跟着变”。

师：我们介绍了绍兴花雕之名与美，接下来我们一起来探秘这个精美的绍兴花雕是如何制作出来的，特别关注制作步骤中的关键动词。观看非遗传承人创作花雕作品的宣传微课，领略绍兴花雕工艺品生成的艺术之美。

花雕以陶坛作为载体，以沥粉漆艺、油泥堆塑、彩绘装饰三大工艺制作而成。

口授心传，绍兴花雕制作工艺由民间艺人通过这种方式延续下来。

1. 选坛打磨。2. 设计打样。3. 沥粉刷漆。4. 堆塑造型。5. 堆塑上色。6. 彩绘装饰。历经十几道工序，近一个月的时间，一尊花雕才能创作出来。

原文：

The flower carving is made on pottery altar and is made by three major techniques, which are lek powder lacquer art, clay sculpture and color painting decoration. The skill is inherited from generations to generations by folk artists' verbal and mental instruction. It takes a dozen procedures and about one month to create just one wine jar.

1.Choose the jar and burnish them.

2.Design the pattern and draw the picture.

3.Squeeze lek powder on the jar and brush the paint.

4.Pinch clay by the hands and heap it on the jar.

5.Paint on the dry clay.

6.Decorate the jar with colourful paint.

It takes a dozen procedures and about one month to create just one wine jar.

生：步骤有关的动词有许多：选坛、打磨、设计、打样、挤、刷、捏、堆、涂、装饰。

师：同学们，我们运用“被动句”口诀，完成绍兴花雕工艺制作流程介绍。以 Choose the jar and burnish them 为例，主宾对调，把 the jar 做主语；动词变，choose 改为 be chosen，burnish 改为 be burnished；时态单复跟着变，be 改为 is，整个句子改为“The qualified jar is chosen out and burnished.”选坛打磨之后的几个步骤，我们小组同学一起合作完成改写，如需要帮助，举手示意。

师：我们有请小组代表来给大家介绍绍兴花雕工艺。

师：我们已经了解了绍兴花雕工艺，非遗文化在我们身边其实还有很多，你是否有关注留意过？老师将提供一组非遗文旅商品图片小视频，大家利用工具查阅信息补充完每件非遗文旅商品的信息卡。

香囊：香囊中加入特殊的药草来帮助驱蚊。

黄酒：绍兴黄酒在文学作品中经常被提及。

扎染：2006 年 5 月，扎染被列为国家级非物质文化遗产。

剪纸：春节期间，中国许多地方都可以看到剪纸。

银器锻造工艺：银器被许多人收藏。

刺绣：刺绣被用于进一步装饰。

苗绣：苗绣艺术的发展受到很大影响。

蜡染：蜡染工艺被进一步优化。

竹编：竹编工艺品分为细丝竹编工艺品和粗丝竹编工艺品。

原题：

Herbal sachets：Special herbs are added to the sachet to help keep mosquitoes away.

Rice wine：Shaoxing yellow wine is often mentioned in literary works.

Tie-dyeing：Tie-dyeing was listed as a national-level intangible cultural heritage in May 2006.

Paper-cutting：Paper cutting can be seen in many parts of China during the Spring Festival.

Silver forging crafts：Silver ornaments are collected by many people

Embroidery：Embroidery is used for further decoration

Miao embroidery：The development of the Miao embroidery art is very much affected.

Batik：Batik process was further optimized.

Bamboo weaving：Bamboo handicrafts are divided into fine silk bamboo handicrafts and coarse silk bamboo handicrafts.

师：同学们，我们将邀请各组同学来介绍以上非遗文旅商品。

师：本节课围绕被动语句学习内容展开，以绍兴花雕举例，大家不仅学了语言点，也了解了我们绍兴非遗文化特色。本节课三个环节，通过绍兴花雕介绍梳理出我们被动语态口诀，激发我们对地方文化特色的自豪之感；通过体验绍兴花雕工艺流程，巩固被动语态的转换练习，激起我们对绍兴花雕匠人的钦佩之情。通过补全非遗文旅商品介绍词，加强被动语态的实践应用，激活我们对祖国非遗文化的保护之心。

非遗文化传承与创新任重而道远，需要大家一起努力！

第三部分　案例分析

课例通过语法三部曲：一、被动句例句剖析——匠心初识；二、被动句小试牛刀——技艺重温；三、被动句灵活运用——非遗传承，循序渐进地讲解英语被动句，符合学生语言习得规律，同时进行了国家文化自信与自豪的思政教育。以非遗传统文化为切入口，开展非遗传承主题式学习，学生不仅锻炼了英语语言技能，也加深了地域文化的自豪感与归属感。

课例教学内容为高教版中职英语基础模块 2 Unit 9 Language in use 被动句，贯穿文化寻根话非遗，巩固被动句的学习运用，落实商品介绍的句型练习，推广绍兴非遗文旅商品。引导学生了解非遗文旅商品中所蕴含的“匠心元素”，体会中国传统文化的底蕴和工匠精神的魅力。结合绍兴花雕工艺作品制作工艺和非遗传人介绍，引导学生发现“非遗文旅商品”上的文化元素，感悟“非遗传承人”的工匠精神，积极讲好“中国非遗故事”。在“我为‘非遗文旅商品’代言”这一核心主题下，一方面达成了商品介绍的被动句语言运用的教学目标，同时也通过“非遗”这大板块的素材，激发学生的民族自豪感和自信心，引导学生学精专业的责任感与使命感。

被动语态句型巩固，巧用主题素材模仿强化，拓宽文化视野。被动句句式巩固，用各地非遗文旅商品主题相关内容呈现关键字词与图文，引导学生模仿巩固句型。这样不仅可以让学生巩固句型，也让他们进一步巩固商品介绍必备句型，最主要是学生在练习巩固时拓宽了他们的知识面。引导学生学以致用，学以真用。引导学生关注到非遗特色商品，积极开展非遗文化的传播与教育，培养新一代中职生对中国非遗特色文化产品的喜爱之情与自豪之感，促使学生形成非遗宣传的使命感与责任感。

在时间的分配上，课程思政的施教内容有机融入教学之中，并没有占用额外的时间。所选用的思政材料与英语教学目标无缝衔接，体现了课程思政的教育性特点，最终实现了“英语”与“思政”的有机结合，培育了学生的家国情怀。

围绕课程思政展开教学研讨，聚焦课程思政及其实施路径展开研讨，处理好英语课和思政课的关系，具有实际意义的中职英语课程思政的落实并形成一定的实践成果。课程资源可以通过多途径收集并运用于中职英语教学中，既满足英语语言教学的要求，又进行了有意义的德育教育。例如，2020抗疫过程中涌现出来的典型案例，全民抗疫的团结精神等等素材就可以自然运用到基础模块 2 的 Unit 2 Talking about past activities 中，在强化学生表达过去实践描述能力的同时让抗疫英雄们给学生们上一堂无声的德育课。又如，中国的交通飞速变化的案例在 Unit 4 I’ve tried all the means of transportation 中呈现再恰当不过了，既开展了交通工具英语的教育，也激发了学生对祖国的自豪感。

“聚主题，出亮点”主题式挖掘中职英语课程中思政素材，或可以弘扬中国优秀传统文化，或可以引导正确价值观和人生观，或可以培养辩证思维和创新思维。在中职英语课堂上教师进行语言教学，并进行中西方文化比较，寓思想教学于语言教学之中。教师在英语教学的同时积极参与德育教育的融入，引导学生自主学习独立思考，引导学生积极关注国家文化，引导学生养成国际化视野。

聚焦中职英语课程思政的落实，让学生重“知”，养“情”，坚“意”，持“行”。倡导学生多闻、多见、多问、多思和多宣中国文化，培养学生对祖国文化的敬畏喜爱之情，引导学生形成讲好中国故事的坚定意志，促进学生将所学应用于实践之中并做好中国文化宣传人。后阶段，该课程将进行数字化资源库建设，提高趣味性和便捷性，学生可以利用碎片化时间进行学习与提升。课程也可以聚焦绍兴地方文化特色，或聚焦非遗文化传播，或聚焦生活常规认识，或聚焦现象背后的科学原理等等，进一步推出各类型的“英语能力 + 主题模块”多彩课程。

重“知”：师生共同关注重视课程素材的挖掘，开展具有德育教育意义的英语课。知识体系架构图、认知过程流程图是解决“知”时必须完成的两张图。知识体系架构图解答了学什么的问题，认知过程流程图告知了怎么学的路径。关注课前的收集、课中运用和课后的巩固，积极落实学生对“知”的思政教育。案例中单元设计以非遗为切入点，以“商品”为媒介，呈现文化传统风俗等双语篇章，锻炼学生听说读写译创等技能强化，关注学生输入和输出的效果，提升中职学生的英语综合应用能力。

养“情”：师生在课程思政落实过程中，无时无刻不在进行德育教育。学生在教学过程中逐渐熟悉“润物细无声”的教学模式。用语言表达、词汇运用、文字翻译等多形式培养学生的民族自豪感。案例中以文化宣传为路径，以价值观形成为目标，提高中职学生自身的文化素质，激发中职生的民族自豪感。

坚“意”：师生形成合理正确的价值观，能够客观公正地对某事物做出评价。以中国传统文化为教授焦点，通过知文化和述文化，展现中国优秀文化风貌，树立传播中国文化的意识和内驱力。

持“行”：师生围绕一个目标展开英语学习实践，是长期的，是持续的，是有规划的。英语课中的德育教育“无声胜有声”，是渗透式的，是嵌入式的。师生共同在英语课堂上彼此努力，教学与育人同轨进行。以实践项目开展为本领，增强中职生综合英语的实践本领，增强社会发展的竞争力和社会适应本领。

当然中职英语课程思政切莫“为赋新词强说愁”，就是所谓的思政元素与主题不协调。我们要还原英语课堂本色，将德育教育润透在英语教学过程中，“润物细无声”。

第四部分　专家点评

案例以绍兴花雕为切入点，通过语篇阅读学习其非遗传承等，增强民族自豪感，引导学生坚定文化自信；通过观看非遗传承人创作花雕作品的宣传微课，品味绍兴花雕制作工艺，引导学生体悟工匠精神；通过设计“我为‘非遗文旅商品’代言”的核心主题，激发主动参与，增强学生使命感和责任心，课程思政在课堂教学中落地生根，茁壮成长。

案例在实施课程思政的同时，以英语“被动句”的用法贯穿始终，通过语句分析、语法运用等，固守学科教学本性，彰显中职英语学科教学特色，坚持灌输性和启发性相统一、坚持显性教育和隐性教育相统一，实现学科教学与课程思政的有机统一。

课堂整个结构浑然一体，整体性很强，而环节稍显突兀，若中间加一个“我为绍兴花雕代言”，并在此基础上拓展为“我为‘非遗文旅商品’”代言，可能会更好。

◉ 千年飞天梦圆　致敬中国航天

第一部分　教学设计

“课程思政”设计书

学科名称	高中物理
微课所在章节名称	人教版高中物理必修二第七章《万有引力与宇宙航行》
授课对象	高中一年级学生
教学设计	
切入课程思政的课程知识点	1.“天上地下”的力学大统一。 2. 开普勒三大定律。 3. 天体发射和运行的相关规律。
思政教育的课程目标	1. 了解天体宇宙物理的曲折发展过程，突出科学精神（实事求是、敢于质疑、献身精神、工匠精神）和哲学思维（唯物主义、发展观点、辩证思维）的美学价值。 2. 基于真实情境，探究开普勒第三定律，激发学习物理热情，增强敢于承担时代责任的信心。 3. 通过中华民族千年梦圆的经过和我国“嫦娥”号探测器发射实例，体会中国航天人的团结合作、默默奉献、勇于探索、锲而不舍的科学精神和人文情怀，激发学生的民族自豪感，增强文化自信，培育爱国情怀。
知识点与思政教育结合的教学设计	1. 追寻大师足迹，感受科学精神和理性思辨 通过学生团队分享万有引力定律发现三部曲，展现人类探索未知宇宙的曲折历程，“畅所欲言”环节使学生深刻感受科学先贤们敢于质疑、大胆尝试的创新精神和尊重客观事实、实事求是的科学态度及勤于观察、精益求精的工匠精神，感悟科学家对科学的执着和献身精神，领略辩证唯物主义的发展观。 “角色扮演”环节引导学生从真实的土星星空照片中获取有用信息，并对照片反映的空间含义进行物理建模和数学证明，呼应开普勒第三定律。真实体验大师探究之路，能增强学生理性思辨能力，感受分析解决实际问题中成功的喜悦，增强社会责任感和信心。 2. 传承中华文明，增强文化自信和爱国情怀 微视频《千年飞天梦圆 致敬中国航天》展现了从古代飞天的梦想到载人航天的成功，从嫦娥奔月的传说到火星探测的实施……中华民族实现了千年奔月的梦想，中国航天事业从无到有、从小到大，创造了以“两弹一星”、载人航天、月球探测为代表的辉煌成就，积淀了深厚博大的航天精神，激发学生的民族自豪感和爱国主义情怀。

续表

知识点与思政教育结合的教学设计	自编诗歌《您的名字叫“中国航天”》中“嫦娥”“天问”“墨子”“北斗”等与传统文化遥相呼应，体现了中华民族对自然和宇宙空间探索的坚忍执着和文化传承，寓意探求科学真理征途漫漫，追求科技创新永无止境。 通过我国“嫦娥五号”发射、转移、环月、着陆这一时事新闻的讨论，引入“近地点、远地点、轨道、加速、变轨、对接、着陆”等多个物理概念和过程，激发学生的学习热情和学以致用的信心。 3. 开展物理辩论，不忘科学伦理和初心使命 创新课后作业形式，安排学生进行三场“学术辩论”，辩题主题为“人类命运共同体”“环境保护”“价值意义”三个方面，学生分为正方、反方和评论方开展深入探讨，落实学生的科学伦理、道德品质和价值观教育，教育学生不忘初心，勇于担负时代使命。
特色及创新（300 字左右）	1. 素材提炼时结合传统文化，“古”为“今”用 在本节课的思政元素提炼时，将古代传统文化与当代航天精神完美融合：如自编诗歌《您的名字叫“中国航天”》中航天名字背后的文化浪漫；自制微课《千年飞天梦圆 致敬中国航天》用丰富的文化背景为学生带来一场科学文化之旅，深刻感受民族自豪和文化自信。 2. 科学探究里融合人文情怀，求“真”崇“善” 将科学探究与人文情怀有机结合，在人类宇宙观和中国航天史教学中融合人文精神和哲学思考，在知识传播中强调价值引领，帮助学生形成正确的辩证观、物质观、运动观、世界观、人生观和价值观，厚植爱国主义情怀，实现价值塑造、能力培养、知识传授三位一体。 3. 课堂实践中混合多元模式，推“陈”出“新” 创新教学形式，组建学习团队，通过“一个宇宙故事”“一次角色探究”“一场物理辩论”，合理利用课前、课中、课后时间，培养团队精神，实现学生对物理学家和科学理念的深层次、全方位的认知，将课程思政延伸到课前和课后，实现全程育人。

第二部分 课堂实录（部分）

《万有引力与宇宙航行》实录

片段一：人类宇宙观的曲折历程——科学精神和理性思辨

【畅所欲言】小组分享万有引力定律三部曲背后的故事（图 1）后，谈感想。

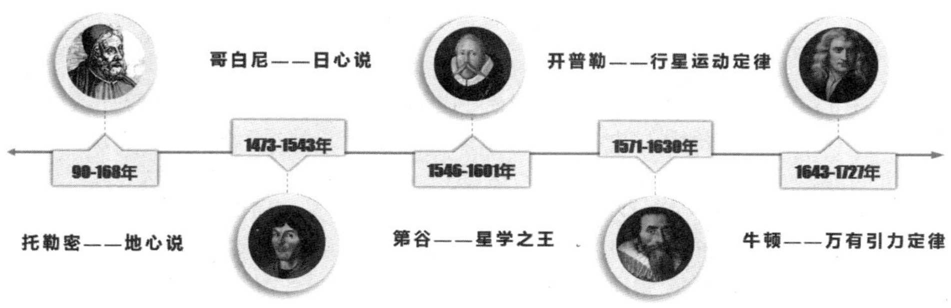

图 1　人类宇宙观的发展历程

生 1：开普勒用哥白尼体系得出的火星轨道和第谷的观测资料有 8’的误差。正是这不被忽视的 8’误差，让他将正圆轨道修正为椭圆轨道，成功发现开普勒第一、第二定律。说明事实是理论的基础，所有的理论都不能脱离实际而存在。

生 2：海王星的发现和哈雷彗星的按时回归确立了万有引力定律的地位，说明实践是检验真理的唯一标准。

师：很好，不被忽视的 8’误差正体现了开普勒实证的思想，实践是理论的基础；反过来科学的理论对实践具有积极的指导作用，错误的理论则有阻碍作用。

生 3：从地心说的繁杂到日心说的和谐，万有引力定律这一简明美丽的公式居然统一了宇宙万物，看来一个科学理论成就的大小，事实上就在于它的美学价值。

生 4：人类宇宙探索的漫长而曲折的过程，除了让我感受到科学家们敢于质疑、实事求是、精益求精的精神外，还深刻认识到每一阶段的认知都是有价值的，事物是发展的，正是每一小步的量变才成就了最后的质变，学习也是如此。

生 5：我发现牛顿的万有引力定律竟然是在 1665 年英国伦敦爆发的大瘟疫期间宅家完成的，看来“停课不停学”的宅家时光一定要好好利用呢……

【角色扮演】如果你是开普勒……

师：今天老师来当一回第谷，在同一地点每隔 2 小时拍摄了木星及其卫星的照片（图 2），请你们这些开普勒来探究下木星的卫星周期和半径的关系吧！

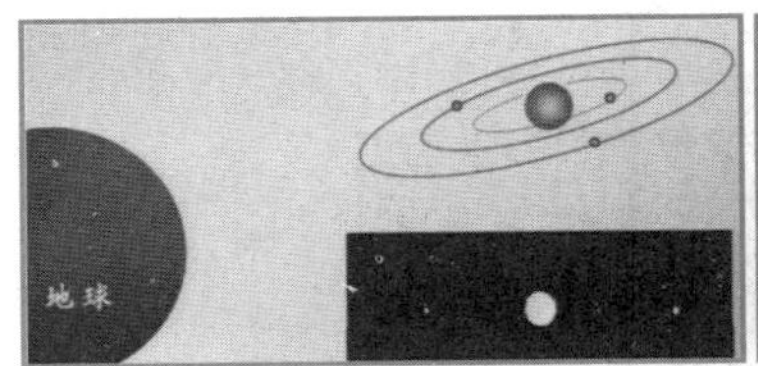

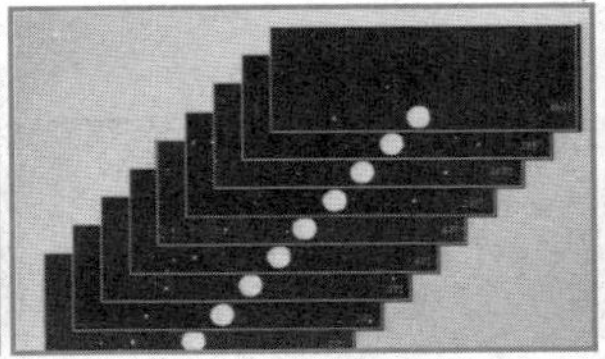
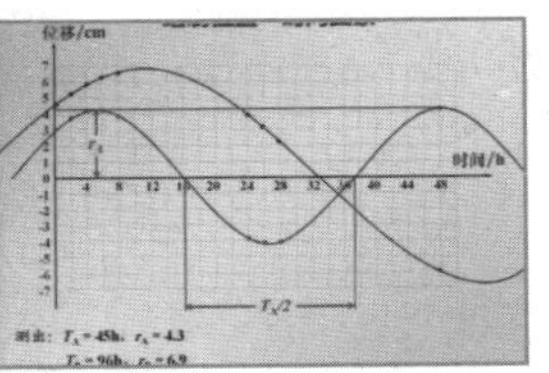

图 2　探究木卫规律

师生活动：讨论和交流照片所反映的空间含义，引导学生以木星中心为原点，向左为正方向，设计表格记录时间和长度数据，然后绘制位置—时间图像。

生：我们找到的规律与开普勒第三定律完全吻合！还有个意外收获，我们发现匀速圆周运动某一方向的位移投影竟然是正弦函数呢，好神奇！（感受物理之美）

片段二：科技实现千年飞天梦——文化自信和爱国情怀

【播放微课】《千年飞天梦圆　致敬中国航天》（图 3、4）

生：我觉得拥有“航天精神”的科学家才是我们年轻人应该追的最闪亮的星。

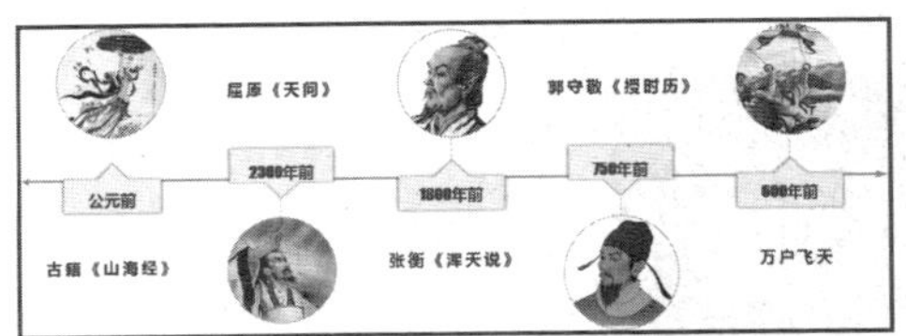

2300 年前，屈原心游万仞，发出九天之际，安放安属的旷世千问；
1800 年前，张衡极目广宇，浑天仪巧夺天工触摸星宿万象的奥秘；
750 年前，太史革新历法，授时历精益求精测定二十四之节气；
600 年前，万户舍命探索，“火箭”挣脱大地，铭刻飞天的梦想与胆魄。

图 3　中国千年飞天梦（古代）

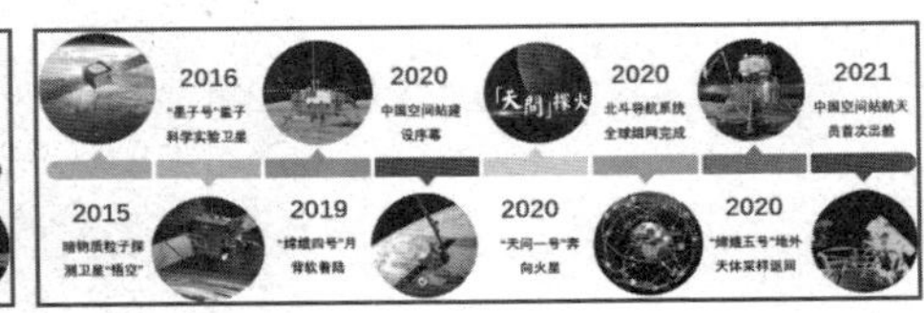

图 4　中国星际探索新征程（当代）

【情境创设】2020 年 11 月 24 日，嫦娥五号探测器顺利被送入预定轨道

（图 5），在经历地月转移、近月制动、环月飞行后择机实施月球正面软着陆，开启我国首次地外天体采样返回之旅。探测器是如何发射、转移和着陆月球的呢？

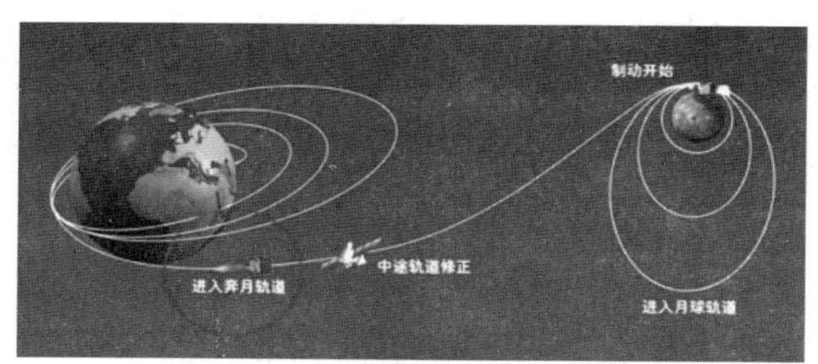

图 5　中国探月工程轨迹图

生：在学习“近地点、远地点、预定轨道、点火加速、变轨、对接、着陆”等多个物理概念和过程中，感受到了文化自信和学以致用。

师：在古代航天领域，中国是个先驱者，但在现代，中国是个追赶者，未来，很有可能，中国将作为航天领域的领跑者，而在座的我们，就是我国航天事业的接班人和中坚力量，让我们学好相关知识为祖国的航天事业贡献自己的青春力量。

【诗歌朗诵】自编诗歌《您的名字叫“中国航天”》（图 6），感受航天名字背后的文化浪漫。

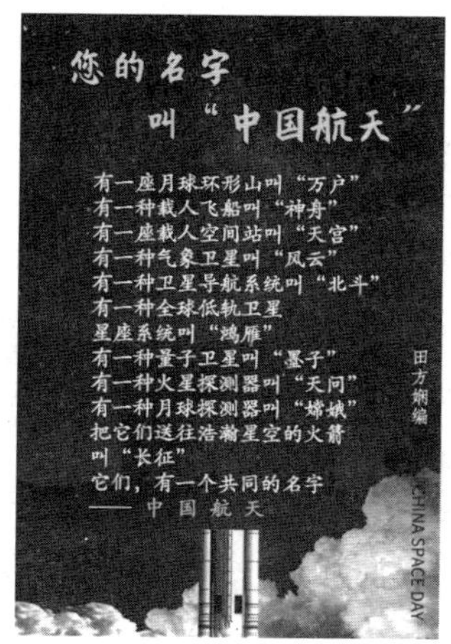

图 6　自编诗歌

片段三：创新作业布置——科学伦理和初心使命

本节课的课后作业为三场小型的“学术辩论”，辩题分别为：“我国的尖端航天技术是否应该全世界共享？”“为保护地球环境，将地球垃圾放置太空是否合适？”“人类花费大量的人力、物力、财力探索宇宙，是否值得？”每组学生分为正方、反方和评论方开展深入探讨。

第三部分　案例分析

物理学以深邃厚重的历史底蕴、实事求是的科学精神、洞悉万物的科学思维、唯物辩证的研究方法、潜移默化的人文价值和引领科技的基础作用，为高中物理课程提供了丰富多彩的思政元素与资源，也铸造了物理课程的鲜明思政特色。

《万有引力与航天》这节主要介绍了人类宇宙观发展史、行星运动定律、万有引力定律及其应用，体现了科学家勇于探索，求真求简求美的科学思维，实事求是，不迷信权威、敢于坚持真理的态度，同时也能让学生感受到科学对人类社会的巨大推进作用和迷人的魅力，是极佳的课程思政素材。

从课程思政角度审视本节内容，思维导图如图 7。

基于课程思政处理这节教材内容，除常规的知识介绍外还关注了以下三个方面。

一是要引导学生用发展辩证的观点来看待地心说和日心说，使之站在当时的社会文化、生产力背景下正确评价地心说的历史地位，同时要让学生明晰地心说和日心说的建立过程是大量科学家共同努力的结果，托勒密和哥白尼只是其中的集大成者，让学生意识到科学史的曲折和漫长，确立正确的发展观。

二是近代科学起源于西方，使得学生往往产生我国在物理领域没啥贡献的错觉。所以增加我国古代和当代前沿航天科技应用的微课展示讨论，有效激发学生的民族自豪感、文化自信和爱国主义情怀；而其中的挫折，更能让学生认识到，要为实现伟大的中国梦而不懈奋斗。

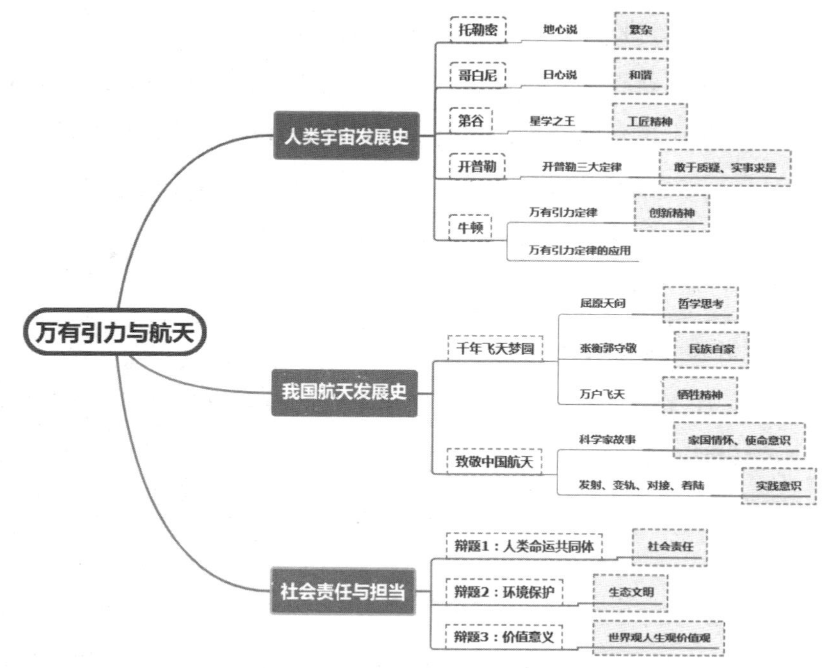

图 7《万有引力与航天》思维导图（含思政元素）

三是要注意学习内容的承接和延伸。在小学初中相关知识的基础上从高中学生的认知水平出发对内容和教学方式进行合理选择和设计。如可以将阅读类的知识内容作为项目任务交给学生，分组合作完成一次科学史演讲，同时将定性分析转为定量研究，引导学生在解决实际问题中获得成就感和自信心。

在融入课程思政的方式方法上，本节课的设计有以下创新：

首先是组建学习团队，以小组合作 + 竞争的方式开展学习活动。如在素材整理、合作探究时能充分培养学生的团队合作能力，而在物理辩论活动中又是一个合作与竞争并存的关系，考验学生的逻辑思辨能力和深度学习能力。

其次是开展多元思政，变教师“讲”为学生“悟”。在科学故事欣赏中“悟”，在自编诗歌朗诵中“悟”，在真实情境探究中“悟”，在社会辩题讨论中“悟”。

再次是挖掘创新元素，注意思政元素的广度和深度。除了极为重要也较为常见的家国情怀、民族自信、文化自信外，挖掘了物理课程特有的思政元素，如强化辩证唯物主义教育：片段一中关于火星轨道偏差的 8’ 问题的讨论和海王星的发现正是体现科学实证思想，使学生体会到实践是检验真理的唯一标准以及科学理论与实践的辩证关系；椭圆轨道近似看作正圆轨道得出万有引力定律的过程又体现了主要矛盾和次要矛盾的哲学思想。又如突出了科学的美学价值，日心说的建立和万有引力定律的发现过程让学生看到了一个科学理论成就的大小，事实上就在于它的美学价值。

最后在课程思政落实的有效载体上有创新。微课欣赏、自编诗歌、科学家故事、角色扮演探究、物理式辩论、流程图、思维导图中都将“思政元素”如盐入汤，以润物细无声的方式将正确的世界观、人生观、价值观传输给学生，寓教于乐。给学生以真的启迪，善的震撼和美的享受，实现科学求真、人文伦理和审美体验的完美融合。

庄子曾说：“判天地之美，析万物之理。”物理美是真和善的统一，本节课使学生经过真和善这两大中介，深刻感受到了物理中的科学美、人文美和艺术美，在感悟美的融合中不忘初心，勇担使命，贡献青春力量。

第四部分 专家点评

“天上地下”的力学大统一、开普勒三大定律、天体发射和运行的相关规律是第七章《万有引力与宇宙航行》三个重要的知识点，教师选择这些知识进行课程思政教学，既巩固了重点知识，又提升了学生的科学精神和政治认同，兼顾了学科性和思政性。

具体来看，通过学生团队分享万有引力定律发现三部曲，展现人类探索未知宇宙的曲折历程，能够让学生增强对解放思想、实事求是、坚持真理、精益求精的认识，培养科学精神、提高辩证思维能力。通过微视频《千年飞天梦圆 致敬中国航天》介绍中华民族千年梦圆的经过，并结合我国“嫦娥”号探测器发射实例，激发学生的民族自豪感，增强文化自信。所选材料和情境具有时政性，同时注重引导学生建设国家的使命意识，做到理论性和实践性相统一，价值性和知识性相统一。

本节课更多的是帮助学生“悟”，如果在“悟”的基础上，通过设计一些活动，让学生将所感悟到的道理落实到行动中，则更能助力学生的成长。

◉"铁"的使命与担当

第一部分 教学设计

"课程思政"设计书

学科名称	高中化学
微课所在章节名称	人教版必修第一册第三章第一节"铁及其化合物"
授课对象	高一学生
教学设计	
切入课程思政的课程知识点	了解在铁的冶炼历史中的"中国元素"，感受中华民族在经济发展过程中的贡献，体会中国历史文化的悠久和当今国力的强盛。 切入课程思政的知识点如下： 1. 炼铁工艺发展历程。 2. 新中国成立以来我国的钢铁产量。 3. 铁对现代化建设的作用。
思政教育的课程目标	1. 了解我国炼铁工艺发展历程，增强民族自信心。 2. 了解祖国的强大实力和世界地位，激发民族自豪感。 3. 知晓铁对现代化建设的重要作用，形成社会责任意识。
知识点与思政教育结合的教学设计	1. 设置炼铁发展历程，激发民族自豪感 通过学生回顾自然界中铁的含量，并呈现铁的存在形态，引导学生用所学化学原理解决生活生产中的问题，培养学生分析问题和解决问题的能力。通过对不同时期炼铁工艺的探究，让学生感受中国科技在世界经济发展过程中的重要贡献；弘扬化学传统文化，激发民族自豪感。 2. 呈现数据变动，体验祖国的强盛 钢铁号称工业的粮食，在社会生产生活的各个领域都有着广泛的应用，是不可或缺的战略性基础工业品，是国家的命脉。呈现新中国成立以来我国的钢铁产量变化，特别是改革开放后，钢铁产量的突跃式增长，让学生感受到中国经济的一枝独秀，体会到祖国的强盛，不断增强民族自信心和凝聚力。 3. 拓展知识用途，担起大国责任 围绕本课的问题——铁的用途，介绍当下生活中的铁和经济建设中的铁，特别是借助"疫情"时期铁路的运输功能、方舱医院的建设，以及铁的化合物高铁酸钠的消毒作用和聚合氯化铝铁的净水作用，体会到铁在社会中所肩挑的社会责任，培养学生的社会责任感。

续表

特色及创新 （300字左右）	1. 走古访今，融汇中外 通过对我国炼铁发展历程的探寻，向学生传递了这样一种信息——中国，在冶炼铁方面，一直处于领先地位，是世界上最早将“炼铁技术”运用于生产生活的国家之一。 2. 走近生活，关注时政。 结合新中国成立以来，特别是改革开放后的我国钢铁产量，通过客观数据的了解和分析，体会到我国的强大实力和世界领先地位。让学生在学习化学的同时，获得了民族自豪感，激发学生的家国情怀。 从“生活中的铁”走向“经济建设中的铁”，再走到时下热点“疫情中的铁”，体验铁的巨大作用和社会地位，培养学生的责任心。 3. 挖掘传统德育元素。 炼铁史都在讲，但本微课有创新。本次微课课例，并非只“沉浸于”历史的记忆，而是让学生贯穿“古今”，以“炼铁工艺”的对比和时政挖掘，培养学生的家国情怀。

第二部分　课堂实录（部分）

《铁及其化合物》实录

师：同学们，大家好，欢迎走进今天的化学课堂。这节课中，我们继续来聊聊有关“铁”的一些事儿！

我们都知道，在自然界中铁含量很丰富，位居第四。但是铁在自然界中主要以化合态的形式存在，比如赤铁矿、磁铁矿、褐铁矿和黄铁矿等。那你知道古时候，人们是如何获得铁的吗？

生：从天外来。

师：对！从天外来，叫天石，也叫陨铁。但是天降陨铁，这种现象的概率太低了，所以人们得想个办法，把地球上化合态的铁（比如三氧化二铁）转化为游离态的铁，怎么转化呢？

生：利用还原剂，把三氧化二铁还原成单质铁！

师：同学们回答得很好！那我们一起来探寻炼铁的发展历程。

首先，我们来到了春秋战国时期，设备是地炉，原料有铁矿石、木炭，利用自然通风，这种把铁矿石在较低温度（1000℃左右）的固体状态下用木炭还原而得到的铁，叫作块炼铁，这种铁为海绵状固体，杂质较多，含碳量低，质软，只能锻，不能铸。

师：同学们，请你在课本中找一找，有哪些代表作品？

生：春秋初年秦国——铜柄铁剑。

生：战国时期最大的铁器——长方形铁炉。

师：还有春秋晚期——越王勾践剑，此剑寒气逼人，锋利无比，上面刻有："越王鸠浅（勾践），自作用剑"八字，被当世之人誉为"天下第一剑"。

当时炼铁技术，已经领先欧洲一千余年！

师：到了宋朝，炼铁进入了很高的水平，设备有小竖炉，原料是铁矿石、煤，利用人工鼓风。这时候铁器进入了寻常百姓的家里。

比如：种地用的农具，烧饭烧菜用的铁锅。宋朝之前是没有铁锅的，用的陶器。据说，如果男子家里没有锅，姑娘都不愿意嫁呢！（学生听完哈哈大笑）

宋朝的工匠掌握用焦炭炼铁，产量高达 12 万吨呢。而欧洲最早的英国直到 500 年后（相当于清朝乾隆末年），才掌握这一技术。

师：到了现代，炼铁技术发展到了什么程度呢？（视频播放现代炼铁，介绍炼铁原理）

师：利用高炉炼铁，产量如何呢？

这是新中国成立以来我国的钢铁产量图表。1949 年只有 15.8 万吨，1960 年 61 万吨，我们只能仰望别的国家。1989 年改革开放后，通过中国人民艰苦斗争，我国的钢铁产量迅速提升，达到了全球第三到第四的位置。从 1996 年到现在，我国钢铁产量已经连续 25 年居全球第一了！这无疑说明我们国家的繁荣强大！

师：这些生产出来的铁在我们生活中有哪些应用呢？

生：（学生七嘴八舌地举例）铁丝、铁锅、刀具、不锈钢防盗窗、螺丝、桥梁、火车……

师：是呀，铁不仅在生活中比比皆是，而且在我们祖国的经济建设中也有它的重要位置，比如：港珠澳大桥（港珠澳大桥作为世界上最大的钢结构桥梁，仅主梁钢板用量就达到了 42 万吨，相当于 10 座鸟巢，或者 60 座埃菲尔铁塔的质量。）国家体育馆鸟巢、绍兴地铁等。

（联系当下实际）每年的春运，全国铁路日发送旅客千万以上；自武汉发生疫情以来，铁路下降的是旅客发送量，上升的是物资运送量。

疫情发生后，武汉连夜迅速建成启用的 7 座方舱医院。在疫情的关键时期，建设“方舱医院”被认为是关键之举，有效缓解武汉医疗资源紧张，解决轻症患者的收治难题。可以这么说，铁肩挑重担！

铁的一些化合物也挑起了重担，比如：铁系消毒剂、高铁酸钠（Na_2FeO_4）是一种“绿色环保高效”消毒剂，铁系净水剂：聚合氯化铝铁。

这些铁及其化合物帮助我们战胜了疫情，功不可没！

（总结全课，引发深思）

师：好了，通过今天这节课，相信同学们对炼铁工艺有了新的认识，我想你也一定体会到了我们中国人在炼铁工业发展，以及在当今世界科技发展中起到了举足轻重的作用。对于“铁及其化合物”，或者你还有自己的思考，也许你还想有更深入的了解，那么就请你赶紧行动起来。

今天的化学课，就上到这里了。同学们，再见！

第三部分　案例分析

高中化学课程是与义务教育化学或科学课程相衔接的基础教育课程。作为基础课程的化学，不仅是“实验的科学”，也是“实践的科学”。但如果我们的课堂教学只专注于书本知识，一定程度上就会导致学习眼界“狭隘化”，于是从课堂延伸到社会生活便有了存在的必要。通过拓展知识的广度或深度，让学生换个角度看“知识”，打破时间和空间的束缚，丰富知识的外延和内涵，培养学生更为广阔的学科素养。

本课例为“铁及其化合物”是人教版化学必修第一册第三章第一节的内容。铁是重要的金属材料，鉴于铁在国民经济中的重要地位和日常生活中的广泛应用，作为新授课，我认为不是简单讲述铁的化学性质，而是根据学科特点承载更多的任务，达成更多的目的。本次关于“铁及其化合物”的微课案例，通过回忆初中关于自然界中铁的含量，初步了解铁元素在自然界中的存在形态，认识其冶炼工艺和改进技术，体会化学与生产、生活实际的联系。从我国古代到现代对铁的运用，挖掘铁具有的性质，感受铁元素在科技发展进程中的贡献，增强文化自信。结合新中国成立以来，特别是改革开放后的我国钢铁产量，通过对客观数据的了解和分析，体会到我国科技的强大实力和世界地位。让学生在学习化学的同时，获得了民族自豪感，更是培养了一种“家国情怀”。这个点就是本微课在原有知识基础上落实的思政点。

本微课思政点具体落实在以下三个环节中：

首先，案例呈现了我国炼铁工艺的发展历程，认识其冶炼工艺和改进技术，体会化学与生产、生活实际的紧密联系，让学生感受中国科技在世界经济发展过程中的重要贡献，体验中国悠久、优秀的历史文化积淀，弘扬化学传统文化，激发民族自豪感。

而后，当教师引导学生将学习的目光聚焦在新中国成立以来，特别是改革开放后我国的钢铁产量，用强有力的数据呈现给学生，不仅获得感官上的冲击，而且通过对客观数据的对比和分析，体会到我国的强大实力和世界地位。在这个过程中，第一环节中被激发的民族自豪感再次增强。

最后，课例从“生活中的铁”走向“经济建设中的铁”，再走到时下热点“疫情中的铁”，这一环节中，师生一起寻找铁的运用，结合牵动全球时局的敏感信息——疫情，让学生放眼世界来认识更为广阔的“铁及其化合物”知识。在这个过程中，体验铁的巨大作用和社会地位，培养学生的责任心。

根据上述三个环节的设计以及实施，笔者以为，本次课例一方面达成了书本知识的教学目标，同时也通过“钢铁产量”和“疫情下的铁”这两大素材，激发学生的民族自豪感和自信心。在时间的分配上，课程思政的施教内容有机融入化学教学之中，并没有占用额外的时间。所选用的思政材料与化学教学目标无缝衔接，既有历史的纵深度，又有现实的时代感，体现了课程思政的教育性特点，最终实现了“化学”与“思政”的有机结合，培育了学生的家国情怀。

第四部分　专家点评

通过选取“铁及其化合物”中三个合适的知识点，使之与民族自信心、民族自豪感、社会责任感产生对接，具有一定的创意。

本节课通过对我国炼铁发展历程的探寻，明确了中国在冶炼铁上一直处于领先地位；通过对不同时期炼铁工艺的探究，让学生感受中国科技在世界经济发展过程中的重要贡献；通过了解钢铁产量的突跃式增长，体会到祖国的强盛；通过学习铁对现代化建设的重要作用，明确自身的社会责任。在化学知识的学习过程中培养学生的家国情怀，从知识到情感的升华比较自然，灌输性和启发性相统一。

本节课中思政升华点主要靠教师的点拨来完成，如果在课堂结尾部分，增加一个让学生说感悟或写感悟的环节，学生的主体性和参与性会更好，能更有利于课程思政目标的达成。

◉"硅"中有价值 "材料"现发展

第一部分 教学设计

"课程思政"设计书

学科名称	高中化学
微课所在章节名称	人教版必修二第五章第三节无机非金属材料
授课对象	高一学生
教学设计	
切入课程思政的课程知识点	我们时刻生活在硅和硅的化合物的包围中，从玻璃、陶瓷等传统的硅酸盐材料到高纯硅、光导纤维、高温陶瓷等新型材料，人类利用硅材料的历史就是一部人类文明的发展史。切入课程思政的知识点如下： 1. 单质硅的制备、性质和用途。 2. 常见硅酸盐材料的认识。
思政教育的课程目标	1. 通过高纯硅制备技术引入中美贸易争端中的"芯片事件"，导出信息时代我国核心科技不足，立志担负社会责任，投身国家建设。 2. 通过古代繁荣的陶瓷文化，从传统繁荣文化中建立民族自信。 3. 结合身边的生活用品、电子产品、建筑物等用到的无机非金属硅酸盐材料，感受化学就在身边，化学材料作用巨大，通过基建感受祖国的强大。
知识点与思政教育结合的教学设计	1. 认知硅的作用，理解社会责任 以近期中美贸易争端中的"芯片事件"组织学生讨论，引导学生从化学角度分析社会热点问题"芯片"，提出"为什么说硅及其化合物在社会生活中有不可替代作用"的疑问，引导学生从元素周期律（表）的视角猜测硅元素的物理、化学性质，认识生活中常见的硅及其化合物。通过辨识、分析、推理和解释等科学实践活动培养学生的化学学科核心素养。 2. 掌握硅及其化合物分类，建立文化自信 通过情境创设，引领学生回溯硅材料的历史发展，从繁荣昌盛的中国陶瓷文化到现代基建不可或缺的水泥、玻璃，了解常见硅酸盐材料的基本结构，感受材料开发的特征，培养学生从不同层次认识、分类硅及其化合物，感受硅材料对社会建设和人民美好生活的重大贡献。

续表

知识点与思政教育结合的教学设计	3. 学习纯硅的性质和制备，体会祖国强大 依据时间脉络带领学生体验科学家探索纯硅的历程，查阅史料，学习纯硅的性质和制备。重点分析从沙子到单晶硅再到芯片的“资源开发与利用”过程，结合光导纤维，促进学生深度体验科学探究过程中发现、创造和应用的过程，感受硅材料在信息科技革命中的巨大作用，同时拓展硅材料开发的新趋势。 4. 研讨“芯片事件”，升华社会责任 最后，回归“芯片事件”，通过小组资料查阅，让学生总结不同时代的典型化学材料，明确感知化学促进了新材料开发，而新的材料又推进了社会的发展，形成“化学—材料开发与利用—社会发展”的历史与实践逻辑。
特色及创新（300 字左右）	1. 时间为轴，感受文化自信 以时间轴为线索 1，从远古时期古人制作石器到丝绸之路再到信息时代，由古及近，形成“化学—材料开发与利用—社会发展”的历史与实践逻辑，感受硅材料在人类历史发展中的重要地位，从材料的发展见证人类的发展。 2. 融汇中外，强化社会责任 以社会热点为线索 2，以近期中美贸易争端中的“芯片事件”引发学生的讨论，让学生体会到科技创新、技术自主的重要性。感受硅材料在信息科技革命中的巨大作用，同时拓展硅材料开发的新趋势。 3. 寓教于乐，体现学科特色 以知识内在逻辑为线索 3，从物质分类和化合价的角度，结合化学学科特色，研究单质硅、化合物硅酸盐、硅酸的物理化学性质、制备和应用，辅以化学实验等化学研究手段，使课堂生动有趣。

第二部分　课堂实录（部分）

《无机非金属材料》实录

师：2019 年 9 月 6 日，华为正式发布了麒麟 990 5G 芯片，该芯片的发布引起了舆论和公众的极大关注，小小芯片，却是多个行业第一。今天就让我们一起来研究“芯片制备中的化学”。

（教师用幻灯片展示相关新闻报道）请同学们讨论：这次事件给你什么启示？

请同学们结合新闻报道，讨论在此事件中中美两国在芯片上的高端技术差距，谈自己的心情和感受。

生 1：我国自主研究芯片的决心和成果令我很骄傲，我以后也要从事相关研究。

生 2：我国与美国在芯片技术上还是存在差距，我们这辈人要努力学习，缩小差距。

师：同学们说的都很好，老师很感动。那么大家知道芯片的主要成分是什么物质吗？

生：硅。

师：芯片的化学成分是硅单质。对于硅，有人说，它是一种神奇的元素，它将石器时代与信息时代连接起来，是古老又年轻的元素。课前我让同学们收集人类利用含硅物质的化学史，下面请同学们来汇报一下。

（学生代表展示小组学习成果：介绍人类利用含硅物质的化学史）

师：非常好，我们应该为自己鼓掌。下面我们就根据同学的汇报内容，思考第一个问题：古代人们利用硅酸盐打磨的石器进行狩猎，体现了硅酸盐什么物理性质？

生：硬度大。

师：硅酸盐的硬度之所以这么大，是由它的结构决定的，我们翻开书本，结合图片，学习一下硅酸盐的结构。

……

师：结构决定性质，那么硅酸盐还有哪些化学性质呢？

古籍《列子》记载：“火浣之布，浣之必投于火，布则火色，垢则布色。出火而振之，浩然疑乎雪。”

师：古代火浣布材质其实就是硅酸盐材料——石棉纤维纺织而成，我们一起来制高仿火浣布。

（将普通纱布于硅酸钠溶液中浸泡，空气中晾干。将纱布在酒精灯上灼

烧，观察实验现象）

师：请同学们写出灼烧过程中可能发生的化学反应。

（学生书写化学方程式）

师：我国西周时期，石棉便开始作为治疗皮肤病的良药使用。在《列子》一书有了关于火浣布的记载，也就是说，那个时期国人已经懂得使用石棉织布了。请你谈谈关于这个的感想。

生：……

师：硅酸盐材料远不止火浣布，我们一起来认识生产生活中的无机非金属材料——玻璃、水泥、陶瓷。

生：（跟随老师，阅读常见的无机硅酸盐材料）

师：（图片展示海上丝绸之路）我国古代海上贸易将瓷器和辉煌的中华文化传播到世界各地，通过陶瓷和文化的融合，展现了我国古代科技、文化的辉煌，请同学们谈谈你的感想。

（教师用幻灯片展示信息革命时代含硅材料的核心地位）

师：结合硅元素在自然界的存在形式，从元素价态角度分析，工业上如何获取单质硅？结合铁、铜的冶炼谈谈你的依据。

生：（交流）以自然界常见的石英为原料，选择合适的还原剂，采用热还原法将化合态的硅转变为游离态的硅，具体流程不明确。

师：请同学们看书本 22 页资料卡片，书写这里涉及的化学方程式。

生：（书写化学方程式）

【链接两则新闻：（1）我国高性能集成电路用硅严重依赖进口；（2）美国限制对华为芯片相关技术的出口】

师：对于上述两则新闻资料你有何感想？化学技术在信息产业中扮演了怎样的角色？

生：（讨论）

……

第三部分 案例分析

《"硅"中有价值"材料"现发展》一课是新人教版第五章第三节第二课时，该节内容知识容量少，情境素材丰富，与思政结合密切，该案例的创新点及反思可以从以下几方面展现：

一、融中外，需自强

以近期中美贸易争端中的"芯片事件"引发学生的讨论，引导学生从化学角度分析社会热点问题"芯片"，对比中美两国在芯片研究中的技术差距，感受我们国家在高科技领域的成绩和不足。这样设计的目的是让孩子们真正感受到知识的价值，摒弃"读书无用论"的不良风气，激发孩子们"为中国之崛起而读书"的豪情壮志。

这部分内容可以以辩论的形式展开，课后还可以让孩子们写辩后感想，与课堂内容相互补充，知识与情感得到提升。由于课堂教学任务的限制，该内容安排时间略短，课后可以由班会课补充。

二、跨古今，建自信

引领学生回溯硅材料的历史发展。学习人类利用硅的化学史不仅能使学生获得知识，同时也启迪他们的智慧，让学生跟随科学家的脚步，借鉴和学习科学家实现物质转化时的思维方法，建立研究物质转化的基本思维模型。限于课堂时间，这块内容可以让学生课前查阅资料，设计时间—事件的二维图，课中交流分析。这样不仅可以节省课堂时间，提高课堂效率，还可以培养孩子们查阅资料、解决问题、利用资料的能力，充分调动学生的积极性。而且明确感知化学促进了新材料开发，而新的材料又推进了社会的发展，形成"化学—材料开发与利用—社会发展"的历史与实践逻辑。同时以典型硅酸盐材料"火浣布"为例，展示我国古代材料的先进性，增强民族自豪感。

该内容可以安排化学实验，比如火浣布的制备及耐火性的检验，化学实验更能体现化学学科的特色，激发学生的学习兴趣。该实验耗时长、对学生知识储备要求高，可以以"研究性学习"的形式展开，学生以小组形式进行研究，撰写研究报告。

三、多手段，立素养

该案例始终以学生为主体，以能力和素养为目标，通过情境创设、小组讨论、资料调查、影像展示、知识讲解、实验验证等多种教学形式，让学生在学习化学知识的同时，锻炼能力，提高素养。充分利用各种素材，将时间线、社会热点、知识逻辑融入同一堂课中，使教学过程不仅是引导学生学习知识和提高能力的过程，更是锤炼心志和养成品行的过程。

诚然，能力的培养、素养的形成绝非一朝一夕之功，也非一堂课可以实现的。因此，作为化学教师要把素养为本的理念落实到每一堂课，将思政与化学课的结合落实到每一堂课，把这作为长期努力的目标。

第四部分　专家点评

本案例以单质硅和常见硅酸盐材料的相关知识为课程思政的载体，学生学习高纯硅制备技术，了解中美贸易争端中的“芯片事件”；学生掌握硅及其化合物分类，感受古代繁荣的陶瓷文化；学生学习纯硅的制备，体会祖国的强大，体现显性和隐性教育的统一。

学生学习“芯片制备”，感悟民族振兴的责任与担当；学生了解常见硅酸盐材料的基本结构，感受硅材料对社会建设的重大贡献；学生探索纯硅的历程、教师拓展硅材料开发新趋势，感受硅材料在信息科技革命中的巨大作用；学生研讨芯片事件，形成“化学—材料开发与利用—社会发展”的实践逻辑。教学设计符合学生认知发展，促进学生体验，在学生想一想、做一做和说一说中有效落实思政目标。

本案例如果能立足“单质硅性质与制作”，学生不仅建构物质转化的思维模型，而且通过师生深度思辨，从化学角度分析“芯片”问题，激发为中华努力读书的坚定信念，从而更有效地渗透课程思政。

◉ 生物变异的辩证观

第一部分 教学设计

“课程思政”设计书

<table>
<tr><td>学科名称</td><td>高中生物</td></tr>
<tr><td>微课所在章节名称</td><td>浙教版必修二《遗传与进化》第四章 生物的变异
第一节 基因突变可能引起性状改变</td></tr>
<tr><td>授课对象</td><td>高一学生</td></tr>
<tr><td colspan="2">教学设计</td></tr>
<tr><td>切入课程思政的课程知识点</td><td>切入课程思政的知识点如下：
1. 基因序列改变可能会影响其编码的蛋白质。
2. 基因突变可应用于诱变育种。</td></tr>
<tr><td>思政教育的课程目标</td><td>1. 通过对基因突变的原因及特点的逻辑论证过程，树立事物是普遍联系的，外因通过内因起作用等辩证唯物主义观念。
2. 通过学习基因突变在我国育种上的应用，体会科学技术为人类提高生活质量、改造世界提供有力的工具，增强民族自豪感。</td></tr>
<tr><td>知识点与思政教育结合的教学设计</td><td>1. 设计学生活动，促进辩证的理性思维
设计学生活动，引导学生对镰刀型细胞贫血症病因的分析，让学生归纳基因突变的概念。同时，联系镰刀型细胞贫血症虽然属于形态突变，对应基因突变的特征之一“多数有害性”，但镰刀型细胞贫血症的杂合患者在疟疾横行的非洲却没有死亡的实例（杂合患者的血红蛋白因缺氧以及破裂，会阻止疟原虫形成分生孢子，导致其死亡），从而得出基因突变对生物的影响具有两面性，就是在一定条件下，有害还是有利是相对的，是由环境决定的。
又如，小组合作学习：以小组为单位展开模型构活动，让学生在教师提供的已有基因片段中随机增添、缺失或替换一个碱基对，并记录下转录后的 mRNA，通过对照密码子表，确定氨基酸的排列顺序是否发生变化，从而领会基因突变的外延是指碱基对的增添、缺失或替换。引导学生多角度分析问题，领悟辩证唯物主义的思想。
2. 拓展应用知识，体会科技的巨大作用
基于物理因素或化学因素都能诱发基因突变，将这一原理应用在育种上（发展为诱变育种），并列举我国利用该技术已培育的水稻、小麦、大豆等优良品种的农作物和“神舟十号”的太空育种，以及在微生物方面的成效（高产青霉素的菌株），让学生体会到科技作为一种革命力量，极大地推动了经济的发展，在改造自然、征服自然的过程中，为人类提供更多更好的生存条件等方面作出了巨大贡献，增强民族自豪感。</td></tr>
</table>

续表

特色及创新（300字左右）	1. 科学建模，多角度看问题 通过模型的建构过程，充分发挥直观教学的作用，学生在亲身实践中发现基因突变发生的几种情况，突破抽象概念，并结合之前有关基因表达的知识来解决分析基因突变的几种情况对生物性状是否改变的影响。 2. 同一实例，求知育人相统一 镰刀型细胞贫血症作为介绍基因突变机理的常规实例，可以顺势引出基因突变对表型的几种影响。但镰刀型细胞贫血症的杂合患者在疟疾横行的非洲却没有死亡的实例，从而体现出基因突变对生物的影响具有两面性。 诱变育种作为重要的育种方法具有很多优势，但是也有不足。基于基因突变的特征之一（多方向性），因此实际操作中需要处理大量的试验材料，并具有一定的盲目性，引导学生能辩证看待、分析问题。

第二部分 课堂实录（部分）

《基因突变可能引起性状改变》实录

幻灯片资料呈现：1910年，一个黑人男青年到医院就诊，他的主要表现是发热与肌肉酸痛，经过一系列检查发现，他所患的是当时人们尚未认识的一种特殊的贫血症，其红细胞不是正常的圆饼状，而是呈弯曲的镰刀状。

教师阐述：那么这种病的症状和病因是什么呢？请同学们看课本第87页，讨论回答下列问题：（1）正常人红细胞的形状和功能是什么？（2）镰刀型细胞贫血症患者的红细胞的形状是什么？它还有运输氧气的功能吗？

学生回答：（1）正常人的红细胞呈中央微凹的圆饼状，主要功能是运输氧气。（2）患者的红细胞呈弯曲的镰刀状，失去运输氧气的能力。

多媒体呈现：血红蛋白分子的部分氨基酸序列

正常——缬氨酸–组氨酸–亮氨酸–苏氨酸–脯氨酸–谷氨酸–谷氨酸–赖氨酸–

异常——缬氨酸–组氨酸–亮氨酸–苏氨酸–脯氨酸–缬氨酸–谷氨酸–赖氨酸–

教师布置学习任务：找出镰刀型细胞贫血症患者血红蛋白分子异常的原因。

学生对比回答：谷氨酸被缬氨酸替换。

在学生了解了镰刀型细胞贫血症症状之后，指导学生了解病因，让学生自主学习第87页图4-4，讨论回答以下问题：

（1）患者的血红蛋白有无变化？理由是什么？（2）找出是以上述DNA的哪条链为模板转录出mRNA。（3）镰刀型细胞贫血症的直接原因是什么？（4）镰刀型细胞贫血症的根本原因又是什么？

学生在思考后回答上述4个问题：（1）患者血红蛋白和正常人不同，一条肽链中一个氨基酸被替代。（2）以图中下面的一条链为模板。（3）该病的直接原因是血红蛋白中的谷氨酸被缬氨酸替换。（4）该病的根本原因是DNA中的碱基对发生改变，T//A被A//T取代。

教师总结：

直接原因：蛋白质中氨基酸被替换。

根本原因：基因中的碱基对发生替换。

教师提问：回想DNA分子的结构及特点（双螺旋结构、稳定性），思考DNA分子在什么时候不太稳定？

学生讨论得出：发生在DNA复制过程中，容易发生基因突变。

学生总结：基因突变发生时期：细胞分裂间期（有丝分裂或减数第一次分裂前的间期）。

教师提问：DNA在复制过程中除了碱基对发生替换，还有可能发生什么变化呢？

设计学生活动：以小组为单位展开模型建构活动，让学生在教师提供的已有基因片段中随机增添、缺失或替换一个碱基对，通过对照密码子表，确定氨基酸的排列顺序是否发生变化。

幻灯片呈现原DNA序列片段：

ATGGAACATTACCGT

TACCTTGTAATGGCA

突变一（增添一对碱基）：

ATGTGAACATTACCGT

TACACTTGTAATGGCA

突变二（缺失一对碱基）：

ATGAACATTACCGT

TACTTGTAATGGCA

突变三（替换一对碱基）：

ATGGAACATTACCGC

TACCTTGTAATGGCG

学生根据基因控制蛋白质的合成过程进行思考，每组分别记录下以 DNA 的上面一条链为模板转录后的 mRNA 及翻译后的氨基酸序列片段。

翻译得到的原氨基酸序列片段：–酪氨酸–亮氨酸–缬氨酸–甲硫氨酸–丙氨酸–

发生突变一：–酪氨酸–苏氨酸–半胱氨酸–天冬酰胺–甘氨酸–

发生突变二：–酪氨酸–亮氨酸–终止

发生突变三：–酪氨酸–亮氨酸–缬氨酸–甲硫氨酸–丙氨酸–

学生对比归纳，得出结论：

（1）DNA 碱基对发生替换，则控制合成的蛋白质氨基酸序列可能发生改变（如镰刀型细胞贫血症），也可能不变（如突变三）。

（2）DNA 碱基对发生增添或缺失，则控制合成的蛋白质氨基酸序列从增添或缺失处以后的序列发生改变（如突变一、突变二）。

教师总结：明确基因突变的概念（指由于基因内部核酸分子上的特定核苷酸序列发生改变的现象或过程）。

教师阐述：从镰刀型细胞贫血症实例，我们可以得出基因突变的特征之一（有害性）。

幻灯片资料呈现：镰刀型细胞贫血症的杂合患者在疟疾横行的非洲却没有死亡。在疟原虫毁坏镰刀型贫血症携带者（杂合子）的红细胞时，会导致患者缺氧，这样就会让原来正常的红细胞变成镰刀型的，镰刀型红细胞容易形成血栓，人体自身免疫系统会提前结束这些阻碍血流畅通的红细胞的生命，而积聚在红细胞中正等待大量繁殖的疟原虫也同样被干掉了。

据此，学生得出结论：基因突变对生物的影响具有两面性，就是在一定条件下，有害还是有利是相对的，是由环境决定的。

（通过问题引领，加深对知识的理解，加强前后知识之间的联系，提高学生发散思维能力。）

幻灯片资料呈现：二战时美国在日本广岛、长崎投下原子弹，导致之后大量畸形胎儿出生。长期吸烟导致肺癌致病率居于癌症之首，以及乙肝病毒致癌的实例。

教师提问：请举例说明还有哪些生活实例会导致基因突变？

学生回答：

（1）怀孕妇女不易长时间使用电脑，以免辐射对胎儿的不利影响。

（2）苏联切尔诺贝利核电站发生爆炸，给当地造成了严重的核污染。核电站周围的居民得癌症的概率大大增加，很多生物发生变异。

（3）生活在进行过豪华装修的居室中的儿童易患白血病。

（4）长期食用腌菜等腌制食品过多可能会致癌。

（5）一些肿瘤病毒能诱发细胞癌变。……

学生归纳：（外因）物理、化学和生物因素会提高基因突变发生的概率。因此，生活中应尽量避免接触上述诱发基因突变的因素，保持健康的生活方式。

幻灯片资料呈现：2013 年 6 月 11 日，搭载着三位中国宇航员的载人航天飞船冲破云霄飞入浩瀚的宇宙。宇宙飞船的载重设计必须十分精确，却在“神舟十号”上特别装载了一些植物种子。原来科学家希望利用宇宙射线引起植物种子的变异，筛选出对人类生产实践有利的新性状。

教师提问：为何宇宙射线能够引起植物种子的变异？

学生回答：利用物理因素使植物发生基因突变，进而改变性状。

教师补充：除此之外，用亚硝酸、硫酸二乙酯等化学物质处理生物，也可以使之发生基因突变。

教师指导学生根据基因突变的原因、特点，分析讨论基因突变的意义：

（1）它是新基因（等位基因）产生的途径。

（2）它是生物变异的根本来源，为生物的进化提供了原材料。

（3）利用基因突变来育种——诱变育种。

学生总结：诱变育种的三大特点：

可提高突变概率。

较短时间有效地改良生物品种的某些性状。

改良作物品质，增强抗逆性。

教师提问：那么诱变育种是不是十分完美，没有缺点呢？

学生思考并回答：诱变育种作为重要的育种方法具有很多优势，但是也有不足。基于基因突变的特征之一（多方向性），即不定向性，因此实际操作上需要处理大量的试验材料，并具有一定的盲目性。

（创设情境，利用“神舟十号”太空育种的新闻案例介绍我国在育种方面的成就，带领学生揭示新闻背后的生物学原理，培养学生的民族自豪感。让学生进行问题讨论和交流，鼓励学生进行质疑辨析，明确事物是物质的，一分为二的，科学技术也是一把双刃剑。）

课后思考：

1. 同学们已经知道基因型和表型的关系，那基因型不变，环境条件改变引起的性状改变叫变异吗？这种变异性状能遗传吗？它和我们今天学习的变异属于一种类型吗？

2. 基因突变一定引发性状的改变吗？

第三部分　案例分析

《基因突变可能引起性状改变》是现行高中生物（浙科版）必修二《遗传与进化》第四章“生物的变异”中第一节内容。基于前面学生已经学习了基因的本质和基因的表达的知识，学生们对基因及基因的作用已经有了一定层次的了解。本节课的重点集中在“基因突变”这一概念的理解及其影响，通过设置问题情境，让学生观察、动手、思考和讨论，激发学生学习生物的兴趣和发展探究学习的能力。本节的难点是“基因突变”的特点，教材用一定篇幅介绍，但学生往往无法很好区分基因突变不同特点的内涵。其中，“基因突变”的多方向性是需要深入挖掘的。在诱变育种的教学中，可以引导学生进行思考，既然基因突变的方向是不确定的，那么在诱变育种的生产实践中应该注意哪些问题？会不会产生一些自然界本不存在但对生物界却影响巨大的生物？

1. 本节课的亮点：

（1）依据教材一改以往从讲授变异的类型和基因突变概念为起点来进行，而是以教材中镰刀型细胞贫血症案例的分析为起点，引出“基因突变”的概念，既符合概念的提出过程，也符合新课程标准中“倡导探究性学习”的理念。

（2）充分地利用教材的资源，做到用教材而不是教教材。

（3）无论是对教材内容的阅读，还是对资料图片的分析，都采用了由浅入深，由简单到复杂的问题串来引领学生，走向成功。

（4）本节课结束前的两个课后思考问题中，第一个问题是让学生通过利用前面所学内容，来分析归纳出变异的类型；第二个问题是让学生对前面所学的“基因控制蛋白质的合成”内容，进一步加深理解和融会贯通。

2. 本节课的不足：

（1）对教材中“小资料”关于基因突变导致的表型变化的讲解，可穿插在基因突变的特点中讲解，利用基因突变的实例图片让学生分析，得出基因突变普遍存在和大多是有害的特点时，指导学生分析这些基因突变有的是自然发生的，有的是人为处理得到的。

（2）展示的基因突变的图片或文字资料，可以事先让学生去收集、查找，这样学生对基因突变的有害或有利，理解和体会就会更深，教学效果或许会更好。

综合以上可以看出，教师在本节课中尝试利用多种教学方法进行教学，达到新课程提出的培养学生“独立性、自主性”和“创新精神”的教学目标。这也进一步启示我们：教无定法，只要教师围绕教学目的去设计、引导、激发学生的思维，就能达到强化学生的科学素养的目的。

第四部分 专家点评

本节内容的知识点，有助于帮助培养学生的科学精神，用马克思主义的科学世界观和方法论做出正确的价值判断和行为选择；也有利于培育政治认同，增强文化自信和民族自豪感。

本节课教学过程中做到了价值性与知识性相统一：通过对基因突变的原因及特点的逻辑论证，帮助学生树立事物是普遍联系的观点；通过探讨基因突变对生物的影响具有两面性，在一定条件下，有害还是有利是相对的，帮助学生理解矛盾观；通过确定氨基酸的排列顺序是否发生变化，引导学生多角度分析问题，以上这些都在学科知识的落实中提高了学生的唯物辩证法的思维能力和科学精神。通过列举我国利用该技术所取得的一系列成就，能培育学生的文化自信，增强民族自豪感。

在传授知识的基础上，课堂中学生或老师如果能把隐含在知识中的一些认识世界、改造世界的正确方法，或把激发的情感加以表达或提炼，课程思政的效果会更明显。

◉ 从三起三落看制度自信

第一部分 教学设计

“课程思政”设计书

学科名称	高中历史
微课所在章节名称	中外历史纲要（上）《改革开放与社会主义现代化建设新时期》
授课对象	高一学生
教学设计	
切入课程思政的课程知识点	1. 改革开放四十年历程中对“什么是社会主义”的探索。 2. 怎样建设社会主义的探索。
思政教育的课程目标	1. 通过小人物来看大历史，更真切地感受中国共产党对“以人民为中心”的坚持，培养学生的家国情怀和制度自信。 2. 通过探究共产党对计划与市场政策的摸索、调整，感知中国共产党勇于纠错的实事求是的精神、开拓创新的精神。
知识点与思政教育结合的教学设计	1. 一落一起，诠释实事求是 引入真实人物年广久，激发学生兴趣，并以小人物的第一落第一起带学生回到新中国成立后的时期。在社会主义就是单一的公有制和计划经济的认识下，党中央及时进行各方面的拨乱反正、解放思想，推动十一届三中全会、改革开放的实施，实现历史性的转折。 2. 二落二起，突显制度自信 在改革开放推行过程中，年广久的瓜子生意红红火火，却也迎来雇工、规模等一系列问题，而党中央基于维护百姓利益，不断调整计划和市场的关系。通过小人物在改革开放初期的第二落第二起，利用生动地故事性描述以及影像资料，更能让学生从基层百姓的视角感受党政策不断在变，不变的是党中央以人民为中心，把人民放在主体地位的初心，坚定制度自信。 3. 三落三起，展现开拓创新 在20世纪80年代末东欧剧变、苏联解体的国际环境下，国内也出现了对于改革开放的信任危机，而邓小平利用南方谈话从本质上解决了百姓的困惑，进而创造性地确定建立社会主义市场经济的目标。利用年广久在这个大背景下的沉浮，让学生能在具体化的情境中体会党中央在国家发展中开拓创新，砥砺前行的精神。

续表

特色及创新（300 字左右）	1. 以小人物见大时代 本课例选取历史潮流中的一个小人物——年广久作为线索，以其人生经历的三起三落作为阶段划分，“见微知著”探究改革开放四十年对于中国特色社会主义道路的探寻，以小见大，从微观对象到宏观历史时段，以身边的人物、真实的案例更能激发学生兴趣与共情心。 2. 用真案例感家国情 通过本节课的学习，让学生思考在年广久真实的跌宕人生经历背后，是党如何不断调整政策？其背后不变的是什么？在改革浪潮中沉浮的这一批人又具有什么品质？是党不忘初心坚持以人民为中心的发展思想，是在这四十年探索中党和百姓实事求是、勇于纠错、开拓创新的精神。课程以小切口看改革开放的激荡历程，并通过人物的经历和中国共产党在改革过程中的重要地位和作用，渗透家国情怀，树立制度自信。

第二部分　课堂实录（部分）

《从三落三起看制度自信》实录

【一落一起　诠释纠错精神】

师：在抗战爆发的硝烟岁月里，年广久出生了，不久后的一次水灾，让年广久一家迁到了芜湖，窘迫的生活使年广久早早学会了街头叫卖。父亲去世得早，年广久从小没怎么读过书，新中国成立后子承父业，他就以街头摆摊为生，卖过什么呢？卖水果，卖鱼，买板栗，但似乎结果都是如出一辙——被打倒。

生 1：为什么年广久会被接二连三打倒？卖啥都不行呢？觉得这是走资本主义道路去了。这么一个为了养家糊口东躲西藏的小老百姓怎么会是资本家呢？

生 2：那我们来看看当时人们认为什么是社会主义？

师：当时我们认为社会主义就是单一的公有制加上计划经济。（板书：计划经济）基于这样的认识，我们当时是怎么进行社会主义的建设呢？比如在五六十年代，像你们爷爷奶奶那时候，在城市，你想偷偷摸摸去卖点新昌小京生，那是绝对不允许的，你要买油、米，像我们现在天气很热，想买个冰棍，你都得到国营商店去；在农村呢？认为社会主义建设速度越快越好，规模越大越好，公有化程度越高越好。所以像年广久这种小商小贩是不允许的。

师：如果你是刚刚恢复工作的邓小平，你觉得首先要做什么？邓小平的思想在什么会议上得到了落实？

生：十一届三中全会进行了及时的拨乱反正，进行改革开放，而且在会议中对年广久这样的个体经济放宽了约束，在 1979 年的会议上更是第一次明确提出了恢复和发展个体经济。

师：我们课本上对于年广久这样的小商小贩国家也做了一些定义，你们能找到吗？这时摆地摊得到了许可。

师：正是因为中国共产党人具有“解放思想，实事求是”的精神，神州大地吹起改革开放的春风，梦想着可以拥有一家瓜子铺的年广久，终于迎来了好时机。而且他很有经济头脑，别人买一包，他再抓一把送给别人，别人不要，他硬是塞人家口袋里，每颗瓜子都很饱满，正是这样物美价廉，热情勤奋的经营之道，每天门口都排起长队，生意红红火火的，忙不过来的时候他还叫几个帮手帮他。

【二落二起　突显制度自信】

师：随着改革开放如火如荼地进行，年广久的生意愈发红火，规模越来越大，雇工由 3 人发展到 103 人，成为当时中国雇工人数最多的个体户，终于可以安安心心搞他的瓜子事业的时候，年广久却引来了一场大争论，甚至有人在他店门口贴起了大字报。引起了什么争论呢？

在马克思《资本论》中对雇工问题进行了明确的划分，雇佣 7 个人是小企业主，再多一个呢？就是资本家。而年广久雇了多少人？难怪人们去他店里贴大字报呢，因为人们觉得他就是个搞剥削的资本家！但谁能想到改革开放后的第一个资本家是一个没有文化的，卖瓜子的，把自己称为傻子的人呢？可见，面对改革开放过程中新出现的市场行为，雇工啊、股票啊、兼并啊等等，仍有不少人用意识形态或姓资姓社去评论它。因为人们也不知道这是资本主义还是社会主义啊！怎么区分呢？是对还是错呢？有不懂的，怎么办？有人就把这个问题反映给了邓小平，邓小平就说了6个字：放一放、看一看。紧接着，党中央关于雇工问题又给了个16字方针，正是这么几个字，拯救了陷入雇工风波中的年广久，成为芜湖第一家私营企业。

师：在这过程中，面对改革过程中出现的新问题，党也不断地在开会调整政策。同学们看看党的这一系列决策在探索什么关系？反映了什么特点？

生：历次大会都在探索计划与市场的关系，对市场的宽容度越来越大，甚至平起平坐。并且从之前的计划经济进一步提出了要建设有计划的商品经济。

（板书：有计划的商品经济）

师：故事讲到这，同学们有困惑吗？

关于年广久的雇工讨论是平息了，但老百姓之前心中的困惑解决了吗？这社会主义也能搞市场经济吗？什么是资本主义什么社会主义啊？问中央问明白了吗？就像人大代表说的，老百姓在看中央指示，但中央呢并没有给出明确的答案，对于像年广久一样迅速发展的私营经济，依然没能获得社会的认同，没有合法的“名分”。

【三落三起　展现开拓创新】

师：20世纪80年代，年广久也陷入了这场漩涡。我们通过一个视频来了解一下（播放视频）。结合所学，思考20世纪80年代末90年代初，为什么关于计划与市场的争论达到了顶峰，国内国际出现了什么新变化？

社会主义的老大哥解体了，东欧的社会主义国家也发生了剧变，这对我们中国来讲进一步加剧了人们心中的恐慌和困惑，那我们还要不要继续走下去？改革是否正确？

就在大家不知路在何方的时候，88岁的老人为人们指引了一条阳光大道，在南方各地发表一系列讲话。结合材料思考南方谈话具体回答了哪些方面的问题？

师：要不要坚持改革开放呢？要，而且也要坚持一百年不动摇。像年广久这样的大胆放手去干。我们政策不会变，只要符合这三个标准的，就大胆去干。什么是社会主义？贫穷不是社会主义，社会主义是要发展生产力，要共同富裕。社会主义可以发展市场经济，比如列宁领导时期采取的经济政策就是市场经济。反过来，资本主义也可以发展计划经济。不管白猫黑猫会抓老鼠就是好猫，计划和市场不过是发展生产力的手段罢了，我们走社会主义这个方向并没有变。

生：南方谈话一下子就解开了困扰了人们很多年的困惑，指明了方向，解放了思想。邓小平三个有利于的论述，充分体现了中国共产党人“以人民为中心”的发展理念。

师：什么会议上邓小平的南方谈话上升为国家意志？

中共十四大提出了我们的目标就是要建立社会主义市场经济。十五大进一步确立了基本经济制度：以公有制为基础，多种所有制经济共同发展。从单一的公有制，到现在像年广久一样的非公有制经济可不可以存在？当然可以，只要坚持以公有制为主就可以。

正是对于什么是社会主义的解读，让年广久再一次起死回生。无罪释放后的他，给邓小平寄了一袋瓜子和一封感谢信。

【总结】

师：从单一的计划经济到有计划的商品经济，再到社会主义市场经济，傻子瓜子的起起落落反映着党的政策的调整与变更，也反映着我们在改革开放过程中对什么是社会主义等问题摸索前进的过程（板书：什么是社会主义），年广久只是改革浪潮中沉浮的一个缩影，像他一样的改革先行者们还有很多。新昌新和成、万丰、日发等等都是这个时代的印记。

中国共产党在改革开放 40 多年、建党 100 年中不断成长、与时俱进，正是千千万万像年广久一样的改革先行者们迎难而上，也正是每一个中国人的砥砺前行，共同构成了这激荡的 40 多年改革历程。习近平总书记说过：“时代是出卷人，我们是答卷人，人民是阅卷人。”个体和时代是息息相关的，每一个普通人在平凡的岗位上见证了时代的变迁与发展，中国的改革故事仍在继续，我们即将成为时代的弄潮儿，希望同学们可以继承改革先行者们和我们共产党敢拼敢闯的精神去开创属于你们的新时代。

第三部分 案例分析

中华上下五千年历史跨度长、内容多，这也导致历史学科知识琐碎、记忆量大，尤其是新教材《中外历史纲要》，按照通史编排，多为浓缩式、纲要式的概括，无法详细、生动地呈现历史知识，一定程度上导致学生对历史学科和课堂缺乏兴趣，这就需要教师尽可能摆脱知识点的堆砌、填鸭式的教学方式，在教学时通过历史讲解、细节补充、史料扩展、故事叙述等多方面进行调整，让学生从多方面、多角度准确而全面地理解与感受历史史实，并进行核心素养的渗透。

本课例选取历史潮流中沉浮的一个小人物——“傻子瓜子”的创始人年广久作为线索，以其人生经历的三落三起作为阶段划分，“见微知著”探究改革开放四十多年从计划经济到有计划的商品经济再到社会主义市场经济的不断摸索、调整，以及对中国特色社会主义道路的探寻，从小事件、小人物的经历中管窥大历史，从微观对象到宏观历史时段，让学生站在普通民众的角度审视这一段离他们相对较远、较为陌生的历史，从而感知更有情感、更为立体的历史。通过本节课的学习，让学生真切地感受到是党不忘初心、坚持以人民为中心的价值理念，是千千万万个改革先行者们迎难而上，是每个中国人的砥砺前行共同推动了历史车轮滚滚向前，坚定我们的制度自信。这节课将历史学科与党史学习教育自然融合，将改革开放政策的相关知识点与在这激荡四十年探索中党和百姓脚踏实地、实事求是、开拓创新的精神进行结合，使这堂历史课中自然渗透了思政教育，主要体现在以下几点：

1. 勇于纠错的实事求是精神

在年广久的一落一起第一阶段中，通过相关材料的补充阅读，让学生认识到在十一届三中全会之前，人们照搬苏联的模式，认为单一公有制和计划经济即社会主义，并在此指导下进行了社会主义建设。中国共产党及时进行了拨乱反正、解放思想，结合国情创造性地提出了要改革开放，以经济建设为中心，给像年广久一样的小商小贩摘掉“资本家”的帽子。这一落一起让学生领悟了光有理论是不行的，实践才是检验真理的唯一标准，如果一切从本本出发、思想僵化，社会就不能前进。虽然我们在建设社会主义过程中走了一些弯路，但我们党中央能够及时进行反省、判断，不激进、不浮夸，遵循实事求是的原则，提出要走中国特色的社会主义道路。从故事中窥探历史能够帮助学生更好地理解实事求是的重要性。

2. 以人民为中心的制度自信

人民是历史的创造者，个体与时代是息息相关的。十一届三中全会为百姓各方面创造性地开展工作提供了一个契机，年广久作为那个时代中的一个缩影，从卖瓜子的街头小贩，到“中国第一商贩”，年广久事业发展的背后，也是中共通过一次又一次会议对计划和市场不断摸索的过程。例如在年广久因雇工问题陷入风波时，以邓小平为首的党中央选择基于民情，给百姓一定的发展空间与时间，提出“放一放、看一看”，随后中央对雇工问题出台指示“不宜提倡，不要公开宣传，也不要急于取缔”，年广久也得以化险为夷。无论是改革开放政策的提出，还是党中央基于百姓利益、提高生产力而摸着石头过河的过程，都能从这个小人物年广久的经历中体现，所以选择深受党的政策影响的这么一个案例，利用生动的影像资料，更能让学生从基层百姓的视角感受政策不断在变，不变的是党中央以人民为中心，把人民放在主体地位的初心，坚定我们的制度自信。

3. 勇于探索的开拓创新精神

20 世纪 80 年代末，在东欧剧变、苏联解体的国际环境下，国内也出现了对于改革开放的信任危机，以及人们对于什么是社会主义的茫然无措。在这样的关键节点，邓小平的南方谈话从本质上解决了百姓的困惑，再一次进行了思想的解放。南方谈话中指出“计划”和“市场”不是用来区分社会主义和资本主义的本质区别，都是用来发展经济的手段，我们社会主义也能运用市场。进而在之后的中共十四大中明确地提出经济体制改革的目标就是建立社会主义市场经济，这是共产党顶住国际环境紧张动荡的舆论压力，基于中国国情，顺应经济全球化浪潮给予时代创造性的回答。利用年广久在这个大背景下的沉浮，让学生能在具体化的情境中体会党中央在国家发展中开拓创新，砥砺前行的精神。

而年广久在人生不断地起起落落中，依然无畏困难，勇做改革的先行者、开拓者，还有他对待生活困境时的乐观、不放弃也激励、鼓舞着学生们。中国的改革故事仍在继续，每一个普通人在平凡的岗位上见证了时代的变迁与发展，在课堂最后引用习近平总书记的“时代是出卷人，我们是答卷人，人民是阅卷人”这句话，让学生明白他们即将成为时代的弄潮儿，希望他们可以继承改革先行者们和我们共产党敢拼敢闯的精神去开创属于他们的新时代。

本思政案例实施后的一点思考：教师在选择史料时，内容要符合课标要求、符合教材内容，要选择具有代表性、典型性的例子来反映和折射历史的宏观面貌与结构，起到“窥一斑而知全豹”的效果。当然，在选择对象时，教师需要用与学生更贴近的事物作为知识的穿引，例如，讲述近代民族企业发展时可以利用《荣氏家族》中荣氏兄弟的创业经历，理解近代民族资本主义发展的曲折性等等。知识不再是冷冰冰的理论，更靠近学生的认知。除此之外，教师可以通过对历史书籍与期刊，抑或是随着电脑的普及，通过网络搜索积累史料素材。也可以因地制宜利用当地的历史博物馆、遗址遗迹、口述、家书、日记等乡土资源为课堂服务、进行思政教育，提升学生的兴趣，扩展教师、学生的知识视野。

第四部分　专家点评

《改革开放与社会主义现代化建设新时期》通过小人物来看大历史，能将宏观知识更好地落地，用真实案例激发学生的情感，增强教育的作用。

本课通过傻子瓜子创始人年广久人生经历的三落三起，介绍了改革开放四十年来我国从计划经济到有计划的商品经济再到社会主义市场经济的不断摸索、调整，凸显出中国共产党勇于纠错的实事求是精神、始终坚持以人民为中心的发展思想，明确了实践是检验真理的唯一标准、人民群众是历史的创造者，也让学生明白了个体与时代的密切关系，个体在被时代裹挟前行的过程中，要勇做时代弄潮儿，用自己的勤劳与创新创造时代的精彩。本节课的教学有助于培养学生拥护中国共产党领导的思想感情，引导学生成为社会主义合格建设者和可靠接班人。

在从小人物的故事转到重大历史事件的过程中，教师的解说如果能更高屋建瓴一些，学科性与思政性的结合效果会更好。

◉ 筑江河大坝 梦伟大复

第一部分 教学设计

"课程思政"设计书

学科名称	高中地理
微课所在章节名称	湘教版必修三第二章第三节"流域的综合治理与开发"
授课对象	高二地理选考学生
教学设计	
切入课程思政的课程知识点	以中国在雅鲁藏布江上的大型工程项目建设战略为例，结合中国在区域发展中的战略布局，感受国人为实现"中国梦"的奋斗过程。切入课程思政的知识点如下： 1. 雅鲁藏布江的地理背景。 2. 雅鲁藏布江水电站修建的论证。 3. 大坝工程的设计。
思政教育的课程目标	1. 欣赏中国的壮美河山，加强学生对于西藏地区的区域认知。 2. 体会国家的大型工程建设的决策过程，培养学生家国情怀。 3. 了解祖国大型工程建设上的强大实力和世界地位，增强民族自豪感。
知识点与思政教育结合的教学设计	1. 熟悉大江背景，欣赏壮美河山 利用在北斗卫星地图的功能，学生熟知雅鲁藏布大峡谷是世界上最大的大峡谷，雅鲁藏布江流域每年从中国的青藏高原流入到布拉马普特拉河的径流量，每年超过了 3000 亿立方米！感受大江能量，赞叹祖国壮美，同时也激起学生思考，区域如何可持续发展。 2. 辩论大坝修建，心怀家国天下 通过辩论雅鲁藏布江上是否要修建大坝，让学生关注祖国大型工程项目的建设，通过辩论该工程是否应该修建，同学们发表了自己的见解。正如大型工程项目的建设前期，对于修建的决策要做到综合考虑，辩论让学生参与到家国大事的决策过程，国事家事天下事，事事关心！ 3. 思考大坝攻坚，感悟祖国强大 在高原大江上修建大坝，是世界级难题。雅鲁藏布大峡谷落差超过 5600 米，在此处修建水电站，难度之大，难以想象。那么中国工程团队是如何提出解决措施，使得这项超级工程成功修建，借助这个环节，让学生体会到祖国的强大，不断增强民族自信心。

续表

特色及创新（300字左右）	1. 激烈辩证，着眼人地协调 对于在雅鲁藏布江上是否要修建水电站，有赞同的声音，也有反对的理由，大坝的建设，水电站的开发，涉及经济、生态、社会、工程等诸多领域，在辩论的过程中，学生会逐渐认识到大坝修建带来的有利影响与不利影响，如何趋利避害，因地制宜，这是地理学科教学的学科特色，以此为切入点，可以让地理学科和思政教育完美结合！ 2. 关注时政，培养家国情怀 结合时下最为热点的“中印边界加勒万河谷冲突”事件，把中印边界冲突与雅鲁藏布江的开发进行结合，同学们就可以理解我国对于雅鲁藏布江这条大江的开发策略，明白我国在西藏地区的建设目的，只有加强对于边境的开发，我国在边境地区的主权才能更有保障！通过地理课与时政的结合，可以激发同学们的保家卫国的热情。 3. 学以致用，共梦伟大复兴 雅鲁藏布大峡谷是世界上最大、最深的峡谷，落差超过5600米，修建水电站，面临工程、生态、经济上的许多难题，如何攻坚克难，在思考的过程中，同学们感受中国工程团队在大型工程建设方面的智慧，看到目前我们祖国在基础设施建设方面的强大实力，让学生体会到祖国的强大，不断增强民族自信心，共同为实现中华民族的伟大复习而奋斗！

第二部分　课堂实录（部分）

《雅鲁藏布江水电工程综合决策》实录

本微课实录主要展示的是完整课堂教学中的探究二“驯服与放任”环节。

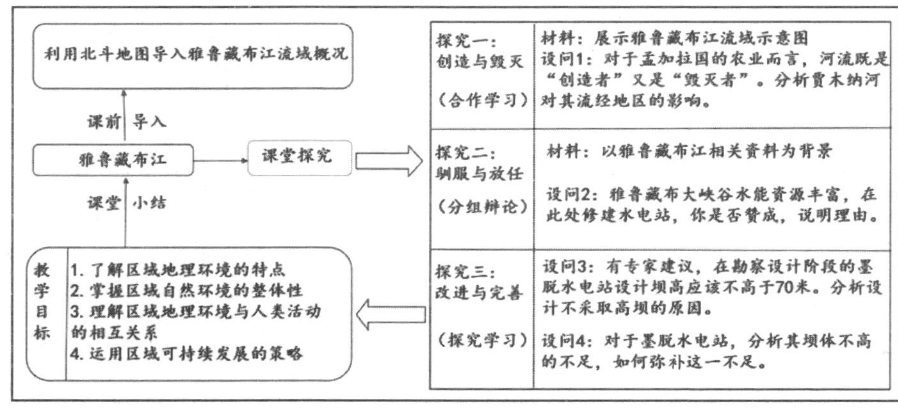

图1　完整的教学内容及流程

在完成探究一“创造与毁灭”后，同学们已经充分了解了雅鲁藏布江，为第二个环节探究二“驯服与放任”做好了准备。

师：同学们，在欣赏过雅鲁藏布江的壮美风光后，请大家思考，在雅鲁藏布大峡谷修建水电站，你是否赞成？

师：对于老师的提问，有的学生赞同修建，有的学生反对修建，这正如大型工程项目的建设前期，既有赞同的声音，也会有反对的理由，对于是否修建的决策要做到综合考虑，在此情境下，我们模拟国家大型工程的前期决策环节，对于雅鲁藏布江是否修建大坝，我们可以展开辩论。

师：根据自己的观点，大家分成两个大组，赞成修建大坝组与反对修建大坝组，小组成员进行探究、思考、讨论后，两组各自选出自己的小组组长，在小组组长的带领下，收集、整理各自小组组员的讨论成果。先由赞成修建大坝组成员上台陈述修建原因，再由反对修建大坝组上台陈述原因，之后双方针对对方观点进行反击，或者对本组观点进行辩护，辩论由此展开。

生（赞成修建组组员 1）：我们组赞成修建水电站，因为雅鲁藏布大峡谷处山高谷深落差大、水量大，水能资源丰富应该利用起来。现阶段我们国家对能源需求大，水能是清洁可再生的，应该开发。再加上雅鲁藏布大峡谷处人烟稀少，修建水电站移民量少，造成的影响小。

此时掌声响起，同学们流露出敬佩的眼神，这也激起了反对修建组成员的斗志，反对修建组成员上台陈述自己的观点。

生（反对修建组组员 1）：我们组反对修建水电站，因为修建水电站形成水库，会对生态环境造成重大影响。此外此处板块交接处，地质灾害多发，修建大坝技术难度大，修建水库后，还会诱发更多的地质灾害。此外这里人烟稀少，修建水库所需的劳动力短缺，还有这里经济落后，对电能的需求很少，修建水电站成本高，效益低，没有必要。

掌声再次响起，针对该同学的观点，赞成修建组的同学经过一番调整，开始上台经行反驳。双方展开了又一轮的辩论。

生（赞成修建组组员 2）：当地对于电能的市场需求小，可是东部沿海地区对电能的需求很大，可以通过西电东送，把当地的资源优势转化为经济优势。

生（反对修建组组员 2）：可是这里与东部地区距离太远，输电成本会太高，得不偿失，可能没有收益。还有雅鲁藏布江是一条国际性河流，下游流经印度和孟加拉国，在上游修建水电站，容易引发国际争端。

生（赞成修建组组员 3）：修建水库可以调蓄洪水，孟加拉国洪涝灾害多发，孟加拉国可以通过和中国合作，减少洪涝灾害，所以协商好不一定会有争端。中国和印度在藏南地区有领土争端，通过此处修建水库，可以加强领土主权意识。

师：经过激烈的思想碰撞，在学生们发表完自己的见解后，最后由我来揭示中国对于雅鲁藏布江水电项目的态度，是支持的！

生（反对修建组组员）：这样啊，为什么呢？

师：2020 年 6 月 15 日，在中印边境加勒万河谷地区，中印双方发生激烈的肢体冲突。印度蓄意发动挑衅攻击，甚至暴力攻击中方前往该地交涉的官兵，进而引发激烈肢体冲突，造成人员伤亡。不仅是 2020 年的这一次冲突，有资料指出，在取得 1962 年中印边界战争胜利后，我国就因后勤保障困难，不得不撤出。所以雅鲁藏布江水电项目的开发，具有国防战略意义，有利于边境稳定。

生：看来只有加强边境建设，才能保卫国土安全！

师：此外，藏东南中印边境地区蕴藏的丰富水电能源，在中印双方未来的能源结构中，都占有不可忽视的重要地位，它关系到我国的国家安全、国际关系、能源结构、生态环境和西藏未来社会经济的可持续发展。

生：原来修建大坝要考虑这么多方面，看来要好好学习！

生：要学好知识，才能为国家强盛贡献自己的力量！

第三部分 案例分析

本微课的创新点在以下三个环节中。

1. 真实情境

选取客观真实且充满浓郁的地理味的案例，是当前地理教学的主导趋势。真实情境案例与学生的生活体验、学习经验有着一定联系，拉近了地理课堂学习与真实生活的距离，体现学习的有用性，促进学生的终身发展。水能资源的开发是国家“十三五”规划的重要项目，其建设过程体现了地理资源开发的原则，又有着自身独特的开发背景，是地理教学的绝佳案例。本节课选取雅鲁藏布江为区域探究的案例，一方面落实地理中的人地协调观、区域认知与综合思维。又可以加强学生对西藏地区作为边界的关注，激发学生的保家卫国的激情！

2. 辩证思维

水能资源的开发需要辩证分析，修建水库既有有利影响、又有不利影响。在探究二环节，“雅鲁藏布大峡谷水能资源丰富，在此处修建水电站，你是否赞成，说明理由”这一设问的解答需要学生具备极强的综合思维，设问本身的开放性促成了学生解答的多样性。本环节采用小组分类，根据学生对是否修建水库的看法，分成“赞成组”与“反对组”后，通过两大小组的合作，展开激烈的探究。通过辩论，可以让学生更全面辩证地看待中国在雅鲁藏布江的开发策略，在更高的层次上，理解国家政策的出发点。辩论，不仅激发学生思维的碰撞，更可以在碰撞之中，绽放出家国情怀之火花！

3. 学生本位

人类的思维是一种过程，课堂可以借助合作、探究、辩论等学习方法，在解决问题的过程中实现思维的内化、能力的提升。水能资源的开发需要辩证分析，修建水库既有有利影响、又有不利影响。“是否赞成修建水电站”先后借助分组、合作、辩论三大学习方法把课堂交还给学生，在辩论过程中，学生的个体思维、集体的合作思维充溢着整个课堂，使课堂活动“活”了起来，充分体现出“学生本位”的教学理念。激烈精彩的辩论交锋不仅能让学生深深体悟到资源开发等人类活动需尊重自然环境规律的人地协调观思想，更能明白祖国在西藏地区战略的目的，激发学生建设祖国的激情。从同学们一阵阵掌声和惊叹中可以知道，这种体悟是深刻而灵动的。

本节课所选用的思政材料与地理教学目标无缝衔接，既有放眼世界的广度，又有现实的时代感，体现了课程思政的教育性特点，最终实现了“地理”与“思政”的有机结合，培育了学生的家国情怀。

第四部分　专家点评

《流域的综合治理与开发》以中国在雅鲁藏布江上的大型工程项目建设战略为例，有利于实现知识点与思政教育的结合。

通过介绍雅鲁藏布江的地理背景，带领学生欣赏中国的壮美河山，有利于学生了解祖国、热爱祖国；通过辩论雅鲁藏布江上是否要修建大坝，学生逐渐认识到大坝修建带来的有利影响与不利影响，培养辩证思维能力；如何趋利避害，除了要考虑生态因素、经济因素、人文因素之外，还有政治因素也是非常重要的因素，雅鲁藏布江水电项目的开发，具有国防战略意义，关系到我国的国家安全，明白了这一点，有利于学生理解国家政策的制定。本节课的教学坚持政治性和学理性相统一，培养了学生的科学精神，增强了学生的政治认同。

在学生辩论探讨的基础上，如果能增加一个启示总结的环节，强化一下学生的家国情怀，课程思政的效果会更好。

◉ 汽车工业发展见证国力强盛

第一部分　教学设计

“课程思政”设计书

学科名称	中职汽修
微课所在章节名称	《汽车文化》项目二中国汽车的发展之路
授课对象	全校选修课（汽修专业拓展课）学生
教学设计	
切入课程思政的课程知识点	切入课程思政的知识点如下： 1. 汽车发展史：讲述改革开放以来，我国汽车工业的发展史，重点是“上海大众”的成立史，从一开始的技术差距与合作压力，到最后的多方共赢。 2. 汽车产销量：分析各国汽车产销量，以视频方式直观感受汽车增量，在对比中让学生体会我国汽车工业在国际上的地位。 3. 新能源汽车的发展：通过对新能源三步棋的分析，让学生了解我国新能源政策的总体规划与布局。
思政教育的课程目标	1. 了解汽车合作发展之路，感悟改革开放的伟大。 2. 比较汽车产销量，感受中国国力的强盛。 3. 了解新能源汽车布局，体会中国智慧。
知识点与思政教育结合的教学设计	1. 改革开放汽车史，伟人决策爱党情 通过情境创设，以上海大众发展为主线，展现汽车工业的合作发展之路。从合作初期的怀疑与不屑，到中期的肯定与惊讶，再到后期的争先恐后来中国投资，说明以邓小平为核心的党中央制订的改革开放政策，是多么的及时与伟大，从而在学生脑海中悄然播下爱党种子。 2. 汽车产量绝飞尘，民族自傲爱国心 通过影像展示、比较分析，让学生在各国汽车产销量的此起彼伏的追赶激情中，直观感受中国速度。通过学生自主思考，结合小组讨论等形式，培养爱国主义精神与民族自豪感。 3. 能源布局三步棋，中国智谋爱己行 通过“新能源三步棋”的讲解与分析，让学生了解新能源汽车的布局与规划，切实感受中国智慧。同时通过蓝图畅想，让学生看到希望，引导其把建设祖国的重任与自己关联上，树立明确的学习目标，培植爱己报国的思想。

续表

特色及创新 （300字左右）	1. 讲故事，寻答案 讲故事是学生在课堂中，最盼望的事。所以本课程就从讲述"桑塔纳"汽车开始，向学生展现改革开放40多年来，我国汽车工业的发展之路，结合对比所学旧知（新中国成立前竟不能造一辆车的真相），从而寻找出只有党的领导，才能政策稳定、民主法治，有良好的投资环境的答案。 2. 观视频，展讨论 问卷调查显示，学生对短视频的知识接受程度，仅次于讲故事。从世界各国的汽车发展速度对比中（以动态视频展现），以小组讨论的形式，挖掘中国人民的聪明、勤劳元素，培养学生爱国主义情怀与民族自豪感。 3. 展谋略，画蓝图 理想是人前进的动力，中职学生学习主动性低，主要是没有崇高理想，自我颓废。通过新能源汽车布局三步大棋的分析，描绘未来祖国的蓝图，在感恩伟大光荣正确的中国共产党的同时，增加学生对美好未来的期待，鼓励学生为祖国的雄起而努力学习。

第二部分 课堂实录（部分）

《未雨绸缪三步棋，弯道超车大未来》实录

同学们好，刚才我们讲述了"桑塔纳"的故事还观看了动态视频，直观地感受了中国智慧与中国速度的含义所在。正如同学们在讨论中所说：既深深体会到了做一个中国人的骄傲，又佩服国家领导层的政治智慧，特别是改革开放的总设计师邓小平。正是他们的智慧与付出，才会有今天的非凡成就！

同学们，现在我们绝不能自大，因为传统汽车的核心技术，还掌握在外企手中，我们是产量的大国，质量的小国，技术差距还是很大的。但我们也不用怕，先辈们在若干年前就未雨绸缪下了三步棋，只要我们承前继后，勇于开拓，定能在未来实现弯道超车。下面我就来讲讲这三步棋。

第一步棋——光伏＋风能发电

新能源汽车是要充电的，请问电从哪里来？（提问，让学生回答）

……

刚才大家讲了水电、煤电、核电等，都很正确，但这些电受地理、环保、发电成本等因素的影响，一句话不宜大规模推广。新能源汽车所用电必须是低碳的、低成本的，这里我要向同学们推出我国的第一颗棋子——光伏＋风能。

风能与光伏发电，最大的优点便是低碳环保＋低电价，今年光伏的上网电价已经能和煤电价持平，有些光照充足的地方，上网电价甚至已经低于1毛钱，未来还会更便宜。作为风能与光伏的全球霸主，2020年，全球15大风机厂商，我国占10家；而光伏更牛，目前全球硅料企业前4、硅片企业前7、组件企业前5、电池片企业前4，全是中国企业，尤其是硅片，我国的产能占到全球97.8%，不和我们做贸易，你连硅片都没得用。2020年，我国的风能及光伏发电量分别相当于4个和2.5个三峡水电站，而且每年还在高速增长，几十年后，我们还要做到用光伏能源再生能源，届时，取之不尽用之不竭，你觉得这样的技术垄断没用吗？

根据学生反映，随机向学生提若干问题，如：同学们，有亲眼看见过风力发电机（提示诸暨东白山山顶的风力发电机）？再如：我国硅片产能占全球97.8%，你有何感想？主要目的是提升学生兴趣，同时通过中国力量的展示，凸显中国智慧。

第二步棋——特高压

无论是传统发电，还是光伏发电，发电所在地往往在西北等人烟稀少地区，用不了多少电，而我们江浙沪一带，却常常电力供应不够，于是“西电东送”工程由此诞生。电力输送并不是拉根线就能解决问题的，因为有电阻就有损耗，从新疆送电到浙江，若不采用特高压，电在输送中，直接以热量的形式散发掉了，所以超长距离输电，特高压是唯一可选项。

经过几十年的研发，现在全球电力领域的国际标准，我国主导了59项，掌握了5个新技术委员会，以及控制所有特高压标准，连欧美专家都不得不感叹：世界电力系统都在讲中文！如今，中国的特高压技术，已经能做到输电 5000 公里电力损耗仅为 1.6%，与此同时，国家大基建也在推动特高压技术在全国遍地开花，中国已建在建特高压线路全长 4 万公里，甘肃的光伏弃电率因此从 40% 降低到了 10%，而到了 2035 年，我们的特高压线路会是这样的：就像是毛细血管一样遍布中华大地。

最后一步棋——新能源汽车

也许同学们的耳朵都听出茧子了，但你真明白这几个字的含义吗？当初，我们为了引入濒死的特斯拉，开出了史无前例的优惠条件：100 亿低息贷款，1300 亩土地的免费使用权。为了特斯拉上海超级工厂的落成，动工一年多的蔚来上海工厂都被叫停。几十年来我们引进车企，必须是中外合资，并且中方控股，而为了引进特斯拉，我们竟然允许它独资。花那么大力气请特斯拉进来，我们到底图什么呢？请大家想想看。

同学们七嘴八舌，展开讨论。（1 分钟）

……

有人说当鲶鱼刺激中国车企，这是引进原因之一，但不是全部，否则只要一个零关税就可以了。

有人说为了税收，也不对，上海年税收超 100 亿的企业有几十家，特斯拉一年 22.3 亿的税收，不算多。

有人说，为了要那 100 多亿的投资，这更不对，2020 年上海市 GDP 总值 3.8 万亿元，区区 100 亿元投资，根本配不上给出的优惠条件。

那到底是什么原因，看似“血亏”也要引进特斯拉？原因其实很简单，当初的引进条例中写道：“三年内配件 100% 国产化”。正如 20 世纪“以市场换技术”一样，这次中国政府是“以政策换技术”，目的很明确，我们要通过引进特斯拉，帮我们孵化出一条完整的，包含电池、电机、电控在内的新能源汽车产业链。实际上正如“宁德时代”电池在国产特斯拉汽车上应用，大大提高国产化率，才使 ModelY 系列成为全球价格最低！另外也倒逼我国其他车企的技术升级，使我国新能源汽车的产量和质量，都有了极大的提高，2020 年，我国新能源汽车的产量占全球 43%，就是最好的证明。

如果只有新能源汽车这一条产业链，我们最多就是掌握一个行业的话语权，要是只有光伏和特高压，那两者也就是半个空架子，新能源汽车 + 光伏发电 + 特高压输电三者齐头并进才将会是全球未来能源的话语权。曾经谁控制了石油，谁就控制了大部分能源，谁就控制了世界。如今全球能源紧缺，就连沙特阿拉伯都提出“准备告别最后一滴石油”，危机，所有人都看到了，但有人选择强取豪夺，而我们选择落子生根，未来，拭目以待！

“三颗棋子”的故事讲完了，下面以小组为单位，讨论对此故事的感想，要求每人想一条，以关键词的形式通过超星平台上传。（2 分钟）

……

下面我们来看看同学们上传的关键词，出现频率最高的几个分别是“中国谋略”“政策英明”“未来我们一定能赢！”是的，我们都知道“没有共产党，就没有新中国”这样一首歌，中国之所以“新”，是因为我们的祖国每天都在进步、都在更新，而领导新中国的，只有且只能是中国共产党！看看在战火中的叙利亚、对比疫情肆虐的美国与印度，现在国泰民安的我们，是不是应该感谢党的正确领导！

我们的汽车工业，从一无所有，到产量全世界第一，再到未来的引领新能源，一步一步，是好几代人民的努力与奋斗的结果，也是党正确领导的结果。在弯道超车中，需要同学们的参与与付出，努力吧，同学们！中华民族的复兴，需要我、更需要你的参与。来，大家一起为祖国的崛起而鼓掌！

第三部分 案例分析

2019 年 3 月，习近平总书记在学校思想政治理论课教师座谈会上指出：“要坚持显性教育和隐性教育相统一，挖掘其他课程和教学方式中蕴含的思想政治教育资源，实现全员全程全方位育人”。总书记的论述是我们开展课程思政的政策依据。

00 后的中职学生，文化基础薄弱，恰处叛逆期年龄，又经历中考分层，学习态度与习惯存在缺陷，对他们进行思政教育，树立正确“三观”，是一件重要而迫切的事情。年轻人都“好奇”，这是一种心理需要，从某种层面上说,“好奇心理”就是人类进化的推动力。所以我们的学生喜欢新颖与猎奇，拒绝单纯的说教，最好是数学老师上政治，体育老师上语文，在新奇与变化中，有较高的关注度。所以本堂课，我除专业讲解外，还承担了历史老师 + 德育老师 + 职业策划师的角色，多角色的身分、多层次的内容，目的是在保证完成课程任务的基础上，润物细无声地开展课程思政。

《汽车文化》作为全校选修课程，若按部就班讲课，虽内容很完整，但学生不领情，常开小差或睡觉；若偶尔穿插一下历史、时事等内容，学生特别爱听，还会提些意想不到的问题，课堂气氛也随之活跃。实践发现学生对“播放相关视频”较为喜欢；教师能结合时事，以故事的形式，融入思政，学生认同度大，效果好。本着不管什么法，能提高学生抬头率、听进去的方法，就是好方法的指导原则，我们开展了融合历史、时事政治等课程，在学生的好奇中完成教学任务及课程思政，取得了一定成效。

由于教材编写及出版的滞后效应，汽车发展最新及未来部分，书本内容不多，而此部分内容，恰恰是学生喜欢的，是好奇点所在，所以我进行了“知识拓展”，从网上下载了各国汽车增量动态视频，收集与整理了新能源发展的“三步棋子”，让学生打破时间和空间的束缚，换个角度学知识，培养他们的人文素养。

本课思政点具体落实在以下三个环节中：

1. 讲故事，寻答案

故事时间段是学生课堂关注度较高的节点，而“桑塔纳”汽车是大部分学生知晓的品牌，两者的结合，使学生好奇心强、共鸣度高。讲解中根据观察，有倾向性地向有思路的学生及开小差的学生提问，一方面通过互动，提升课堂气氛与学生积极性，另一方面帮助思想外游的学生回归课堂。此部分的思政是静悄悄的，以上海大众为例，分析改革开放的前中后三个阶段，国外政府与企业投资态度，以及所取得的成就，让学生在了解改革开放之伟大的基础上，培育爱党之心。

2. 观视频，展讨论

调查发现，学生对短视频的知识接受程度，仅次于讲故事。从世界各国的汽车发展速度对比中（以动态视频展现），挖掘中国人民的聪明、勤劳元素，培养学生爱国主义情怀与民族自豪感。不怕不识货，就怕货比货，从新中国成立前零产量到 1955 年的解放牌卡车量产，再到 2009 年之后十余年的汽车产量世界第一，数据是最好的佐证，视频是最直观的描述，通过小组讨论与发言，在赶超旋律中激发学生的民族自豪感，树爱国之心。

3. 展谋略，画蓝图

思政的最终目的是培养学生正确“三观”，把其内心的正能量转化成“为中华崛起而读书”的实际行动。本节的设计就是通过新能源汽车布局三步大棋的分析，在爱党爱国思政的同时，通过描绘未来蓝图，在新能源布局中寻找自身定位，践报国之行。

课程思政的关键点在于寻找相关课程的思政元素，将思政元素与专业知识跨界融合，在润物无声中达到思想政治教育的目的，所以最忌为思政而思政，生搬硬套。本设计的优点是利用课程特色，很自然的在课程讲解中，运用案例分析、视频观看、小组讨论等形式与手段，让学生自我领悟爱党爱国之情，并触发其投身社会主义建设的报国之行。

第四部分 专家点评

案例以中国汽车的发展之路为主线，突出“光伏 + 风能”“特高压技术”“新能源汽车生产线”等元素，凸显中职汽修的专业特点，把控专业教学任务。案例用“中国汽车从无到有，到年产量世界第一”“引以为傲的特高压技术”等要素，采用讲故事、观视频、展讨论等多种形式，让学生真实、深刻地感受中国力量、中国速度，从而引导中职学生自觉认同并拥护党和国家伟大决策，彰显课程思政的固有特点，担当课程思政育人使命。

案例中教师精心扮演专业老师、历史老师、德育老师、职业策划师等多样角色，在组织学习中国汽车发展之路中，在讲故事、观视频、画蓝图等环节中，始终贯穿党的路线方针政策教育，始终坚持显性教育和隐性教育相统一，坚持价值性与知识性相统一，实现了专业教学与课程思政的有机融合。